③ステップで最短合格！

食生活アドバイザー®検定

2級 テキスト&模擬問題

［第4版］

秀和システム

はじめに

　年々、生活習慣病が増加傾向にあったり、朝食をとらない若い人達が増えたり、と食生活の乱れが問題になっています。原因の一つとして、栄養や体のことに無頓着で、食生活の悪習慣が自分の体にどのような影響を及ぼすのかについて、きちんと把握できていない人が多いことにあるのだと思います。もっと意識して情報を活かし実践していかなければ、いつまでたっても食生活の現状は変わらないことでしょう。病院や一部の学校では、栄養士などによる講座や指導が行われていますが、そこへ参加しなくても、誰もがその人に合った食に関する知識を身につけられ、日常生活で実践していく力が必要です。そこで、各家庭からはじまり地域や自分の勤める会社などで、正しい知識を伝え、実践していくための提案や指導をしていく食生活アドバイザー®が重要なポジションにいるのだと思います。検定の試験範囲は広範囲に渡りますので、トータル的にものごとを考え提案できるアドバイザーになることができます。私も 2003 年に 2 級と 3 級の両方を取得し仕事の幅を広げることに大いにつながりました。現在、公認講師として食生活アドバイザー®検定に合格するための講座を、約 13 年前から各地で担当していますが、どうすればみなさんが合格できるのかを、私なりにずっと考えてきた結果、この本が生まれました。

　お蔭様で初版から増刷されて、多くの皆様に試験対策本としてご利用いただけました。

　初版からいく度か法律改正等もあり、また本試験の傾向も少しずつ変化してきているように見受けられるため、この度、第 4 版を出版することになりました。さらに皆様のお役にたてるよう、テキスト部分や Step 2 の穴埋め問題、予想模擬問題の一部入れ替えを行い、直前対策用の用語集も PDF でダウンロードできるようにするなど、試験対策本として一層の強化を図っています。

　この本が、皆様のお役に立てれば嬉しい限りです。試験を受けるためだけではなく、あらためて日々の食生活の大切さに気づいて頂けましたら幸いです。

2020 年 4 月

一般社団法人 FLA ネットワーク協会　食生活アドバイザー®公認講師　　村井　美月

食生活アドバイザー® の資格の活かし方

　食生活アドバイザー®の知識や資格は、次のようなさまざまな場で活かすことができます。

学校

教育現場で食育の企画・実施ができます。子どもたちに旬の食材を使った食育を施したり、行事食を通して日本の食文化を継承することにもつながります。また、将来の健康管理のための基本を身に付けさせる提案や指導も考えられます。

家庭

食品選択をする際の知識の活用、家族の健康管理を考え実践し、より豊かで質の高い食生活へ向かうために活かせます。

医療・福祉・介護等の現場

複合資格でよりよい提案を（主な資格との例）。

栄養士・保健師
その人のライフスタイルに合わせた食生活の提案ができます。

看護師
患者さんの退院後の食生活におけるアドバイスが可能になります。

薬剤師
服薬指導の際に、食事や栄養、休養、運動などトータルなアドバイスができます。

介護福祉・ホームヘルパー

食事の問題において、解決策を検討・提案できます。

臨床心理士・産業カウンセラー

心と栄養・休養のトータルでアドバイスができれば、精神的な回復力が早くなり、うつ病予防につながります。

生産の現場

消費者は食生活において何を求めているか?どんな問題点があるか?を知ることで、商品開発や商品の提供の仕方の提案につながります。

流通において

環境を考えた輸送や配送の検討。商品別の温度管理など、安全で安心な物流体制について検討できます。

販売の現場

スーパーマーケットやデパートなどで、お客様への食品説明や家庭で食べる際の活用方法を提案できます。また、健康面からのアドバイスもできることでしょう。

飲食店など

食材の仕入れ、メニューやレシピの考案、食中毒を防ぐ衛生管理、店舗運営のための維持、分析、改善に活かせます。

就職

食品メーカー、飲食産業、医療関係や介護・福祉関係などの就職活動の際に、強力なアピール材料となります。

食生活アドバイザー® 検定
受験ガイド

☕ 受験資格

年齢、学歴、性別不問。食生活に興味のある方なら誰でも受験可能。

☕ 受験科目（3級・2級共通）

科　目（ ）内は3級タイトル	範　囲
栄養と健康 （ウェルネス上手になろう）	栄養・病気予防・ダイエット・運動・休養など
食文化と食習慣 （もてなし上手になろう）	行事食・旬・マナー・調理・献立・食の言葉など
食品学 （買い物上手になろう）	生鮮食品・加工食品・有機食品・食品表示など
衛生管理 （段取り上手になろう）	食中毒・衛生管理・予防・食品化学・安全性など
食マーケット （生き方上手になろう）	流通・外食・メニューメイキング・食品販売など
社会生活 （やりくり上手になろう）	消費経済・生活環境・消費者問題・IT社会・関連法規など

☕ 出題形式と試験時間、合格ライン

　3 級　マークシート形式による選択問題が 50 問出題されます。

　2 級　マークシート形式による選択問題（42 問）と記述問題（13 問）

　試験時間　90 分（3 級、2 級共通）

　合格ライン　3 級、2 級共に合計点数の 60％以上を正解

☕ 検定実施日

実施月	7月	11月
実施日	毎年、第2日曜日	毎年、第4日曜日

☕ 受験料

	3級	2級	併願
受験料	5,000円（税込み）	7,500円（税込み）	12,500円（税込み）

　3級、2級の同時受験ができます。

☕ 受験会場

　一般受験会場は、札幌、仙台、さいたま、千葉、東京、横浜、新潟、金沢、静岡、名古屋、大阪、神戸、広島、福岡があります。受験会場は、追加・変更になる場合がありますので、詳細については、受験案内でご確認ください。

☕ 合格証の発行

　合格者には、合格証が発行されます。

☕ お申し込み・お問い合わせ

一般社団法人　FLAネットワーク協会　食生活アドバイザー®検定事務局
フリーダイヤル　0120-86-3593
〒160-0023　東京都新宿区西新宿7-15-10　大山ビル2F
ホームページ　http://www.flanet.jp

【ご注意】
受験願書請求期限などが設定されていますので、詳しくは食生活アドバイザー®検定事務局または同ホームページにてご確認ください。

食生活アドバイザー® 検定
試験までの流れ

食生活アドバイザー®検定事務局の**ホームページ**で受験願書を請求する　　　　　　　　　　　　　　※受験願書の請求はホームページのみです。

受験願書を請求すると検定事務局に**登録**される

受験願書が**送付**される

願書に必要事項を記入する　　受験料を指定口座に振り込む

検定日の10日〜1週間前に、**受験票**が到着する

受　験

【ご注意】
願書請求後1週間たっても届かない場合は、検定事務局まで至急お電話でご連絡ください。
※特に、願書請求期限日の直前に請求された方は、必ず、至急お電話ください。

本書の使い方

　本書は各単元ごとに、Step1 基本解説とStep2要点チェックに分かれており、各章末にはStep3として演習問題、2級で出題される記述問題の対策問題を各章ごとに傾向を考慮して載せてあります。またFinal Stepとして予想模擬問題を、本試験とほぼ同じスタイル、問題数で付けてあります。Step2要点チェックや本書中の重要な語句は、赤シート対応の赤字にしていますので、『付属の赤シート』をお使いいただき、出てくるたびに、どんどん覚えて行ってください。

　本書を使いこなせば、合格に確実に結びつくことでしょう。

☕ 各Stepから予想模擬問題までの使い方

● Step1 基本解説

　2級で出題されやすい項目の解説を載せています。特に赤字の用語がある部分は、その前後を繰り返し読むようにして用語を覚え、意味を把握しておきましょう。

　また「試験予想Check！」には必ず目を通し、ご自分でも用語をインターネットで調べる、ノートにまとめるなどして項目内容の知識を広げておくことをお勧めします。

　その年によって、あらたな内容が本試験に加わったりしますが、その場合でも対処できるようにしておくことが大切です。

● Step2 要点チェック

　Step1 基本解説のところから穴埋め問題として作成してあります。赤字部分の重要語句が覚えられているかどうか、ここでチェックができます。用語が思い出せない場合は、Step1 基本解説を読み直すなどして復習してください。

● Step3 演習問題と解説

　本試験に似せた問題を作成してあります。解説も詳しく載せていますから必ず、

正解できたとしてもじっくり読むようにしてください。

　各問題につけている「試験対策のポイント」は、その問題に関連する対策等について記載しています。それに即した準備もしておきましょう。

● 記述予想問題と解答・解説

　3級の検定試験と違い、2級では記述問題があります。基本解説の中からの用語を書かせる問題がほとんどですが、いざ聞かれると意外と書けないものです。まずはこの対策ページで記述問題に慣れておき、さらに「記述問題の傾向と対策」を読み、最低限そこで予想している用語については優先して勉強するようにしておきましょう。基本解説に掲載されていない用語が出題されることもあります。日頃から、ニュースや新聞の記事などの情報に敏感になって目を通し、スクラップしておくことも大切です。

● Final Step 合格！のための予想模擬問題＆解答と解説

　本試験と同じように、時間を計測してチャレンジしてみてください。問題文を読むだけでもかなり時間が掛かることで、最初は驚いてしまうかもしれません。しかし、Step1やStep2、Step3、記述予想問題をしっかり勉強していれば、かなり答えられると思います。それでも半分も正解にならなかった場合は、優先順位としてはstep3と記述予想問題を中心に復習しましょう。解答編にある解説文も、正解・不正解に関わらず必ず熟読してください。

● 食生活に関する資料 （ダウンロード特典：詳しくはP.437参照）

　ここに掲載されている内容は、栄養のバランスを考えたり、生活習慣病予防の食事を学んだりするうえで必要な基本資料となります。しっかり見ておきましょう。

● 直前対策のための用語集PDF （ダウンロード特典：詳しくはP.437参照）

　過去に出題された頻度の高い用語を100近く掲載しています。また今回さらに、頻出傾向にある「食に関することわざ、四文字熟語」を付け足しました。必ずダウンロードして、覚えておきましょう。

第1章　栄養と健康

1-1　栄養と健康について

■栄養素と栄養とは？　■食生活と健康

■健康を補うサプリメント　◎試験予想Check！

1-2　5大栄養素の役割

■栄養素の役割　■たんぱく質　■脂質

■炭水化物（糖質＋食物繊維）　■その他の栄養素

◎試験予想Check！

1-3　ビタミンとミネラルの働き

■ビタミン　■ミネラル　◎試験予想Check！

🍽️ 第2章　食文化と食習慣

2-1　日本料理の特徴

🍽 第3章　食品学

3-1　食品の分類

　■成分による分類　■栄養素による分類　■植物性食品と動物性食品による分類

　■酸性・アルカリ性食品による分類　■生産形態による分類

　■その他の分類方法　◎試験予想Check！

3-2　生鮮食品の表示

　■食品の表示制度　■生鮮食品の表示　■農産物の表示　■水産物の表示

　■畜産物の表示　■玄米および精米の表示　◎試験予想Check！

3-3　加工食品の表示

　■加工食品の表示　■製造年月日と加工年月日　■加工食品の原料原産地表示

　■食品表示の省略　■加工食品の表示対象外　■アレルギー表示　■栄養成分表示

　◎試験予想Check！

第4章　衛生管理

4-5 HACCPシステム

🍴 第5章　食マーケット

5-1　食生活の変化

5-2　ミールソリューション

5-3　流通と経営戦略

第6章　社会生活

6-1　暮らしと経済

🍽Final Step　合格！のための予想模擬問題＆解答と解説

第1章

栄養と健康

1-1 栄養と健康について ★★

栄養と栄養素の違い、健康と栄養の関係を学びます。また、健康の維持・増進のサポートを行うサプリメントの取り入れ方についても学びます。

1-2 5大栄養素の役割 ★★★★

体に欠かせない5大栄養素が何かを学び、その内の3大栄養素の役割と、それらを多く含んでいる食品、過不足時の影響についても学びます。

1-3 ビタミンとミネラルの働き ★★★

5大栄養素の中のビタミンとミネラルについて、その役割と特徴、それらを多く含んでいる食品、主な欠乏症について学びます。

1-4 代謝 ★★★★

エネルギー代謝の意味を知り、栄養素の消化・吸収の仕組み、栄養素の吸収率についての理解を深めて、上手な栄養素の摂り方を学びます。

1-5 生活習慣病とその予防 ★★★★★

メタボリックシンドロームの診断方法と改善するための食事のポイント、生活習慣病の原因の1つとなる肥満を防止するためのダイエットについて学びます。

1-6 健康づくり（栄養・運動・休養） ★★

健康の3大要素の「栄養」「運動」「休養」について考え、栄養だけでなく、運動の効果と種類、休養の効果と種類を学び、心身の疲労を取り除く方法や考えを深めます。

※★マーク（1つ〜5つ）の数が多い程、試験頻出度が高くなります。★マークが多くついているものは特に、繰り返し熟読し覚えるようにしてください。

1-1 栄養と健康について

Step1 基本解説

☕ 栄養素と栄養とは？

私たちは、なぜ食べるのでしょうか？

もし食べなければ、しだいに衰弱し、いずれは死に至ります。生命活動に使われるエネルギーや体を構成している成分は、食べ物に含まれている成分を材料としてつくられていますから、食べ物を摂取しなければ人は生きていけないのです。そして生きるのみならず、さらに健康を維持・増進していくためには、バランスの良い食事を心掛けることが大切です。

よく日常で、「栄養があるものを食べなさい」「この食品にはビタミンCが豊富に含まれている」などといういい方をしますが、栄養や栄養素とはどういう意味なのでしょうか？

栄養素とは、人が生きていくために必要な食品中の成分で、体内で消化吸収、代謝されて利用されます。人の体に必要な栄養素は、炭水化物（糖質）、脂質、たんぱく質、ビタミン、ミネラルに分類され、これらを**5大栄養素**、糖質、脂質、たんぱく質を**3大栄養素**と呼んでいます。

栄養とは、生きるために必要な物質を摂り入れ、それを利用して、消化吸収、代謝、排泄、成長、運動などの生命活動を営むことです。つまり、栄養とは**状態**をあらわし、栄養素とは**物質**をあらわします。

また、栄養素がどのように体や健康に関係しているかを研究する学問のことは、**栄養学**といいます。

食生活と健康

健康を維持・増進していくためには、日々の食生活のあり方を考えて、悪い習慣があれば改善していくことが望まれます。食生活というと食事のことだけを考えがちですが、いつ寝て、いつ起きるのか、などといった生活全体との関わりの中で見ていくことが求められています。こういった食事を含めた生活全体を考え研究することが、**食生活学**です。

また「健康」とは、肉体的な健康だけを指すのではなく、精神的にも健康であることが重要です。**世界保健機関**（WHO）の憲章では、「**健康とは、完全な肉体的、精神的及び社会的福祉の状態であり、単に疾病又は病弱の存在しないことではない**」とあります。つまり、少しでも前向きに生きようと努力している状態のことだといえるでしょう。

さらに、自分だけ健康であればいいということではなく、家族、地域社会、職場などの人間関係が良好であるかも大切です。

健康を補うサプリメント

サプリメントは、普段の食事において不足しがちな栄養素を補給する目的で考えられた**栄養補助食品**です。現在、錠剤やカプセルなど簡単に摂取できるように工夫された様々なサプリメントがあります。ただし、**過剰摂取**などにより健康に障害が出る可能性がありますから、使用する際は注意が必要です。また何らかの疾病により薬を服用している場合、その薬との相互作用の問題が起きる場合もあることを知っておきましょう。

また、栄養と健康のバランスの問題として、ダイエットなどについても誤った知識や方法を用いている人が多いです。大切なことは、摂取するエネルギーを減らしても、たんぱく質、食物繊維、ビタミン、ミネラルをしっかりバランスよく摂ることです。ダイエットについては、1-5（P.65 ～ P.67）で説明します。

試験予想Check！

食生活全般に関して、栄養素と栄養の違い、WHOの健康の定義などは要注意の範囲です。また、サプリメントに関する問題も頻出傾向にあります。

□／□ 生きるために必要な物質を取り入れ、それを利用して、消化吸収、代謝、排泄、成長、運動などの生命活動を営むことが（ **栄養** ）です。

□／□ （ **栄養素** ）は、人が生きていくために必要な食品中の成分で、体内で消化吸収、代謝されて利用されます。

□／□ 人の体に必要な栄養素は、（ **糖質** ）、脂質、たんぱく質、（ **ビタミン** ）、（ **ミネラル** ）に分類され、これらを（ **5大栄養素** ）といい、（ **糖質** ）、脂質、たんぱく質は（ **3大栄養素** ）と呼ばれています。

□／□ いつ寝て、いつ起きるか、どんな食事をし、いつ食べるか、ストレスはあるかないか、といった食生活全体を研究することが（ **食生活学** ）です。

□／□ 食品に含まれる栄養素そのものの働きや、体や健康と栄養素がどのように関係しているかを研究する学問が（ **栄養学** ）です。

□／□ （ **世界保健機関（WHO）** ）の憲章では、「健康とは、完全な肉体的、（ **精神的** ）及び（ **社会的福祉** ）の状態であり、単に疾病又は病弱の存在しないことではない」とあります。

1-2 ５大栄養素の役割

頻出度 ★★★★

Step1 基本解説

☕ 栄養素の役割

5大栄養素の役割には大きくわけて、「**エネルギー生産**」、「**身体構成成分**」、「**身体の機能調節**」の3つがあります。活動したり、体温を維持したりするためにはエネルギーが不可欠ですし、骨格、歯、筋肉、毛髪などの体の組織は絶えず細胞が生まれ変わっていますから、その材料となるものが必要です。また体内では、様々な化学反応、血液、体液のpH、浸透圧などが調節されて、体が正常に保たれています。

エネルギーの単位として、kcal（キロカロリー）が使われています。一般的には、cal（カロリー）と呼ばれることが多いです。（1,000cal＝1kcal）

1calは、1gの純水の温度を1気圧のもとで、14.5～15.5℃までの1℃上昇させるのに必要な熱量と定義しています。

また、世界保健機関（WHO）や国連食糧農業機関（FAO）では、国際的な単位としてJoule（ジュール）を用いることを推奨しています。

人間の体は、95％が有機化合物（主要元素である水素（H）、酸素（O）、炭素（C）、窒素（N）で構成）、5％が無機質で構成されています。

5大栄養素のうち、**糖質、脂質、たんぱく質、ビタミンは有機化合物です。それらを除いた成分（無機質）を、ミネラル**といいます。

▼5大栄養素の役割

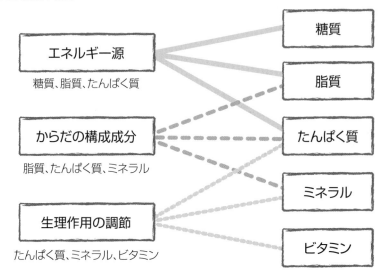

▼5大栄養素 多く含まれる食品例

炭水化物（糖質）	ご飯、パン、麺類
脂質	油、肉、魚
たんぱく質	肉、魚、卵、大豆製品
ビタミン	野菜、果物類
ミネラル	野菜、海藻類、種実類

☕ たんぱく質

　たんぱく質（Protein：プロテイン）は、主に体の構成成分となる栄養素です。アミノ酸が鎖状に多数結合した高分子化合物で、炭素（C）・水素（H）・酸素（O）のほか、窒素（N）と少量のイオウ（S）で構成されており、分解するとアミノ酸になります。

● たんぱく質の分類

①単純たんぱく質

　アミノ酸だけでできています。アルブミン、グロブリン、グルテリン、プロラミンなどがあります。

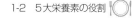

②複合たんぱく質

単純たんぱく質と他の物質（糖質、脂質、金属など）が結合したものです。

糖たんぱく質、リポたんぱく質、金属たんぱく質、リンたんぱく質、色素たんぱく質などがあります。

③誘導たんぱく質

たんぱく質が加熱、冷凍、酸、アルカリ、酵素、アルコールなどによって、変化したものです。食品では、単純たんぱく質であるコラーゲンを煮出して変化させて、ゼラチンなどが作られます。

● アミノ酸

人の体は約10万種類ものたんぱく質で構成されていますが、わずか約20種類のアミノ酸の様々な組み合わせにより、これらが作られています。20種類のうち**9種類**（成人は8種類）は、体内で合成できないので食品から摂取しなければなりません。それらを**必須アミノ酸**といいます。

▼アミノ酸（20種類）について

必須アミノ酸	それ以外
バリン	グリシン
ロイシン	アラニン
イソロイシン	セリン
スレオニン	アルギニン
リジン	アスパラギン酸
ヒスチジン（成人前）※	アスパラギン
メチオニン	グルタミン酸
フェニルアラニン	グルタミン
トリプトファン	システイン
	チロシン
	プロリン

※ヒスチジンは、成人になると必要に応じて体内で作られるようになる

● たんぱく質の働き

　たんぱく質は、**皮膚、筋肉、内臓、毛髪、爪**などの体の構成成分や、**ホルモン、血液、酵素**などの材料になります。**1g当たり4kcal**のエネルギーをもっており、栄養価はアミノ酸価で判断します。

　必須アミノ酸を多く、またバランス良く含む食べ物ほど良質なたんぱく質といえます。**動物性食品**（肉類・魚類・卵など）は必須アミノ酸の含有量が高く栄養価に優れており、**アミノ酸価**が高いです。**植物性食品でたんぱく質を多く含む食品**には、大豆や大豆製品がありますが、栄養価は動物性食品に比べ若干劣ります。アミノ酸価は動物性食品よりも低いですが、食事では牛乳や卵などの動物性食品と組み合わせればその弱点が補えます。

● たんぱく質の過不足

　たんぱく質が不足すると、発育不良や貧血、体力や抵抗力の低下などの症状が現れます。特に育ち盛りの子供、たんぱく質の摂取が不足しがちな環境要因のある高齢者などは十分注意してたんぱく質の摂取を心掛けていきたいものです。

　たんぱく質は、糖質や脂質と違って体内に蓄えられることなく、尿へ排泄されます。そのため、過剰摂取は尿を作る働きのある腎臓に負担をかけ、その結果、腎障害を引き起こす場合があります。腎臓疾患のある方は、たんぱく質の過剰摂取に注意が必要です。

☕ 脂質

　脂質は水に溶けず、エーテルなどの有機溶媒に溶ける物質で、常温で固体のものを脂、液体のものを油といい、体内で燃えにくいという性質があります。脂質を構成する元素は、炭素（C）・水素（H）・酸素（O）で、グリセリンと脂肪酸が結合しています。化学構造の特徴から次の3つに分類されます。

▼脂質の分類

分類	種類	構造	性質と存在
単純脂質	・中性脂肪 ・ろう	脂肪酸+グリセリン 脂肪酸+高級アルコール	エネルギー源として生体の脂肪組織中に存在。食品中の脂肪の大部分を占める
複合脂質	・リン脂質 ・糖脂質	単純脂質の一部にリン酸、糖質、塩基などを含む	細胞膜を構成し、物質の透過を調節。脳・神経組織に広く分布している
誘導脂質	・ステロール	コレステロール、胆汁酸、性ホルモンなどがある	細胞膜の構成成分などとして、体内に広く分布している

● **脂質の働き**

　脂質は細胞膜や核酸・神経組織などの構成成分として重要で、**1g当たり9kcal**というエネルギー源になります。皮下脂肪になって体温を維持したり、内臓を守るクッション役になったりします。また脂溶性ビタミンの吸収を助ける働きがあります。

● **脂肪酸の種類**

　油脂を構成する脂肪酸は、植物の油に多く含まれている**不飽和脂肪酸**（炭素が二重結合をもつ）と、動物の脂に多く含まれている**飽和脂肪酸**（炭素が二重結合をもたない）とに分けられます。不飽和脂肪酸のうち、体内で十分に合成されない脂肪酸を**必須脂肪酸**（リノール酸、リノレン酸、アラキドン酸）といい、食べ物から取り入れる必要があります。

　必須脂肪酸は、プロスタグランジンなどの材料になります。プロスタグランジンは、ホルモンのような働きをする体内機能調整物質で、体の各組織の調整を行うため、血中コレステロール濃度を低下させる等の効果があります。

▼脂肪酸の種類

飽和脂肪酸	動物の脂に多く含まれている ラード、バターなどの脂 常温で固まっている		
不飽和脂肪酸	一価不飽和脂肪酸 (二重結合が1つ)	オレイン酸		オリーブ油に多く含まれている
	多価不飽和脂肪酸 (二重結合が複数)	n−3系	EPA、DHA	サンマ、イワシなどの青背魚に多く含まれている
			α-リノレン酸	大豆油、菜種油などに多く含まれている
		n−6系	リノール酸 アラキドン酸	サフラワー油、大豆油、ごま油などに多く含まれている

● 脂肪酸の特徴

①飽和脂肪酸

コレステロールを増加させるといわれています。

②不飽和脂肪酸

　一価不飽和脂肪酸を代表するオレイン酸は、悪玉コレステロールを減少させます。動脈硬化や心臓病、高血圧の予防に有効な成分です。

　青背魚 (サンマ、イワシ、サバ、マグロなど) に多く含まれる**EPA (エイコサペンタエン酸)** は、血液の流動性を高めて、動脈硬化の予防に効果があるといわれます。**DHA (ドコサヘキサエン酸)** は、学習・記憶能力を高める、認知症予防に効果があるといわれています。

● コレステロール

　コレステロールは、生命を維持するためになくてはならないもので、体内で毎日つくられています。コレステロール全体の約70%が**肝臓で合成**され、残りの約30%は食品から摂取しています。血液中には常に約150～200mg/dlのコレステロールが含まれていますが、この血液中の濃度が上昇し高い状態が続くと、動脈の内壁に付着して動脈硬化を促します。

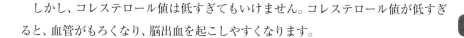

　しかし、コレステロール値は低すぎてもいけません。コレステロール値が低すぎると、血管がもろくなり、脳出血を起こしやすくなります。

> ・悪玉コレステロール（LDLコレステロール）
> 血管の内壁に付着し、動脈硬化を促す
> ・善玉コレステロール（HDLコレステロール）
> 体内で不要になったコレステロールや血管の内壁に付着した悪玉コレステロールを除去する

　コレステロールを多く含む食品には、牛肉や豚肉のレバー、魚卵（いくら、たらこなど）、卵黄などがあります。

▼コレステロールの働き

> ・細胞膜の材料になる
> ・性ホルモンや副腎皮質ホルモンの材料となる
> ・胆汁酸の材料となる
> ・ビタミンＤの材料となる

● 脂質の過不足

　脂質の摂り過ぎは、エネルギー過多につながり、肥満を引き起こします。総摂取エネルギーのうち脂肪エネルギー比率が30％を超える食習慣では、糖尿病や脂質異常症（P.61）、動脈硬化が起こりやすいといわれています。

　逆に脂質が不足すると、エネルギー不足になるほか、血管や細胞膜が弱くなり、脳出血を起こしやすくなります。また、脂溶性ビタミンの吸収が悪くなったり、肌荒れや便秘なども起こしやすくなったりします。

● トランス脂肪酸

　トランス脂肪酸は、脂質に含まれる脂肪酸の一種です。天然で食品中に含まれているものと、油脂を加工・精製する工程でできるものがあります。天然のものは、牛

肉や羊肉、牛乳や乳製品に微量に含まれており、加工・精製工程にできるものは、加工技術の1つである「水素添加」の過程によって発生するものです。

水素添加によって製造されるマーガリンやショートニングや、それらを原材料に使ったパン、ケーキ、ドーナツ、ピザなどにトランス脂肪酸が含まれています。

トランス脂肪酸は、体内では代謝されにくく、悪玉コレステロールを増加させ、心臓病のリスクを高めたり、アトピー性皮膚炎を引き起こしたりする可能性があるといわれているため、摂り過ぎに注意が必要です。

▼トランス脂肪酸の情報開示に関する指針について（平成23年2月21日　消費者庁より）

> 世界保健機関（WHO）は、2003年、1日当たりのトランス脂肪酸の平均摂取量は最大でも総エネルギー摂取量の1％未満とするよう勧告を行った。その後、最新の知見を基にした2008年のWHOの報告書において、1％未満というレベルの見直しを課題として指摘しているところである。こうした状況下、日本人1日当たりのトランス脂肪酸の平均摂取量は、総エネルギー摂取量の0.6％程度となっているが、我が国における最近の研究では、若年層や女性などに、摂取量が1％を超える集団があるとの報告もある。

☕ 炭水化物（糖質＋食物繊維）

炭水化物は、炭素（C）・水素（H）・酸素（O）からなる有機化合物です。消化・吸収後にエネルギー源となる**糖質**と体内で消化されにくい**食物繊維**があります。

● 糖質の種類

炭水化物が、体でこれ以上、分解されない状態になった分子を**単糖**といい、単糖が2個つながると**二糖類**、3〜9個つながると**少糖類（オリゴ糖）**、10個以上つながると多糖類となります。

▼単糖類

ブドウ糖（グルコース）	人のエネルギー源
果糖（フルクトース）	糖類の中でもっとも甘い。果実やハチミツの甘味
ガラクトース	母乳や牛乳に含まれる乳糖の成分

▼二糖類

ショ糖（スクロース）	一般的に砂糖といわれている
麦芽糖（マルトース）	デンプンの分解物
乳糖（ラクトース）	母乳や牛乳の成分

▼多糖類

デンプン（アミロース、アミロペクチン）	米、小麦、トウモロコシなどに多く含まれている
グリコーゲン	筋肉と肝臓に貯蔵されている。多数のブドウ糖が結合

● **糖質は大切なエネルギー源**

　主にエネルギー源として体内で利用される糖質は、人をはじめとする動物の体内には、わずかしか含まれていません。そのため、緑色植物が光合成で作ったデンプンなどの糖質を、エネルギー源として摂取し利用しています。

　糖質は、米、パン類、麺類の主成分で、1日の総エネルギーの**約60%**をまかなっています。**1gで4kcal**のエネルギーをもっています。エネルギー源となる脂質に比べて分解・吸収が早く**即効性がある**のが特徴です。体内で糖質は、**ブドウ糖**（グルコース）に分解されエネルギーとして使われます。一部は**グリコーゲン**となって肝臓と筋肉に貯蔵され、肝臓のグリコーゲンは血糖値の維持、筋肉のグリコーゲンは運動のエネルギーとして使われます。残りは**中性脂肪**に変わり、体内の**脂肪組織**に蓄えられます。そのため摂り過ぎると**肥満の原因**になります。

　また糖質は、脳が働くための唯一のエネルギー源です。糖質をグリコーゲンのカタチで肝臓や筋肉は蓄えておくことができますが、脳は蓄えることができず、欠食や糖質不足の食事では、脳はエネルギー不足の状態となり、学習能力や集中力が低下するなど十分に働くことができなくなります。

● 食物繊維

食物繊維は、英語ではDietary Fiber：ダイエタリーファイバーといいます。

食物繊維は消化液では消化されない難消化性の成分です。大きく2つに分けると、水に溶け食品の水分を抱き込んでゲル化する性質のある**水溶性食物繊維**と、水に溶けず水分を吸収して膨らむ**不溶性食物繊維**とがあります。

第6番目の栄養素といわれ、腸の有害物質を排泄し腸内の環境を整えたりし、便秘を予防します。食物繊維を多く含む食物は唾液や胃液の分泌を促し、食べ物の体積を大きくします。食事のかさを増すことから、満腹感を与える効果があります。また、糖質の吸収を遅延させる、発ガン物質の力をやわらげる、コレステロールの排出を促すなどしますので、**生活習慣病の予防**にも大いにつながり、注目されています。過剰摂取は下痢や軟便、ミネラルの吸収阻害を起こすこともあり注意が必要です。

▼食物繊維の分類と効果

分類	主な成分	多く含む食品	主な働き
水溶性食物繊維	イヌリン	ごぼう、菊いも	血糖の上昇抑制（糖尿病予防）高血圧予防血液中のコレステロールを減らす
	ペクチン質	熟した果実	
	植物グアガム	果樹、樹皮	
	粘質物（マンナン）	こんにゃく、種子、根、葉	
	海藻多糖類（アルギン酸、ラミナリン、フコイダン）	海藻	
	化学修飾多糖類化学合成多糖類	加工食品（インスタント食品）	
不溶性食物繊維	セルロース	野菜、穀類、豆類、小麦ふすま※	便秘の予防・改善大腸がんの予防食べ過ぎの予防
	ヘミセルロース	穀類、豆類、小麦ふすま	
	ペクチン質	野菜、熟していない果実	
	リグニン	ココア、豆類、小麦ふすま	
	β-グルカン	きのこ、酵母	
	キチン	カニの殻、えび	
その他	コンドロイチン硫酸、キチン、キトサン、ポリデキストロース	食品の骨、腱	

※小麦の表皮のこと

その他の栄養素

● 水の働き

水は人の体重の約**60%程度**を占め、栄養素やホルモンの運搬、老廃物の排泄、消化液の分泌、体液のpH調節※1、発汗による体温調節※2などを担っています。

水は栄養素としての役割はありませんが、生きていくうえで欠かせない物質です。

● 水の必要量

体の水分バランスは、1日当たり約2,300ml摂取し、約2,300ml排泄することで保たれています。

　　1日の摂取量の内わけ：飲料水や食物中の水分から約2,000ml

　　　　　　　　　　　　　代謝水（呼吸の際の代謝によるもの）約300ml

　　1日の排泄量の内わけ：尿や便の排泄　約1,300ml

　　　　　　　　　　　　　不感蒸泄（皮膚や呼吸により水分が失われること）

　　　　　　　　　　　　　約1,000ml

運動などにより大量に発汗した際は、失った水分を十分に補給する必要があります。

● フィトケミカル

5大栄養素の他に、免疫力を高めたり、**活性酸素**を防いだりする、栄養素と似た働きを持った食品因子（**フィトケミカル**）があります。フィトケミカルには、ポリフェノール類、カロテノイド類などがあり、これらには**抗酸化作用**があり、老化やガン、動脈硬化を防ぐ働きがあるといわれています。

※1 pH
　　酸性かアルカリ性かを示す単位
※2 体温調節
　　寒い時：血液が冷やされることで体温が下がるのを防ぐ
　　暑い時：発汗して、体温が上がるのを防ぐ

▼主なカロテノイド類＆ポリフェノール類

カロテノイド類	
α-カロテン、β-カロテン	かぼちゃ、にんじん、ブロッコリー
リコピン	トマト、スイカ
ルティン	青菜、ブロッコリー
ポリフェノール類	
アントシアニン	ブルーベリー、なす
イソフラボン	大豆、大豆製品
カテキン	緑茶
ルチン	そば、グリーンアスパラガス

試験予想Check！

　5大栄養素に関する問題は、毎回のように出題されています。脂質、糖質、たんぱく質、ビタミンやミネラルについてはしっかりと覚えておく必要があるでしょう。また、食物繊維の働きと生活習慣病予防との関わりも注目されています。

Step2 「5大栄養素の役割」 の要点チェック✓

チェック欄
1回目 2回目

□／□ 5大栄養素の役割には大きくわけて（ **エネルギー生産** ）、（ **身体構成成分** ）、（ **身体の機能調節** ）の3つがあります。

□／□ 生体の構成成分となる栄養素は、（ **たんぱく質** ）、（ **脂質** ）、（ **ミネラル** ）です。

□／□ エネルギー源になる栄養素は、（ **糖質** ）、（ **脂質** ）、（ **たんぱく質** ）です。

□／□ （ **ビタミン** ）、（ **ミネラル** ）、（ **たんぱく質** ）は、体の調子を整える役割があります。

□／□ たんぱく質の分類は、（ **アミノ酸** ）だけでできている単純たんぱく質と、単純たんぱく質と他の物質が結合した（ **複合たんぱく質** ）と、たんぱく質が変化した（ **誘導たんぱく質** ）があります。

□／□ たんぱく質は肉、（ **魚** ）、（ **卵** ）、（ **大豆製品** ）に多く含まれ、エネルギー源となる（ **糖質** ）は（ **米** ）、パン、麺類に多く含まれます。

□／□ 人の体の中で（ **水** ）は栄養素やホルモンの（ **運搬** ）、老廃物の排泄、消化液の分泌、（ **体液のpH** ）調節、発汗による（ **体温調節** ）をになっています。

□/□ （ **フィトケミカル** ）には（ **ポリフェノール類** ）、（ **カロテノイド類** ）などがあります。これらには（ **抗酸化作用** ）があり、老化やガン、動脈硬化を防ぐ働きがあるといわれています。

□/□ 主なカロテノイド類には、トマトに含まれる（ **リコピン** ）、かぼちゃやニンジンなどに含まれる（ **β-カロテン** ）、主なポリフェノール類にはブルーベリーやナスなどに含まれる（ **アントシアニン** ）、大豆製品に含まれる（ **イソフラボン** ）などがあります。

□/□ たんぱく質とは、（ **アミノ酸** ）が多数結合した（ **高分子化合物** ）で、栄養価は（ **アミノ酸価** ）で判断します。

□/□ 体内で合成できないアミノ酸を（ **必須アミノ酸** ）といい、（ **9** ）種類あります。

□/□ たんぱく質は皮膚や筋肉、臓器などの体を構成する重要な成分で、（ **酵素** ）、（ **ホルモン** ）、血液などの原料にもなります。

□/□ たんぱく質が不足すると、（ **体力** ）や（ **免疫力** ）が低下したり、（ **成長障害** ）を起こしたりします。過剰になると（ **腎機能障害** ）などを引き起こす場合があります。

□/□ 脂質は（ **細胞膜** ）や核酸、（ **神経組織** ）などの重要な構成成分で、不足すると血管や細胞膜が弱くなり（ **脳出血** ）などを引き起こしやすくなります。

□/□ 脂肪酸には、植物の油に多く含まれている（ **不飽和脂肪酸** ）と、動物の脂に多く含まれている（ **飽和脂肪酸** ）とがあります。

□／□ （ **不飽和脂肪酸** ）のうち、体内で十分に合成されない脂肪酸を（ **必須脂肪酸** ）といい、（ **リノール酸** ）、リノレン酸、（ **アラキドン酸** ）などがあります。

□／□ 必須脂肪酸は、ホルモンのような働きをする（ **プロスタグランジン** ）などの材料になり、（ **血中コレステロール濃度** ）を低下させる等の効果があります。

□／□ サンマ、イワシ、サバなどの青背魚に多く含まれる（ **EPA** ）は、血液の流動性を高めて（ **動脈硬化** ）を予防します。（ **DHA** ）には、学習・記憶能力を高める働きがあります。

□／□ 総摂取エネルギーのうち、脂肪のエネルギー比率が（ **30%** ）を超える食習慣では、（ **糖尿病** ）や（ **脂質異常症** ）、（ **動脈硬化** ）が起こりやすくなるといわれます。

□／□ トランス脂肪酸は、脂質に含まれる（ **脂肪酸** ）の一種で、（ **油脂** ）を加工・精製する工程でできるものと、天然で（ **食品中** ）に含まれているものがあります。

□／□ 炭水化物は、（ **糖質** ）と（ **食物繊維** ）を合わせた成分です。

□／□ 糖質は1gにつき約（ **4kcal** ）、脂質は（ **9kcal** ）、たんぱく質は（ **4kcal** ）のエネルギーになります。

□/□ 食べ物から摂った（ **糖質** ）は、消化・吸収された後（ **ブドウ糖** ）に分解され、（ **血液** ）を通して各細胞に運ばれてエネルギーとして利用されます。脂質に比べ、分解・吸収が（ **早く** ）、即効性があります。

□/□ 余ったブドウ糖は、（ **肝臓** ）や（ **筋肉** ）に（ **グリコーゲン** ）として蓄えられ、必要に応じて消費されます。さらに余ると（ **脂肪** ）に合成され、（ **脂肪組織** ）に運ばれて体脂肪として蓄えられるため、（ **肥満** ）の原因になります。

□/□ （ **糖質** ）は、（ **脳** ）の唯一のエネルギー源です。脳は肝臓や筋肉のように（ **グリコーゲン** ）を蓄えることができず、欠食や糖質不足の食事では、エネルギー不足の状態となり、（ **学習能力** ）や集中力が低下するなど脳が十分に働くことができなくなります。

□/□ 食物繊維には、水に溶ける（ **水溶性食物繊維** ）と、水に溶けない（ **不溶性食物繊維** ）とがあります。

□/□ 食物繊維には（ **糖質** ）の吸収を遅延させたり、（ **コレステロール** ）の排出を促したりする働きがあり、（ **生活習慣病** ）予防につながるとされています。

ビタミンと ミネラルの働き

頻出度 ★★★

Step1 基本解説

☕ ビタミン

ビタミンは、**有機化合物**で、体の機能を調節したり、維持したりするために欠かせない**微量栄養素**です。一般的に、mg、μg で表されます。

多くのビタミンは、糖質・脂質・たんぱく質の代謝を円滑に行わせる潤滑油のような働きをしています。また血管や粘膜、皮膚、骨などの健康を保ち、新陳代謝を促す働きにも関与しています。体内ではまったく合成されないビタミンもあるため、食品からとる必要があります。不規則な食生活を続けるとビタミンが不足し、欠乏症を引き起こしますから注意が必要です。

ビタミンは、水に溶けやすい**水溶性ビタミン**と油脂に溶けやすい**脂溶性ビタミン**とに分けられます。水溶性ビタミンは、**9種類**あり、過剰にとっても体内に蓄積されずに排出されてしまうので、食事毎に食べ物から一定量をとる必要があります。それに対して脂溶性ビタミンは、**4種類**ありますが、肝臓に蓄積されるため、とり過ぎると頭痛や吐き気などの**過剰症**を起こすものがあります。通常の食事ではとり過ぎの心配はありませんが、サプリメントなどで大量にとる場合は注意が必要です。

特に、ビタミンAの大量摂取は胎児奇形のリスクを高めるため、妊娠初期においては摂取量の注意が必要です。

▼ビタミンの種類と働き

	ビタミン名	主な働き	主な欠乏症	多く含む食品
水溶性ビタミン	ビタミンB$_1$	糖質の代謝を促す／補酵素として働き、神経機能を正常に保つ	脚気・多発性神経炎	豚肉 玄米ごはん うなぎの蒲焼き
	ビタミンB$_2$	糖質・脂質・たんぱく質の代謝を促す／過酸化脂質を分解	口角炎・口内炎・皮膚炎・子供の成長障害	レバー うなぎの蒲焼き 牛乳 チーズ たまご 納豆
	ビタミンB$_6$	アミノ酸の再合成を助け、神経伝達物質の合成にも働く	皮膚炎・貧血・けいれん	牛レバー カツオ マグロ サケ 牛乳
	ビタミンB$_{12}$	さまざまな反応にかかわる補酵素／赤血球の合成に働く	悪性貧血、神経障害	いくら 牛レバー サンマ カキ アサリ
	ビタミンC	皮膚や筋肉・血管・骨などを強化／過酸化脂質の生成を防ぐ／コラーゲンの生成	壊血病・歯茎や皮下の出血・骨の形成不全	柿 みかん レモン ブロッコリー ピーマン
	ナイアシン	糖質・脂質・たんぱく質の代謝にかかわる補酵素	ペラグラ・皮膚炎・神経障害	カツオ マグロ タラコ 牛レバー
	パントテン酸	糖質・脂質・たんぱく質の代謝にかかわる／善玉コレステロールを増やす	成長障害・副腎機能の低下	鶏レバー 子持ちガレイ タラコ 納豆
	葉酸	赤血球や核酸（DNA）の合成にかかわる	巨赤芽球性貧血・口内炎・皮膚の異常	牛レバー 菜の花 ほうれんそう モロヘイヤ 枝豆
	ビオチン	糖質、脂質、たんぱく質の代謝にかかわる	皮膚炎・食欲不振・脱毛	レバー　卵 イワシ　くるみ カリフラワー

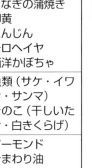

脂溶性ビタミン	ビタミンA（レチノール）	皮膚や粘膜を健康にし、網膜色素の成分になる。抗がん作用	夜盲症・成長障害	レバー うなぎの蒲焼き 卵黄 にんじん モロヘイヤ 西洋かぼちゃ
	ビタミンD	カルシウムの吸収促進／血中カルシウム濃度を調整	成人の骨軟化症・子供のくる病	魚類（サケ・イワシ・サンマ） きのこ（干しいたけ・白きくらげ）
	ビタミンE	強い抗酸化作用があり、赤血球を保護する	赤血球の溶血・神経障害	アーモンド ひまわり油 かぼちゃ
	ビタミンK	出血時の血液凝固に必要／カルシウム結合たんぱく質の生成	新生児メレナ・新生児の頭蓋内出血	納豆 ほうれんそう あしたば 春菊

● ビタミンを上手にとるコツ

水溶性ビタミンは、一般的に水に溶けやすく熱に弱いため、すばやい調理が必要です。水洗いを手早くし、ゆでたり炒めたりする加熱時間は短くし、調理したらなるべく早く食べるようにしましょう。また調理の際はビタミンが溶け出すので、汁やスープと一緒に食べられる料理がおすすめです。脂溶性ビタミンは、油と一緒にとると吸収率がアップします。

例えば、ほうれん草やにんじんを食べる時は、油で炒めたり揚げたりすると良いでしょう。

☕ ミネラル

人体を構成している元素のうち、炭素、水素、酸素、窒素を除いた成分（**無機質**）を**ミネラル**といいます。人に必須のミネラルは16種類が知られていますが、体内では合成できないので食品からとらなければなりません。日本人は、カルシウムや亜鉛の不足、ナトリウムやリンの過剰という傾向があります。

過剰症では、ナトリウムの摂り過ぎにより高血圧を招き、心臓病や脳卒中の一因となることがよく知られています。ミネラルは、食品の精製・加工のたびに失われ、

一方、食塩（ナトリウム）や食品添加物（リンが多い）などは加工時に付加されます。

　加工食品が多い食生活では、ミネラルのバランスが崩れるため注意が必要です。

　カリウムは、細胞内の余分なナトリウムを排出して、血圧を正常に保つ働きがあるので、普段から摂取する塩分（ナトリウム）を減らすとともに、カリウムを多く含む食品の摂取も増やすことを心掛けましょう。また、リンとカルシウムには、適切な比率があります。リンを摂り過ぎるとカルシウムの吸収が悪くなったり、骨から血液中にカルシウムが放出されて、骨が弱くなったりします。

　ファミリーレストランやファストフード、コンビニ弁当等はこの典型で、ミネラルのバランスを崩しやすくなる一因となります。3食は無理としても、なるべく加工の少ない食品で調理した食事をとり入れるようにしましょう。

　ミネラルには、主に次のような働きがあります。

・骨や歯などの体の構成成分になる（カルシウム、リン）
・血液や体液のバランスを調節する（カルシウム、ナトリウム、カリウムなどのイオン）
・酵素の成分になる
・神経や筋肉の働きを調整する（有機化合物と結合したリン、鉄など）

▼必須ミネラルの特徴と主な働き

ミネラル名	主な生理作用	欠乏症	多く含まれる主な食品
カルシウム（Ca）	骨や歯を形成／神経の興奮を鎮める	骨粗しょう症 不整脈 神経過敏	小魚 乳製品 海藻
リン（P）	骨や歯の形成／リン脂質や核酸の成分、糖質の代謝をサポート	骨粗しょう症 歯槽膿漏	牛乳 魚類 鶏肉
鉄（Fe）	赤血球のヘモグロビンの成分	鉄欠乏性貧血	レバー 魚介類 ほうれん草

カリウム (K)	細胞内液の浸透圧の維持／心臓や筋肉の機能を調節	脱力感 食欲不振	干し柿 枝豆 納豆
ナトリウム (Na)	細胞外液の浸透圧の維持／筋肉や神経の興奮を抑える	倦怠感 食欲不振	食塩 コンソメスープの素
マグネシウム (Mg)	酵素の活性化／神経の興奮を抑制	動悸 不整脈 神経過敏 抑うつ症	アーモンド 豆類
イオウ (S)	皮膚・つめ・髪を形成／酵素の活性化	つめがもろくなる 皮膚炎	チーズ 卵
亜鉛 (Zn)	味覚・嗅覚を正常に保つ ビタミンCとともにコラーゲンを合成する	味覚異常 成長障害 皮膚炎	カキ レバー ホタテ貝
マンガン (Mn)	骨の形成に関与／糖質や脂質の代謝に関与	骨の発育不良 生殖能力の低下	玄米ご飯 大豆 アーモンド
ヨウ素 (I)	発育を促進／甲状腺ホルモンをつくる原料	甲状腺腫	昆布 ワカメ のり

試験予想Check！

ビタミンとミネラルの問題は、ほぼ毎回出題されています。また、欠乏症とビタミン名との組み合わせ問題、多く含む食品についても、それぞれの特徴などが出題されています。

ビタミンの過剰症なども要注意です。ミネラルでは、カルシウム、ナトリウム、リン、鉄、カリウムに関した問題が多く出題されています。

□/□ 水溶性のビタミンには（　ビタミンB$_1$　）、（　ビタミンB$_2$　）、ビタ
ミンB$_6$、（　ビタミンB$_{12}$　）、ナイアシン、パントテン酸、（　葉酸　）、
ビオチン、（　ビタミンC　）の9種類があります。

□/□ 水溶性ビタミンは、一般的に（　水　）に溶け易く、（　熱　）に弱いた
め、すばやい調理が必要です。水洗いを（　手早く　）し、ゆでたり炒
めたりする（　加熱時間　）は短くし、調理したらなるべく早く食べる
ようにしましょう。

□/□ 脂溶性ビタミンには、ビタミンA、（　ビタミンD　）、（　ビタミンE　）、
（　ビタミンK　）の4種があり、（　油と一緒にとる　）と吸収率がアッ
プします。

□/□ 不規則な食生活を続けるとビタミンが（　不足　）し、（　欠乏症　）
を引き起こすことがあるので注意が必要です。

□/□ （　ビタミンK　）が不足すると、血が止まりにくくなります。

□/□ （　ビタミンA　）の欠乏症には、（　夜盲症　）があります。皮膚や粘
膜を（　保護する働き　）もあるので、不足すると感染症にかかりやす
くなります。

□/□ （　ビタミンD　）はカルシウムの吸収を促します。不足すると
（　くる病　）や、歯や骨の発育不全を起こします。

□/□ （　ビタミンC　）の欠乏症には、（　壊血病　）などがあります。

□／□ （　**ビタミンC**　）は、（　**コラーゲン**　）の生成に役立ち、タバコを吸ったり、精神的に大きなストレスがかかったりすると大量に消費されるといわれています。

□／□ （　**ビタミンB₂**　）が不足すると、口角炎、口内炎、皮膚炎などを引き起こしやすくなります。

□／□ 水溶性ビタミンは、過剰にとっても体内に蓄積されずに排出されてしまいますが、（　**脂溶性**　）のビタミンは過剰症を引き起こしやすいので注意が必要です。

□／□ （　**ビタミンA**　）の大量摂取は胎児奇形のリスクを高める危険性があるため、（　**妊娠初期**　）のビタミン摂取量には注意が必要です。

□／□ （　**ミネラル**　）は、人の体内に存在する元素のうち、炭素・水素・酸素・窒素を除いたもので（　**無機質**　）ともいいます。

□／□ （　**カリウム**　）は細胞内の余分な（　**ナトリウム**　）を排出して、血圧を正常に保つ働きがあります。

□／□ （　**亜鉛**　）は、（　**味覚**　）を正常に保つ働きがあります。

□／□ （　**リン**　）はそのほとんどがリン酸カルシウムとして、骨や歯の形成に使われます。ただし、とり過ぎると骨から（　**カルシウム**　）が放出されてしまいます。

□／□ （　**鉄**　）は赤血球の（　**ヘモグロビン**　）を構成する成分で、不足すると（　**貧血**　）を招きます。

1-4 代謝

頻出度 ★★★★

Step1 基本解説

代謝とは

栄養素が分解・消化吸収され、老廃物は排泄されるという体内での物質変化を**代謝**といいます。

食べ物は消化吸収されて、炭水化物、たんぱく質、脂質、ビタミン、ミネラルに分解されますが、そのうちの炭水化物、たんぱく質、脂質は、体温の維持や運動に使用するために呼吸によって取り込まれた酸素で燃焼されて、エネルギーへと変わります。その体の機能を、エネルギー代謝といいます。

● 基礎代謝

生命維持（体温の維持、呼吸、脳や心臓の活動など）のために最低限必要なエネルギー代謝のことを**基礎代謝**といい、基礎代謝によって消費するエネルギーの量を**基礎代謝量**といいます。

これは、横になって安静にしている状態のエネルギー消費量です。横になっている体勢には、眠っているときと起きているときがありますが、睡眠中は起きているときよりも基礎代謝量が小さいです。

基礎代謝量は、年齢や性別、体重、または季節や気温によっても違ってきます。成人の体の臓器で基礎代謝レベルのエネルギー代謝率が比較的多いのは、肝臓や脳、筋肉などです。歳をとるとともに基礎代謝が低下する理由の1つは、筋肉が衰えて減少することにあります。

▼基礎代謝量の比較

基礎代謝量が低い	基礎代謝量が高い
女性（20代平均：1,100～1,200kcal）	男性（20代平均：1,300～1,600kcal）
老人	若い人
筋肉量が少ない人（※同じ体重において）	筋肉量が多い人（※同じ体重において）
夏	冬

● **安静時代謝量**

　座って安静にしている状態で消費されるエネルギー量のことで、一定の姿勢を保つ際に使われる筋肉の**緊張エネルギー量**を、基礎代謝量に加えたものです。

● **運動時代謝量**

　運動や何かの作業を行っているときの代謝を、安静時代謝量に加えた代謝量のことです。

> 基礎代謝量 ＜ 安静時代謝量 ＜ 運動時代謝量

● **特異動的作用**

　食事をした後に体がポカポカ温かく感じる、消化吸収などのためにエネルギーの増加が起こることを、特異動的作用といいます。

　特異動的作用は、体の熱やエネルギーになる3大栄養素ではたんぱく質がもっとも強く、約30％も高めるといわれます。

☕ エネルギー必要量

　日常の生活の中で、運動や労働をするためのエネルギーをエネルギー必要量といいます。また、1日に必要な栄養量を満たすエネルギーの量を、**推定エネルギー必要量**といいます。この推定エネルギー必要量は、その人の身体活動レベルによって異なってきます。ほとんど座って仕事する人とスポーツ選手とでは、必要となるエネルギー量は異なりますので、その身体活動レベルを指数で表し、基礎代謝量と掛けて計算します。

$$\text{推定エネルギー必要量　}=\text{　1日の基礎代謝量　}\times\text{　身体活動レベル（指数）}$$

☕ 消化・吸収

　口から取り込まれた食べ物を体内で吸収されやすいカタチにすることを消化といい、消化された物質を血液やリンパ液に取り込んでいくことを吸収といいます。

　消化作用には、次の3つがあります。

● 機械的消化（物理的消化）

　歯による咀しゃくや舌で食物と唾液を混ぜる、嚥下して食道へ送り込む、胃や腸の**ぜん動運動**で食物を消化液と合わせて先に送るなどのことです。

● 化学的消化

　消化酵素による分解作用のことです。

● 生物学的消化

　大腸内に存在する腸内細菌による消化（腸内細菌による発酵分解）のことです。

☕ 栄養素の吸収

　5大栄養素のうち消化されるのは、糖質（**ブドウ糖**に分解）、たんぱく質（**アミノ酸**に分解）、脂質（**脂肪酸＋グリセリン**）で、**小腸で吸収**されます。分子の小さいビタミンやミネラルはそのまま吸収されます。また、アルコールは胃で吸収されます。

　その後、アミノ酸やブドウ糖は血管へ入って肝臓へ、脂肪酸やグリセリンはリンパ管から静脈を通って全身へと運ばれます。小腸で吸収されなかった分は大腸へ運ばれ、**約80%の水分が大腸で吸収**されます。

● 口腔内での消化

　食べ物が口に入ると、歯で噛み砕いたり、すりつぶしたりして消化の準備をしま

す。唾液腺からは反射的に唾液が分泌され、舌を使って唾液とよく混ぜられ飲み込みやすくし、嚥下により口腔から食道へ送ります。十分に咀しゃくすることにより、食物の可溶性成分を溶かし出し、食物の味やにおいを感知して食欲を増進させ、時には異物混入や腐敗の有無を知ることもできます。

唾液には**アミラーゼ**という消化酵素が含まれ、穀物のデンプンや魚肉のグリコーゲンを分解します。

● 胃での消化

胃は食物と胃液を混ぜ合わせて攪拌（かくはん）し、ドロドロのおかゆ状にして、十二指腸での本格的な消化・吸収に備えるのが主な役割です。食物が胃に入ってくると、その刺激で胃腺（胃の内壁に多くある分泌腺）から胃液が分泌されます。

胃液の主成分は、塩酸、ペプシノーゲン、粘液です。胃液の塩酸はｐＨ1.0〜2.5とかなり強い酸性で、食物を殺菌し、腐敗や発酵を防いでいます。ペプシノーゲンは、塩酸によって活性化されると、**ペプシン**という消化酵素に変わり、たんぱく質を分解し始めます。しかし、ペプシンはすべてを分解することはできず、多くのたんぱく質がそのまま小腸へと送られます。

▼消化器官の図

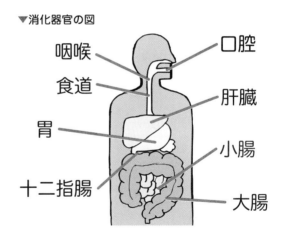

咽喉
食道
胃
十二指腸
口腔
肝臓
小腸
大腸

● 小腸での消化

小腸とは、十二指腸、空腸、回腸の三つの部分からなる消化管です。小腸での消化は、まず小腸上部の十二指腸で、胃から送られてきた食べ物と、すい臓、胆のうからそれぞれ分泌されるすい液、胆汁が混ざり合うことから始まります。すい液中の酵素には、脂肪を分解するリパーゼ、たんぱく質を分解するトリプシン、キモトリプシン、エラスターゼ、デンプンを分解するアミラーゼなどがあります。

　胆汁には消化酵素は含まれていませんが、脂肪を消化されやすく乳化して、リパーゼが働きやすくします。食べ物は十二指腸と空腸で消化をほとんど終え、空腸の内壁にびっしり生えた絨毛と呼ばれる小突起で栄養素が吸収されます。

　回腸では、主として空腸で吸収されなかった栄養素の吸収が行われます。

● 大腸

　小腸で栄養素の吸収が終わった後、余分な水分が大腸で吸収され、食物の残りかすが糞便となり、排泄されます。便として排泄されるのは、食後24時間〜72時間（1日〜3日）後で、食後72時間経っても排泄されない場合を、便秘といいます。

　口から摂取した食べ物は、以下のように口腔、咽喉、食道、胃、十二指腸、小腸、大腸の順に進みます。

> 口腔 ➡ 咽喉 ➡ 食道（1分以内で通過）➡ 胃（2〜4時間で消化）➡ 小腸（7〜9時間で消化・吸収）➡ 大腸（約10時間かけて通過）

☕ 栄養素の吸収率 ・・・・・・・・・・・・・・・

　栄養素が体に吸収されて活用される率は、食物によって異なります。特に現代人が不足しがちな栄養素であるカルシウムや鉄分は、食品によって吸収率が極端に低いものもありますから、吸収率を上げるための工夫や注意が必要です。

● カルシウムと吸収率

　カルシウムを含む食物とその吸収率は、**乳製品で約40〜50%**、**小魚で約30%**、**青菜類では約18%**です。カルシウムは、肉や魚などのたんぱく質と一緒に摂ると吸収率が上がります。ただし、たんぱく質の過剰摂取は、逆にカルシウムの吸収率を下げることもあります。注意しましょう。

● 鉄分と吸収率

　鉄分は、ヘム鉄と非ヘム鉄の2つに分けられます。**ヘム鉄**は、肉・レバー、魚などの動物性食品に多く、吸収率は、**約15〜25%**です。**非ヘム鉄**は、野菜、穀類などの植物性食品に多く、吸収率は**約2〜5%**です。動物性食品に多く含まれるヘム鉄は、吸収率が高いため、過剰症に注意が必要な場合があります。

　代表的な過剰症には、神経痛、筋肉痛、知覚異常などがあります。

　鉄分不足の初期症状には、体がだるい、疲れやすいといったことがあります。疲れやすい人は、その原因の1つとして、鉄分不足が考えられます。

☕ 日本人の食事摂取基準 ・・・・・・・・・・・・・・・・・

　食事摂取基準は、健康な個人または集団を対象として、国民の健康維持・増進、エネルギー・栄養素欠乏症の予防、生活習慣病の予防、過剰摂取による健康障害の予防を目的として、エネルギーと各栄養素の摂取量の基準を示したものです。保健所や民間健康増進施設などで行われる生活習慣病予防のための栄養指導や、学校・事業所での給食提供にあたって基礎となる科学データとなっています。

　現在使用されているものは2015年版で、2015年〜2019年までの5年間です。

　2020年版の日本人の食事摂取基準は、2020年〜2024年まで使用されます。2020年版は、従来の健康の保持・増進、生活習慣病の発症予防および重症化予防の観点に加え、高齢者の低栄養やフレイルの予防も視野に入れて策定され、今年度中に告示される予定です（詳細は厚生労働省のホームページをご覧ください）。

　なお、エネルギーと34種類の栄養素について策定されています。設定されている指標は、次の通りです。

● エネルギー

・推定エネルギー必要量

　　1日に必要なエネルギー量として、基礎代謝量に身体活動レベルを考慮して算出された「推定エネルギー必要量」が、男女別、年齢ごとに示されています（推定エネルギー必要量P.49参照）。

エネルギーの摂取量および消費量のバランスの維持を示す指標としては、BMI（P.58参照）が採用されています。

● 栄養素

・推定平均必要量

性・年齢階級別に、日本人の必要量の平均値を推定した値。

・推奨量

ある性・年齢階級に属する人々のほとんどが、1日の必要量を満たすと推定される1日の摂取量。

・目安量

推定平均必要量・推奨量を算定するのに十分な科学的根拠が得られないが、ある性・年齢階級に属する人々が良好な栄養状態を維持するのに十分な摂取量。

・目標量

生活習慣病の一次予防のために、現在の日本人が当面の目標とすべき摂取量。

・耐容上限量

ほとんどすべての人々が、過剰摂取による健康障害を起こさない最大限の摂取量。

試験予想Check！

代謝とは何か、基礎代謝と肥満の関係、ダイエットの原則について知っておきましょう。また消化管の役割、栄養素はどこで吸収されるのか、消化に関する用語についても確認しておいてください。
日本人の食事摂取基準に関する問題も、今後は出題される可能性が高いですから、その内容を知っておくことが大切です。

□／□ 栄養素が分解・消化吸収され、老廃物は排泄されるという体内での（ **物質変化** ）を（ **代謝** ）といいます。

□／□ 私たちの体は安静時にも呼吸、心臓の動き、体温の維持など、さまざまな生命活動が続いていますが、生きるために（ **最低限必要** ）なエネルギー代謝のことを、（ **基礎代謝** ）といいます。

□／□ 横になって安静にしている状態のエネルギー消費量のことを（ **基礎代謝量** ）、座って安静にしている状態で消費されるエネルギー量のことを、（ **安静時代謝量** ）といいます。

□／□ 基礎代謝は、季節や性別、年代や体格等によって異なります。夏と冬、男性と女性、若者と老人、筋肉質か否かの４点では、それぞれ基礎代謝量が高いのは（ **冬** ）、（ **男性** ）、（ **若者** ）、（ **筋肉質** ）となります。

□／□ （ **消化** ）とは、食物中の栄養素を分解して吸収されやすいカタチにする過程です。

□／□ 消化には、歯による（ **咀しゃく** ）・舌で食物と唾液を混ぜる・胃や腸の（ **ぜん動運動** ）で食物を消化液と合わせて先に送るなどの（ **機械的消化** ）、消化酵素による分解作用の（ **化学的消化** ）、大腸内に存在する腸内細菌による消化の（ **生物学的消化** ）の３つがあります。

□／□ 糖質は消化酵素により最終的に（ **ブドウ糖** ）に分解され、たんぱく質は（ **アミノ酸** ）に分解、脂質は（ **脂肪酸** ）＋（ **グリセリン** ）に

分解されます。

□／□ アミノ酸やブドウ糖は血管へ入って（　**肝臓**　）へ、脂肪酸やグリセリンは（　**リンパ管**　）から静脈を通って全身へと運ばれます。

□／□ 肉や魚などの（　**たんぱく質**　）は（　**カルシウム**　）の吸収率を上げますが、過剰摂取は逆に吸収率を下げることもあります。

□／□ 鉄分は、ヘム鉄と非ヘム鉄の2つに分けられ、ヘム鉄は（　**動物性食品**　）に多く、吸収率は（　**約15～25**　）%、非ヘム鉄は（　**植物性食品**　）に多く、吸収率は（　**約2～5**　）％です。

□／□ ヘム鉄は、吸収率が高いため、摂り過ぎると、（　**神経痛**　）、筋肉痛、（　**知覚異常**　）などの過剰症になる恐れがあります。鉄分不足では、（　**体がだるい**　）、（　**疲れやすい**　）といった初期症状があります。

□／□ 日本人の食事摂取基準は、健康な個人または集団を対象として、国民の健康維持・増進、エネルギー・（　**栄養素欠乏症の予防**　）、生活習慣病の予防、過剰摂取による健康障害の予防を目的として、エネルギーと各栄養素の（　**摂取量の基準**　）を示したものです。

□／□ 食事摂取基準の指標は、エネルギーについては（　**推定エネルギー必要量**　）、栄養素については推定平均必要量、（　**推奨量**　）、目安量、（　**耐容上限値**　）、（　**目標量**　）の5つが示されています。

□／□ 1日に必要な栄養量を満たすエネルギーの量を（　**推定エネルギー必要量**　）といい、（　**基礎代謝量**　）と（　**身体活動レベル**　）を掛けて計算します。

1-5 生活習慣病と その予防

頻出度 ★★★★★

生活習慣病とその予防

● メタボリックシンドローム

内臓に脂肪が蓄積した**内臓脂肪型肥満**（隠れ肥満）が原因で、**生活習慣病**が併発しやすい状態のことを**メタボリックシンドローム**（**代謝異常症候群**）、または内臓脂肪症候群といいます。2008年4月から医療保険者のうち、40歳以上の被保険者・被扶養者を対象としたメタボリックシンドロームに着目した**健診（特定健診）**および保健指導の事業実施が義務付けられました。

なお、メタボリックシンドロームの診断は、内臓脂肪量と、それ以外に血糖値や血圧、脂質異常症の可否などで判断します。

【内臓脂肪量の測定】

腹囲の診断①または内臓脂肪面積での診断②を行い、いずれかの場合を内臓脂肪型肥満と判断します。

①腹囲（へそ周り）：測る場所は腹周です（一番細いところではありません）。

　男性：85cm以上　女性：90cm以上の場合

②内臓脂肪面積：CT検査を行います。

　内臓脂肪の面積が100㎠以上の場合

【血圧、血糖値、脂質異常症判定】

③高血糖：空腹時血糖値110mg/dl以上[※1]。

④高血圧：最高血圧130mmHg以上[※2]、最低血圧85mmHg以上、のいずれかまたは両方。

⑤血中脂質異常症：中性脂肪150mg/dl以上、HDLコレステロール40mg/dl未満
のいずれか、または両方。

※1 mg/dl：血糖の単位。ミリグラムパーデシリットルと読む
※2 mmHg：血圧の単位。水銀柱ミリメートルと読む

　①②のいずれかに該当（＝内臓脂肪型肥満）し、＋**③④⑤のうち2つ以上**が該当
すると、メタボリックシンドロームと診断されます。

● 肥満

　肥満の判定方法はいくつかあり、国際的には**BMI**（Body Mass Index）という体
格指数判定が用いられています。BMIの数値は、18.5未満が痩せている、18.5〜25
未満が普通、25以上が肥満と判断されます。成人がもっとも病気になりにくい健康
的なBMIの数値は、**22**です。BMIが**25**以上になると、生活習慣病にかかるリス
クが高くなるので要注意です。

▼BMI数値の算出

> BMI数値＝**体重**（kg）÷**身長**（m）^{2}
> ※身長はmで表記するので、例えば身長157cmの人であれば、1.57で算出する

▼標準体重の算出

> 標準体重（kg）＝　22　×　身長（m）　×　身長（m）

　BMI値や体重は肥満度を測る1つの方法ですが、実際の脂肪量はこれらだけでは
判断ができないため、体脂肪率のチェックも必要です。体脂肪率が、男性で25％以
上、女性で30％以上を一般的に肥満と判断します。

　また、同じ肥満ですが、脂肪のつく場所により、**内臓脂肪型肥満（上半身肥満）**と
皮下脂肪型肥満（下半身肥満）の2つに分けられます。このうち、内臓脂肪型肥満は
生活習慣病を招きやすいといわれています。

皮下脂肪は、内臓脂肪よりも代謝が悪いことから燃焼しにくい傾向があります。

　内臓脂肪は、生活習慣の影響などにより蓄積されやすい面がありますが、生活習慣の改善を図れば皮下脂肪と比べて、減らすことが比較的スムーズにできるといわれています。

▼肥満のタイプ

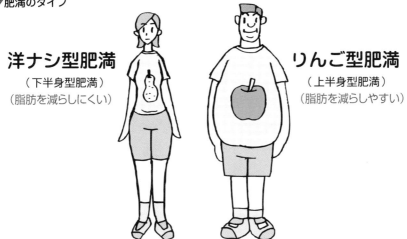

洋ナシ型肥満
（下半身型肥満）
（脂肪を減らしにくい）

りんご型肥満
（上半身型肥満）
（脂肪を減らしやすい）

肥満から始まる生活習慣病

　生活習慣病は、ひと昔前までは「成人病」と呼ばれていました。しかし現在では、小・中学生の症例も多いことから、生活習慣病と名称変更されました。肥満は病気ではありませんが、普段の生活習慣が原因となって、**死の四重奏**といわれる、**肥満症・脂質異常症・高血圧症・糖尿病**などの病気を引き起こす原因となります。

　肥満症・脂質異常症・高血圧症・糖尿病などは、症状が出ないことが多く、気付いた時には動脈硬化となり、それが狭心症・心筋梗塞・脳梗塞・脳出血へとつながります。糖尿病・痛風は腎症、脂肪肝は、肝硬変の合併症を引き起こす恐ろしい病気なのです。

　日本人は、食物を効率よく脂肪にして蓄えることができる**倹約遺伝子**を持つ人の割合が、欧米人よりも多いといわれています。そのため、欧米型の食事ではエネルギーの過剰摂取となり、肥満や生活習慣病を引き起こしやすくなります。

🍵 生活習慣病予防の食事

● 高血圧症

　血圧は、精神的な**緊張**や**興奮**、**加齢**とともに上がりますが、それに生活習慣病が加わることによって、高血圧を発症しやすくなります。

　高血圧症は、拡張期血圧（最小血圧）と収縮期血圧（最大血圧）を測定し、どちらか一方あるいは両方が慢性的に基準値より高い場合に判断されます。

　また、自覚がないまま、血圧が高い状態が続くと、血管に過度の負担がかかり**動脈硬化**が進んだり、血流が悪くなったり、血栓ができやすくなります。**脳卒中**や**心筋梗塞**、**腎不全**などを引き起こす要因となります。

　高血圧症は、心臓への負担も大きくしています。血管に高い圧力で血液を送り続けているため、心臓の筋肉が厚くなり、心肥大や**心不全**を招きやすくなります。

　血管の働きとして、血液中のナトリウムが増えると塩分濃度を調整しようとして水分を取り込みます。そのため、血液量が増えて血圧が上がります。また、交感神経が刺激されて血管の緊張が起きたり、心拍出量※が増加するため、血圧が上がります。

　また、カルシウム不足による血圧の上昇も、近年注目されています。カルシウムが不足すると、カルシウムの調整を行うホルモン類の機能が低下して、血圧が高くなるといわれています。

※ 心拍出量：心臓が1回の拍動（心臓の収縮）で送り出す血液の量

▼高血圧症対策の主なポイント

塩分を控え、特に以下の①②③の成分を多く含む食品を積極的に摂るようにしましょう。
①カリウムを含む食品を摂る（豆類、芋類、野菜に多く含まれる）
　カリウムには、摂りすぎた塩分を体外に排出する働きがあります。
②カルシウムを含む食品を摂る（小魚、牛乳、乳製品、海藻などに多く含まれる）
　カルシウム不足が血圧を上昇しやすくします。
③たんぱく質を含む食品を摂る（肉類・魚介類、卵、大豆製品などに多く含まれる）

たんぱく質には、血管を強化する働きがあり、不足すると高血圧を悪化させ
ることがあります。

④ゆっくり時間をかけて食べる

⑤肥満の人は、摂取エネルギーを制限し、減量する

⑥過度の緊張やストレスを避け、飲酒や喫煙は控える

※カルシムが不足すると、カルシウムを調整する働きのある活性型ビタミンDや副甲状腺ホルモ
ンなどの機能が促進し、血液中のカルシウム濃度が上昇するため血圧が高くなると言われてい
る。

● 脂質異常症

脂質異常症とは、2007年7月に**高脂血症から改名**されたもので、血液中に含まれ
る脂質（中性脂肪やコレステロール）が必要以上に増えた状態のことです。脂質異
常症は症状としてあらわれにくい病気のため、**動脈硬化**の危険因子となり、**脳血管
疾患**や**心臓病**を引き起こすため、定期的に健康診断を受けることが大切です。

▼脂質異常症対策の主なポイント

①食べすぎない（適正なカロリー摂取）

②コレステロールが多い食品を控えるようにする（たまご・しらす・いかなど）

③肉類より魚類を摂るようする

④食物繊維を多く摂るようにする

● 糖尿病

糖尿病とは、血液中に含まれる**ブドウ糖**（血糖）が異常に多くなり、腎臓、目、神
経に障害が起きる病気です。それは膵臓から分泌される**インスリン**の働きが不十分
となるからです。

インスリンが不足すると、肝臓・筋肉・脂肪組織などの臓器でブドウ糖の利用や
取り込みが低下し、血中のブドウ糖が増えることになります（高血糖）。血糖値を下
げるのに、インスリンは大事な働きをしているのです。

糖尿病は初期段階で自覚症状がないため、発症すると完治は難しくなります。自

覚症状がないまま病気が進行すると、**3大合併症**である**神経障害**、**網膜症**、**腎症**を
引き起こしやすくなります。

　糖尿病は、血糖値のコントロールが重要なため、食事療法が不可欠です。糖尿病
の食事療法のために作られた食品分類表に、「糖尿病食事療法のための食品交換表」
があります。これは食品を6つの表に分け、同じ表にある食品を自由に交換して、献
立を作っていけるというものです。そのようなものを活用しながら、以下の点につい
て注意していきましょう。

▼糖尿病対策の主なポイント

①適切なエネルギー摂取で、腹八分目を心がける

②1日3食の食事時間を規則正しくする

③きのこ類や野菜、海藻などの食物繊維を多く摂る

④動物性脂肪は控えめにし、植物性の油や魚の脂肪にする

⑤甘味料や清涼飲料水、アルコールは控えめにする

⑥塩分を控えめにし、よく噛んでゆっくり食べる

※適度な運動も必要

● **狭心症と心筋梗塞**

　狭心症や心筋梗塞は、生活習慣とのかかわりが深い病気といわれています。心臓
を取り巻く冠動脈によって血液が送られることで、**酸素**や**栄養**が心臓に供給されま
す。**狭心症**は冠動脈が狭くなり血流が悪くなること、**心筋梗塞**は冠動脈が完全に詰
まってしまうことです。冠動脈が**動脈硬化**などで狭くなったりすると血液が十分に
流れず、酸素や栄養が不足した状態のことを、**虚血性心疾患**といいます。

　いずれも、肥満や生活習慣、ストレスなどが積み重なって、心疾患を引き起こすと
いわれています。

▼心疾患対策の主なポイント

①肥満にならないように、バランスのよい食事を規則正しく摂る

②薄味を心がけ、塩分や糖分、脂肪分を控える

③喫煙をしない

④適度な運動を心がける

⑤過労や睡眠不足を避ける

⑥起きるときは、あわてずゆっくり起き上がるようにする

⑦食事はゆっくり時間をかける

● 脳卒中

　脳卒中とは、脳に酸素や栄養素を送っている、脳の血管がもろくなったり破けたり詰まったりして、血液が脳の先までいかない状態で、脳の働きに支障を生じる病気です。高血圧、脂質異常症、糖尿病、心臓病、肥満、飲酒、喫煙、ストレスなどが危険因子といわれています。

　脳卒中は、次のタイプに分類されます。

脳梗塞…………脳の血管が詰まって血液が流れなくなり、脳細胞が壊死すること

脳出血…………脳内の血管が破れ出血すること

くも膜下出血…脳を保護するくも膜下と、その下を走っている脳動脈が破れて出血すること

▼脳卒中対策の主なポイント

①塩分を控えめにする

②栄養バランスがよい食事を摂る

③コレステロールの多い食品は控える（但し、コレステロール値が極端に低いのも、脳出血の原因となるため注意）

④動物性脂肪ではなく、植物性脂肪を摂るようにする

⑤大量の飲酒をしない

⑥喫煙をしない

⑦適度な運動を心がける

⑧休養とストレス解消を心がける

健康寿命と平均寿命

　厚生労働省の調査によると、死因に占める生活習慣病の割合は、2012年には全体の6割以上となっています。健康な状態を維持するために、生活習慣病の予防や改善を普段から意識する必要があることが、この数値からも分かります。

　平均寿命は、死因にかかわらず生まれてから死ぬまでの期間であり、**健康寿命**は、世界保健機関（WHO）が2000年に公表したことばで、日常的に介護を必要としないで、自立した生活ができる生存期間のことを示し、平均寿命から介護期間を差し引いた寿命を指します。平均寿命と健康寿命には、以下のような差が出ています。

▼日本人の平均寿命と健康寿命（2016年）

寿命項目	男性	女性
平均寿命	80.98歳	87.14歳
健康寿命	72.14歳	74.79歳
差年	8.84歳	12.35歳

アンチエイジング

　アンチエイジングとは、アンチ（抵抗する）とエイジング（老化）を組み合わせたことばで、日本語では抗老化、抗加齢と訳されます。健康な体を保ち、質の高い生活をして、長生きすることを目的に、老いの予防と生活の改善をしていこうという考え方です。加齢による身体の機能的な衰え（老化）を可能な限り小さくすること、言い換えると、「いつまでも若々しく」ありたいとの願いを叶えることにつながる、予防医学です。

　アンチエイジングの3大対策は以下の通りです。

①守る（抗酸化）
　老化の原因である活性酸素から体を守ります。
②出す（デトックス）

> 体の内側から毒素や老廃物を排出させます。
>
> ③補う
>
> 加齢によって減少するホルモンを補います（コラーゲン摂取など）。

　酸素は食べ物をエネルギーに変えるのに使われ、**活性酸素**はその時にできる燃え
カスのようなものです。活性酸素は、私たちの体を病原菌から守ってくれる大切な
役割があるのですが、その一方で悪影響を与える面もあります。必要以上に増えて
しまうと、健康な細胞まで酸化してしまうため、老化の引き金になるのです。

　これは、不飽和脂肪酸が活性酸素と結びつくことで過酸化脂質となり、細胞が老
化（体が錆びる）することによって起こります。

　このような体の老化から守る抗酸化成分の代表として、ビタミンA・C・Eやポリ
フェノールなどがあります。

人はなぜ太るのか？

　肥満は、**摂取**エネルギー量より**消費**エネルギー量が少なく、摂取エネルギーが脂
肪として体に蓄えられることで起こります。

▼主な肥満の原因

肥満の原因	具体的な原因例
栄養素の過剰摂取	・食の欧米化による、動物性脂肪の過剰摂取 　（日本食の機会の減少による、食物繊維不足） ・外食産業の普及による、外食が増えた ・嗜好や習慣によるもの 　（甘いもの好き、間食が多い、グルメ、食欲旺盛など）
運動不足	・交通機関や自動車の普及による、歩行量の減少 ・家電製品の普及・近代化による、運動量の減少 ・各種産業の機械化による、肉体労働の減少 ・遊び場の減少による、子どもの運動量の減少 ・習慣によるもの（運動が苦手、テレビやパソコン、ゲーム時間が長い） ・精神的要因（無気力、無関心）
家族の要因	・過保護 ・バランスの悪い食事や量の多い食事 ・遺伝要因があり、親も太っている

現代社会では、**嗜好性食品**の普及、豊富な食品、食事の**簡便化**などにより、摂取エネルギーは増加しています。栄養価の高い食品が体にとって有益であるとはいえなくなってきています。

そのうえ、電化製品の普及、交通機関の発達、肉体労働から精神労働への変化などにより、消費エネルギーが減少傾向にあります。

つまり、太りやすい環境になっているなか、食生活を意識することがダイエットの第一歩となるでしょう。

☕ 正しいダイエットと落とし穴 ・・・・・・・・・・・・・・・

ダイエットというと、「体重を落とすこと」と思ってはいませんか？

ダイエットとは、太りやすい生活習慣を改善して肥満防止・肥満解消をし、太りにくい習慣を身につけることをいいます。「○○だけ食べていれば痩せる」「△△抜きダイエット」といわれているダイエット方法はたくさんありますが、もし痩せたとしても、それは体の筋肉が落ちただけで、一歩間違えると大変危険です。

筋肉が落ちると、基礎代謝も減るために、ますます脂肪が燃えにくい体質になります。そして、脂肪は蓄積され体重が戻り、さらに筋肉が減るようなダイエットとなります。太りやすく、痩せにくい体質をつくりだし、**リバウンド**に繋がります。このような悪循環を、**ヨーヨー現象**といいます。

食事制限だけでなく、運動も合わせた、健康的に肥満を防止・解消する方法をとりましょう。適度の運動で**消費エネルギーを増やし**、栄養面や量を考慮した食事での**ゆるやかな摂取エネルギーの減少**（腹八分目にするなど）を同時に行うようにしてください。

▼食事制限のみのダイエットによる失敗のサイクル

❶ 食べる量を減らす。欠食する。

❷ 極端な食事制限により活力・意欲が低下し、動くことが億劫になる。

❸ 動かなくなることで主に筋肉が落ち、基礎代謝量も減る。

❹ 重量は脂肪より筋肉の方が重いため、筋肉量の減少により一時的に体重が減る。

❺ 体重が減り、ダイエットが成功したと勘違いしたり、油断したりし、食事量が増える。

❻ 脂肪がつきやすい体質で食事量が増えるため、体重が増える。

❼ 体重が増えたため、また食事制限をしようとする。

❶へ戻り、❼までを繰り返す。

試験予想Check！

食生活と生活習慣病や、合併症の関係について理解しておく必要があります。
また、生活習慣病予防やダイエットの食事、運動についても押さえておきましょう。

□／□ 内臓に脂肪が蓄積した「（ **内臓脂肪型肥満** ）」（隠れ肥満）が原因で、
（ **生活習慣病** ）が併発しやすい状態のことを「（ **メタボリックシ
ンドローム** ）」（代謝異常症候群）といいます。

□／□ （ **メタボリックシンドローム** ）とは、腹囲（へそ周り）が男性
（ **85** ）cm以上、女性（ **90** ）cm以上、（ **高血糖** ）・高血圧・
（ **血中脂質異常症** ）が診断基準となります。

□／□ 「（ **BMI** ）」（Body Mass Index）とは、国際的に用いられている体
格指数判定方法です。病気になりにくく健康的なBMIの数値は
（ **22** ）です。BMI数値が（ **25** ）以上になると肥満と判定され、
生活習慣病にかかるリスクが高くなります。

□／□ BMI数値の算出は、BMI数値＝（ **体重** ）(kg)÷（ **身長** ）(m)÷
（ **身長** ）(m) となります。

□／□ 脂肪のつく場所により、「（ **内臓脂肪型肥満** ）」（上半身肥満）と
「（ **皮下脂肪型肥満** ）」（下半身肥満）の2つに分けられます。内臓脂
肪型肥満は、生活習慣病を招きやすいといわれています。

□／□ 普段の生活習慣が原因となって、（ **死の四重奏** ）といわれる肥満
症・（ **高血圧症** ）・糖尿病・（ **脂質異常症** ）といった病気を引き
起こすといわれています。

□／□ （ **高血圧症** ）の予防のポイントは、（ **塩分** ）を控え、いろんな食
品を（ **バランスよく** ）食べることです。

□／□ 血圧は生活習慣病と、精神的な（　緊張　）や（　興奮　）、（　加齢　）などが加わることで、高血圧を発症しやすくなります。また血圧が高い状態が続くと（　動脈硬化　）となり、（　脳卒中　）や（　心筋梗塞　）、腎不全などを引き起こす要因となります。

□／□ 脂質異常症とは、血液中に含まれる「（　脂質　）」（中性脂肪やコレステロール）が必要以上に増えた状態のことです。

□／□ 糖尿病とは、（　インスリン　）の働きが不十分となるために、血液中に含まれる「（　ブドウ糖　）」（血糖）が異常に多くなる病気です。自覚症状がないまま病気が進行すると、（　神経障害　）、（　網膜症　）、（　腎症　）といった3大合併症を引き起こしたりします。

□／□ （　狭心症　）は冠動脈が狭くなり血流が悪くなること、（　心筋梗塞　）は冠動脈が完全に詰まってしまうことです。冠動脈が動脈硬化などで狭くなったりすると血液が十分に流れず、酸素や栄養が不足した状態のことを（　虚血性心疾患　）といいます。

□／□ （　脳梗塞　）とは脳の血管が詰まって血液が流れなくなり、脳細胞が壊死することです。（　脳出血　）とは脳内の血管が破れ出血することです。（　くも膜下出血　）とは脳を保護するくも膜下と、その下を走っている脳動脈が破れて出血することです。

□／□ 肥満は、（　摂取　）エネルギー量より（　消費　）エネルギー量が少なく、摂取エネルギーが脂肪としてカラダに蓄えられ起こります。

□／□ （　筋肉　）が落ちると（　基礎代謝　）も減少し、脂肪は蓄積され体重が戻り、さらに筋肉が減るダイエットとなります。太りやすく、痩せにくい体質をつくりだし、（　リバウンド　）につながります。

健康づくり（栄養・運動・休養）

頻出度 ★★

Step1 基本解説

☕ 運動と休養から考える健康

日本人の死因に占める生活習慣病の割合は、約6割といわれています。生活習慣病の改善や**生活の質（QOL）**を向上し、健康寿命を延ばすための**3要素**は、**栄養・運動・休養**です。食生活アドバイザーとしてまず初めに注目するのは栄養＝食ですが、食事だけで健康を維持することは難しく、3要素をバランスよくとり入れることが最善といえます。

☕ 健康を意識した栄養

食物は人を健康にしていく上で、とても大切です。しかし、食物に薬効があると捉えるのは誤りで、摂り方を誤ると、かえって病気になりかねません。現在が健康でも、エネルギーや栄養素を過剰摂取することで、生活習慣病を引き起こす可能性があったり、既に病気がある場合は、病気を踏まえた食事をとらないと、病気を悪化させてしまいます。

生活習慣病の予防や改善は、食事だけでなく、医学的な処置と、適切な栄養・運動・休養の組み合わせによる治療が必要となります。普段から健康に注意を払い、自分の健康は自分が責任をもって守るという意識が必要です。

生活習慣病予防のための食事については、前述「生活習慣病予防の食事」（P.60〜P.63）を参照ください。

健康を意識した運動

　運動は、皮膚、筋肉、骨などの老化を遅らせ、丈夫な体をつくったり、さらに脂肪を減らして筋肉を増やし、基礎代謝がアップするなど、目に見える身体の変化を起こすことで、その効果を実感することができます。また、ストレスの発散もでき、免疫力の向上も図れます。これらにより、健康で豊かな生活が楽しめることにつながります。

　運動によって期待できる効果には、次のようなものがあげられます。

▼運動による効果

運動の効果	効果が出る理由
血管を丈夫にする	①血圧を正常に保つ
	②血管の内壁がきれいになり、弾力性を増すことで、輸送能力が向上する（虚血性疾患などを改善する）
	③インスリン感受性が高まり、血液中の糖を取り込む能力が向上する（糖尿病などを改善する）
	④毛細血管が活性化され、血行が良くなる（冷え性などを改善する）
心臓や肺の機能が向上する	①心拍出量が増える（安静時心拍数が減少する）
	②呼吸筋が強くなり、呼吸機能が向上する（肺活量が増える）
	③肺から酸素を血液中に送り込む能力が向上する（有酸素運動能力が向上する）
免疫力が向上する	善玉コレステロール（HDLコレステロール）が増加する
骨を丈夫にする	運動で骨に圧力が加わることにより、骨の形成を促進する

　運動の効果は約**72時間**しかもたないといわれ、効果は1度消えると運動前の状態に戻ってしまいます。そのため、**3日に1回以上**運動することが理想です。

　ただし、普段運動していない人が急に運動することは、体に負担がかかったり、精神的にストレスが課せられたりする場合もあるため、まずは週に1回程度から始め、徐々に3日に1回以上になるよう、自分のペースで運動することが大切です。

　運動の種類には、大きく分けると次の2つがあります。

▼運動の種類

運動の種類	内容
無酸素運動 （アネロビクス）	重量上げや短距離走など一気に力を出す運動で、主に消費するエネルギーは「糖類」です。筋肉量を増やす効果がありますが、乳酸という疲労物質が蓄積するため継続時間は2〜3分が限度です。エネルギー（グリコーゲン）を筋肉へ取り込む能力が高まったり、筋肉量が増えることにより基礎代謝量が向上します。
有酸素運動 （エアロビクス）	マラソンや水泳、エアロビクスなど呼吸をしながら長時間行う運動で、主に消費するエネルギーは「脂肪」です。脂肪燃焼を促進し、代謝UP、体脂肪率の改善効果があります。

　無酸素運動も有酸素運動も、筋肉や関節などの緊張を取り除いてから始めましょう。組み合わせとしては、運動前の準備運動（ウォーミングアップ）と運動後の整理運動（クールダウン）を行うことが望ましいです。

　準備運動は、心と体の準備、ケガの予防が目的です。いきなり体を全開で動かすと筋肉がびっくりするので、徐々に慣らすために行います。ストレッチなど、ゆっくりと筋肉を伸ばすような運動をし、軽くジョギングなどをして、うっすら汗ばむ程度にまで体を温めます。整理運動は、筋肉の疲労回復を早め、心と体をいつもの状態に戻す目的があります。いきなり体を止めたりせず、軽く歩くなどで、熱を持った筋肉を冷やします。内容は準備運動と同じ感じで、緊張している筋肉と筋をしっかり伸ばしましょう。

健康を意識した休養

　休養は、日ごろの仕事や家事などによる心身の疲労を回復させる面（「休む」という側面）と、仕事や家事を充実した状態で行えるように鋭気を養う面（「養う」という側面）の、2つの側面をもっています。

　休養を充分にとらない生活を続けると、精神的および肉体的な疲労が蓄積し、**慢性疲労**※の状態となり健康を害する可能性があります。疲労には大きくわけて、**精神的疲労**と**肉体的疲労**の2種類があります。精神的疲労の回復には体を動かしたり趣味を行うことが効果的です。肉体的疲労の回復には睡眠による休息が一番ですが、入浴・マッサージなども効果的です。また、軽い運動を行うことで疲労物質である乳酸を取り除くこともできます。

※慢性疲労：正式には「慢性疲労症候群」と呼ばれ、原因がわからない疲労感が長期間続く

▼休養の種類

積極的休養（精神的疲労を回復させる）	消極的休養（肉体的疲労を回復させる）
仲間や家族とコミュニケーションをとりながら、積極的に心身のリフレッシュを図る休養です。 仕事をしていてちょっと疲労がたまったとき、また運動後も、筋肉にたまった乳酸を、早く除去させるためには、さらに "軽めの運動" をするのが良いといわれています。	何もせず、横たわるなどにより疲労を解消する休養です。 寝たり、何もせずにゴロゴロするだけの消極的休養では、精神的な疲れは十分に癒せないといわれます。

試験予想Check！

生活習慣病の予防や改善のための運動、現代におけるストレス社会を生き抜くための疲労回復法など、世間の関心の高い項目ですから出題頻度も高いです。食事バランスガイドの内容、食生活指針、休養指針などにも必ず目を通しておきましょう。

チェック欄
1回目 2回目

Step2 「健康づくり
（栄養・運動・休養）」

の要点
チェック ☑

□／□ 生活習慣病の改善や、生活の質を向上させ、（ 健康寿命 ）を延ばす
ための3要素は「栄養、（ 運動 ）、（ 休養 ）」です。

□／□ 運動の効果には、（ 心臓や肺の機能向上 ）、血管や骨が丈夫になる、
（ 免疫力 ）の向上などがあげられます。

□／□ 運動には、皮膚・筋肉・骨などの（ 老化 ）を遅らせ、丈夫な体を作
り、（ 脂肪 ）を減らして、（ 筋肉 ）を増やす効果もあります。

□／□ 重量上げや短距離走など一気に力を出す運動を（ 無酸素 ）運動と
いい、継続時間は2〜3分が限度です。反対にマラソンや水泳など
（ 呼吸 ）をしながら長時間行う運動を（ 有酸素 ）運動といいま
す。

□／□ 無酸素運動では、主に（ 糖類 ）をエネルギーとして消費し、有酸素
運動では（ 脂肪 ）を消費します。体脂肪率改善の効果があるのは
（ 有酸素 ）運動の方です。

□／□ 休養とは、心身の疲労を回復させる「（ 休む ）」という側面と、仕事
や家事を充実した状態で行えるよう鋭気を「（ 養う ）」という側面
との2つがあります。

□／□ 休養の種類は、寝たり何もせずにゴロゴロする（ 消極的 ）休養と、
家族や仲間とコミュニケーションをとりながら積極的に心身の
（ リフレッシュ ）を図る（ 積極的休養 ）の2種類があります。

Step3 演習問題と解説

1-1 栄養と健康について

例題(1) 食生活と健康に関する記述として、適当なものを選びなさい。該当するものがない場合は、6を選びなさい。

1. 食品に含まれる栄養素は、誰に対しても同じように働きかけ、その効果をもたらす
2. 情緒不安定など、精神面への影響の因果関係が食生活にあることが証明された
3. 栄養のバランスを第一に考えて食生活の向上に努めることが、健康につながることである
4. 栄養素の摂取量は、体の不調や疾病の原因につながることがある
5. 世界保健機関(WHO)の憲章では、「健康とは、肉体的、社会的福祉の状態であり、単に疾病又は病弱の存在しないことではない」とある
6. 該当なし

正解 4

例題(1)の解説

1. その人の持つ病気によって摂取を気をつけなければならない食品があります。薬を処方されている人は特に、薬と食べ物との相互作用の問題があり注意が必要です。
2. 食生活の悪習慣や栄養不足が精神面へ影響することは疑われていますが、これを100%実証することは難しいことです。
3. 栄養のバランスだけでなく、規則正しい生活をおくり、心身ともに前向きな環境を整えることも大切です。
4. ある特定の栄養素の過剰摂取は過剰症を引き起こすことがあります。また不足すると身体機能の障害、疾病の原因になるものもあります。

5. 世界保健機関（WHO）の憲章では、「健康とは、完全な肉体的、精神的及び社会的福祉の状態であり、単に疾病又は病弱の存在しないことではない」とあります。精神的という要素も欠かせません。

試 験対策のポイント

食生活や栄養、栄養素、健康の定義など、考え方が難しいところですが、問題になれておくことで対処できます。WHOの憲章についても、しっかり覚えておきましょう。

1-2 ５大栄養素の役割

例題（2） つぎのたんぱく質に関する記述として、不適当なものを選びなさい。該当するものがない場合は、6を選びなさい。

1. 体に必要なたんぱく質は10万種類あるといわれるが、これらはわずか20種類のアミノ酸の組み合わせでつくられている

2. たんぱく質は英語でプロテイン（protein）といい、ギリシャ語のプロティオスが語源である。プロティオスは「生命にとって第一のもの」という意味で、体を構成する重要な物質であることを示している

3. たんぱく質は不足すると、成長障害、免疫力や体力の低下につながり、摂り過ぎると腎障害を引き起こす場合があるので、注意が必要である

4. 体内で合成されないアミノ酸のことを必須アミノ酸といい、9種類ある

5. たんぱく質は、動物性食品では、肉類、魚介類、卵、乳製品に多く含まれ、植物性食品では大豆製品に多く含まれる

6. 該当なし

正 解 6

例題(2)の解説

1. 魚や肉などを食べると、そのたんぱく質は20種類のアミノ酸に分解され、体の中で再びたんぱく質（体タンパク）に組みかえられます。

3. 腎臓疾患がある方などは、たんぱく質の過剰摂取に注意する必要があります。

> **試** 験対策のポイント
>
> たんぱく質については、体を構成する成分であること、アミノ酸との関係などを押さえておきましょう。また、たんぱく質を多く含む食品を覚えておくことも大切です。

例題(3) つぎの食物繊維に関する記述として、不適当なものを選びなさい。該当するものがない場合は、6を選びなさい。

1. どんな人でも食物繊維は腸内環境を整える働きがあるので、なるべく多く摂取するように心掛ける
2. 水溶性食物繊維は、血中コレステロール値を低下させ、糖の吸収を抑える働きを持つ
3. ごぼうやきのこなどに含まれる食物繊維は、便秘予防に大いに役立つ
4. 食物繊維は、人間の消化液では消化されない難消化性成分である
5. 水溶性食物繊維を多く含む食品には、こんにゃく、海藻類、不溶性食物繊維を多く含む食品には野菜類、豆類、穀類などがある
6. 該当なし

正解 1

例題(3)の解説

1. 特にサプリメントなどによる過剰摂取は下痢を引き起こし、またミネラルの吸収を阻害します。野菜などの食物繊維でも、胃腸が弱っている人、高齢者などは、調理の工夫をし注意して摂取することも必要です。

食物繊維はさまざまな働きから、生活習慣病予防につながることで重要視されています。出題されやすいところですから、働きなどを確認しておきましょう。

例題(4) 脂質に関する記述として、不適当なものを選びなさい。該当するものがない場合は、6を選びなさい。

1. コレステロール値は低くてもまったく問題はなく、コレステロールを多く含む食品はなるべく避けるようにする

2. サンマ、イワシなどにはEPA、DHAが多く含まれ、EPAは血液の流れを良くし動脈硬化予防になり、DHAは記憶・学習能力を高める働きがある

3. 体内では合成されないため、食品から摂取しなければならない脂肪酸のことを必須脂肪酸という

4. マーガリンなどに多く含まれるトランス脂肪酸は、体内では代謝されにくく、悪玉コレステロールを増加させ、心臓病のリスクを高めたり、アトピー性皮膚炎を引き起こしたりする可能性があるといわれている

5. 脂肪酸には不飽和脂肪酸と飽和脂肪酸があり、不飽和脂肪酸は植物油などに多く含まれ、飽和脂肪酸は動物の脂に多く含まれている

6. 該当なし

正解 1

例題(4)の解説

1. コレステロール値は高すぎても低すぎてもいけません。低すぎると血管がもろくなり、脳出血を起こしやすくなります。

2. 青背魚(サンマ、イワシなど)に多く含まれる不飽和脂肪酸であるEPAは、血液の流動性を高め、動脈硬化を予防することで注目されています。DHAは、学習能力、記憶力を高める働きがあり、認知症予防にも期待されています。

1-3　ビタミンとミネラルの働き

例題(5)　ビタミンに関する記述として、不適当なものを選びなさい。該当するものがない場合は、6を選びなさい。

1. 不足すると脚気や倦怠感、疲労感を起こす原因となるビタミンはビタミンB_1である
2. ビタミンCの欠乏症に、壊血病がある
3. 水溶性ビタミンには、ビタミンB_1、B_2、C、葉酸、ビタミンKなどがある
4. カロテンは緑黄色野菜に多く含まれ、体内でビタミンAに変換される
5. ビタミンEは、体内の脂質酸化防止、老化防止作用があるといわれている
6. 該当なし

正解 3

例題(5)の解説

2. ビタミンCは、コラーゲンの生成にも関与しています。
3. 脂溶性ビタミンには、ビタミンA、D、E、Kがあります。こちらも覚えておきましょう。

試 験対策のポイント

ビタミンの問題は頻出傾向にあります。水溶性ビタミンと脂溶性ビタミンの特徴、
各ビタミンの欠乏症、過剰症問題などを知っておきましょう。

例題(6) つぎのミネラルとそのミネラルの生理作用との組み合わせで、不適当なものを選びなさい。該当するものがない場合は、6を選びなさい。

1. リン　－　血液を作る
2. 亜鉛　－　味覚を正常に保つ
3. ヨウ素　－　甲状腺ホルモンを作る原料
4. カリウム　－　細胞の浸透圧を維持
5. 鉄　－　酸素の運搬
6. 該当なし

正解 1

例題(6)の解説

1. リンは骨や歯を作る際に関与します。
4. カリウムは、体内の余分なナトリウムの排出を促します。野菜や果物に多く含まれています。

試験対策のポイント

ミネラルの主な働きを押さえておきましょう。また、ナトリウム・カリウムと高血圧の関係、カルシウム・リンと骨の発育との関係、鉄と貧血との関係が過去に出題されていますから知っておいてください。さらに、味覚に関与する亜鉛のことなども覚えておきましょう。

例題（7） つぎの消化・吸収の記述に関して、適当なものを選びなさい。該当するものがない場合は、6を選びなさい。

1. 口から取り込まれた食べ物が体内で吸収されやすいカタチにされることを分解という

2. 唾液にはリパーゼという消化酵素が含まれ、食物が唾液と混ぜ合わされ、食道から胃に送られる

3. 小腸ではほとんどの栄養素が分解され吸収される

4. 消化作用には、機械的消化、化学的消化、微生物的消化の3つがある

5. 食べ物は、口腔、食道、胃、小腸、大腸の順に通過して、便として排泄されるには食後6時間から12時間ぐらいかかる

6. 該当なし

正解 3

例題（7）の解説

1. 分解ではなく消化といいます。

2. 唾液にはアミラーゼという消化酵素が含まれます。リパーゼは膵液に含まれる消化酵素です。

4. 微生物的消化ではなく生物学的消化です。

5. 便として排出されるには、24時間から72時間ぐらいかかります。

試験対策のポイント

消化・吸収に関しての問題は、それほど難しい問題は出題されませんが、栄養素はどこで吸収されるのか、3つの消化作用の機械的消化、化学的消化、生物学的消化について、またそれに関する用語（咀しゃく、ぜん動運動など）などは覚えておく必要があります。

例題（8） メタボリックシンドロームに関する記述で、不適当なものを選びなさい。該当するものがない場合は、6を選びなさい。

1. 内臓に脂肪が蓄積した内臓脂肪型肥満が原因で、生活習慣病が併発しやすい状態のことをいう

2. 2008年４月から40歳以上の被保険者・被扶養者を対象とし、健診および保健指導の事業実施が義務付けられた

3. 内臓脂肪量での診断に加え、高血糖・高血圧・血中脂質異常症が２つ以上該当すると、メタボリックシンドロームと診断される

4. 日本語に直訳すると、代謝異常症候群である

5. 内臓脂肪量での診断は、腹囲が男性95cm以上・女性80cm以上であるか、CT検査において内臓脂肪の面積が100cm^{2}以上の場合である

6. 該当なし

正解 5

例題（8）の解説

2. 特定健診（メタボ健診）のことです。

5. 腹囲の診断基準は、腹囲（へそ周り）で測った時の男性85cm以上・女性90cm以上です。

試 験対策のポイント

2008年より健康診断に取りいれられたため、診断基準や日本語で直訳したときの「代謝異常症候群」とあわせて覚えておきましょう。

例題(9) 糖尿病に関する記述として、適当なものを選びなさい。該当するものがない場合は、6を選びなさい。

1. 自覚症状がないまま進行すると、血管に過度の負担がかかり動脈硬化となり、脳卒中や心筋梗塞などを引き起こす要因となる
2. ブドウ糖が異常に少なくなり、インスリンの働きが不十分になって、腎臓、目、神経に障害が起きる
3. 血液中の尿酸濃度が異常に高くなる病気である
4. 糖尿病は食事療法が不可欠で、「糖尿病食事療法のための食品交換表」などを活用しながら、摂取可能な栄養素を上手に選んでいく
5. 冠動脈が狭くなり血流が悪くなる状態である
6. 該当なし

正解 4

例題⑼の解説

1. 高血圧症のことです。
2. ブドウ糖が異常に多くなり、インスリンの働きが不十分になる病気です。
3. 痛風のことです。尿酸塩の結晶が関節にたまって、急性の炎症を起こします。
4. 糖尿病食事療法のための食品交換表は、食品を6つの表に分け、同じ表にある食品を自由に交換して献立をつくっていけるというものです。上手に活用しましょう。
5. 狭心症のことです。

試験対策のポイント

糖尿病の症状や合併症、食事のポイントを押さえておきましょう。他の生活習慣病（高血圧症、心疾患、脳卒中など）についても、あわせて覚えておくといいでしょう。

例題 (10)　運動に関する記述として、不適当なものを選びなさい。該当するものがない場合は、6を選びなさい。

1. 運動は心肺機能や循環機能などが維持・強化され、肥満や生活習慣病の予防につながる

2. 運動を行う前には、運動中のケガを予防するために、関節をやわらげる働きのあるストレッチなどの準備運動を、運動後には筋肉の疲労回復を早め、心と体をいつもの状態に戻すための整理運動を行うことが望ましい

3. 有酸素運動は、体内で酸素を使わない無酸素運動に比べ、酸素を活用しながら行うため、長時間の運動が可能である

4. 運動を継続させるための条件として、「運動の効果について強い信念を持つ」、「汗をかくことの喜びを感じる」などがあげられる

5. 無酸素運動で主に消費するエネルギーは脂肪である

6. 該当なし

正解 5

例題(10)の解説

1. その他の運動の効果としては、脂肪を減らし筋肉を増やす、免疫力が上がる、骨を丈夫にするなどがあります。

5. 無酸素運動で主に消費するエネルギーは糖質で、脂肪を主に消費するのは有酸素運動です。

試 験対策のポイント

運動の効果について、また有酸素運動の具体的な運動（ウォーキング、ジョギング、水泳、サイクリングなど）、無酸素運動（筋肉トレーニングなど）などについて知っておきましょう。

例題(11) つぎのストレスに関する記述として、不適当なものを選びなさい。該当するものがない場合は、6を選びなさい。

1. ストレスが原因で、胃や十二指腸に潰瘍などを引き起こすことがある

2. ストレスを解消するためには、十分な睡眠やリラックスができる環境を整えることが大切である

3. 長期のストレスは、さまざまな身体的異常、または生活習慣病を招くことがあるので、十分に注意しなければならない

4. 軽く汗をかく程度の運動はストレス解消につながる

5. ストレスは少しでもあると心身の健康が保たれなくなるので、毎日のストレス解消が重要である

6. 該当なし

正解 5

例題(11)の解説

3. 過度なストレスからの暴飲暴食、喫煙、飲酒など、食生活の悪習慣から肥満を招いたり、生活習慣病に移行したりすることがあります。

5. 適度なストレスは心身が鍛えられ、またボケ防止につながるといわれます。

試 験対策のポイント

現代はストレス社会といわれていますから、いかにストレスを日頃から解消していくかは重要なことです。今後、このような問題はさらに出題されていくでしょう。

記述予想問題 と 解答・解説

問 題

(1) 「抗加齢」、「老化防止」という意味を持ち、見た目の若返りだけでなく、健康的な体を維持しながら長生きするため、サプリメントなどを利用して全身的に若返りを図り老化を予防することを何というか、カタカナで答えなさい。

(2) 味覚を正常に保つ働きをもち、ビタミンCとともにコラーゲンを合成するといわれているミネラルは何か、漢字2文字で答えなさい。

(3) 生活習慣病として知られている病気のうち、「肥満症」、「高血圧症」、「脂質異常症」、「糖尿病」の4つが重なって引き起こされ、動脈硬化による病気の進行リスクが著しく高い状態を何というか答えなさい。

(4) 植物性の油や魚の脂質に多く含まれ、酸化しやすく常温で液体の状態である脂肪酸の種類を何というか、漢字6文字で答えなさい。

(5) 体内で不要になったコレステロールや、血管の内壁に付着したコレステロールを除去する働きがあるコレステロールは、○○コレステロールといわれている。この○○に入る言葉を、漢字2文字で答えなさい。

解 答・解 説

（1）　　正解　アンチエイジング

解説＆記述対策ポイント

近年は女性だけでなく、男性も加齢による筋力や体力の老化を防ぎたいと、アンチエイジングへの意識が年代や性別を問わず広く高まっています。

（2）　　正解　亜鉛

解説＆記述対策ポイント

亜鉛の働きを問う問題では、今まで代表的な働きである「味覚」に関する出題でしたが、近年はビタミンＣとの関係からも出題されるようになりました。

（3）　　正解　死の四重奏

解説＆記述対策ポイント

近年、内臓脂肪型肥満に加え、高血圧、脂質異常、糖尿病のうちいずれか２つ以上を併せもった状態を「メタボリックシンドローム」と呼んでいます。動脈硬化のリスクを高めるとして「死の四重奏」と同じく危険視されているため、確認しておきましょう。

（4）　　正解　不飽和脂肪酸

解説＆記述対策ポイント

不飽和脂肪酸に対し、動物性の肉やバターなどに含まれる脂肪酸を「飽和脂肪酸」といいます。体内で合成されない「必須脂肪酸」も覚えましょう。

（5）　　正解　善玉

解説＆記述対策ポイント

善玉コレステロールをアルファベットで答えなさいといわれたら、HDLコレステロールと答えなければなりません。両方を覚えておくようにしましょう。

記述試験の傾向と対策は？

予想問題以外では、脂質異常症などの疾病名や5大栄養素（たんぱく質など、各栄養素名も含めて）、フィトケミカル、活性酸素、必須アミノ酸、などといった栄養素に関する用語にも注意が必要です。その他、消化・吸収に関した用語（咀しゃく、嚥下（えんげ）、ぜん動運動など）、代謝に関する用語（基礎代謝、安静時代謝量、運動時代謝量など）、運動・休養に関する用語（有酸素運動、無酸素運動、消極的休養・積極的休養など）なども確認しておきましょう。

第 2 章

食文化と食習慣

2-1　日本料理の特徴　★★★
日本料理の生い立ちや、そこから波及した会席料理や懐石料理を知り、日本の食文化の流れを学びます。

2-2　郷土料理　★★★★
郷土料理の特徴や、土産土法やそれに類似する言葉を知り、世界の料理の特徴も合わせて学びます。

2-3　節句と賀寿　★★★
日本の特徴的な行事や長寿のお祝いを学び、その時に作る食べ物や料理について理解を深めます。

2-4　食事のマナーとエチケット　★★★
食事を快適に行うために、席次や立ち居振る舞いでタブーとされるものを学びます。

2-5　調理と料理　★★★★
調理と料理の違いを知り、調理において必要な言葉や道具、盛りつけについて学びます。

2-6　旬の食材とおいしさ　★★★★
旬のものを食べる意味や、旬の食材を知るとともに、食にまつわる四文字熟語についても学びます。

※★マーク（1つ～5つ）の数が多い程、試験頻出度が高くなります。★マークが多くついているものは特に、繰り返し熟読し覚えるようにしてください。

2-1 日本料理の特徴

Step1 基本解説

☕ 日本料理の特徴 ・・・・・・・・・・・・・・・・・・・・・・・・・・・・・・・・・・・・・

　日本は、四方を海に囲まれた島国であり、南北に細長く、国土の4分の3が山岳地帯という起伏に富んだ地形です。こうした日本列島の地理的特徴は、各地域には特有の気候風土をもたらし、その地域ならではの農水産物を育んできました。雨量が多いことから「米食」を中心とした食事をとり、日本人は昔から身近な食べ物を活かした郷土料理や四季折々の旬の食べ物を楽しんできました。日本の**風土の特徴**が反映されたものが日本料理であり、文化となっています。

　日本料理は、**季節感を重視し、目で楽しむ料理**といえます。また、刺身、焼き物、煮物、揚げ物、和え物、蒸し物、漬物などの調理法により、様々な料理があります。日本料理の特徴は、以下のとおりです。

▼日本料理の特徴

> ・米食を中心とした食事 (白米だけではなく、雑穀もある)
> ・新鮮な魚介類を用いた料理 (刺身やなます、寿司など)
> ・四季があることから、旬の食材を用いる
> ・しょう油、味噌 (大豆の発酵食品) が調味料として用いられる
> ・味付けは食品本来の味を活かして淡白に仕上げる
> ・料理の色彩や形、さらに盛りつける器も吟味し、1人ずつ繊細な感覚で盛りつける

☕ 本膳料理 ・・

　多種多様な食材を使ってもてなす料理を、本膳料理といいます。日本の料理は、

本膳料理を基本に、時代の流れや他国からの文化を取り入れ、その後いろいろな形に変化してきています。

　本膳料理は室町時代に始まり、江戸時代に発達した「おもてなし料理」です。1人分の料理をいくつもの膳にのせて一度に出す形式で、**一汁三菜**※が基本（奇数による構成）とされています。

　お客様一人ひとりの正面に配る膳のことを「**本膳**」といい、「**二の膳**」「**三の膳**」と続きます。現在では、正式な本膳料理にめぐり合うことはほとんどありませんが、結婚式での三三九度は本膳料理の名残りといわれています。

　本膳料理を簡略化した膳立てのことを**袱紗（ふくさ）料理**といいます。後の会席料理に発展していきました。

　また、本膳料理の代表的な献立である三汁七菜は、本汁、なます、坪※1、飯、香の物、二の汁、平※2、猪口※3、三の汁、刺身、椀、焼き物、台引※4というものです。

※1　坪：本膳で出す煮物のこと。蓋付きの深い器に盛り付ける。
※2　平：二の膳で出す煮物のこと。蓋付きの平たい器に盛り付け、海・山・里のものを組み合わせる。
※3　猪口：二の膳で出す酢の物や和え物などのこと。イノシシの口に似た形の小さな器に盛り付ける。
※4　台引：土産用の膳で、箸を付けず、折り詰めにして持ち帰るもの。
※日本料理の献立の基本。主食であるご飯に対して、汁、なます、煮物、焼き物を指す。「なます」とは、魚や貝、野菜などを刻んで生のまま酢であえた料理（酢の物）のこと。

▼**本膳料理の配膳**

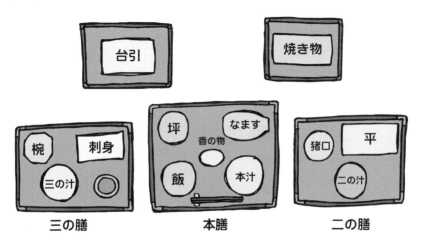

会席料理と懐石料理 ·

「会席料理」と「懐石料理」、読み方は同じですが、まったくの別物です。

会席料理は結婚披露宴などで出される宴席の料理で、お酒を楽しむための料理です（**饗応（きょうおう）料理**ともいいます）。ですから、あまり厳格な作法などはありません。「酒席を盛り上げるための料理」ということが、会席料理の特徴です。

茶会や茶事の席で出す簡素な料理のことを**懐石料理**といい、**茶懐石**ということもあります。修行僧が冬の寒い夜、懐（ふところ）に温石（石を温めて布で包んだもの）を入れて寒さや空腹をしのいだという話から、それと同じ程度に「空腹を一時的にしのぐもの」という意味で「懐石」と呼ばれるようになりました。

茶会や茶事の席で出される濃茶は、空腹時に飲むと刺激が強すぎることから、濃茶を楽しむために出されるようになった料理だといわれています。

また、懐石料理は旬の食材の持ち味を活かした季節感を出すのが基本です。質素を第一としますが、動物性の食材を使うこともあります。

精進料理 ·

魚介類や肉類などの動物性の食材を一切使わず、植物性の食材だけで作る料理を**精進料理**といいます。仏教の殺生禁断の教え（慈悲の精神から、生き物を殺すことを禁じる教え）からきています。

精進料理では、だしは昆布やしいたけからとり、たんぱく質も野菜や豆腐、湯葉などからとるなど、殺生につながる肉、魚介類を一切使わず、穀類・野菜・海草だけを用います。

作法としては、**一汁三菜**、一汁五菜などがあります。また、**五味**（甘味・うま味・塩味・苦味・酸味の5つの味付けのこと）・**五色**（赤・黒・黄・白・青（緑））・**五法**（焼く・煮る・蒸す・揚げる・切る）に基づいてつくられます。

卓袱(しっぽく)料理 ・・・・・・・・・・・・・・・・・・・・・・

中国料理や西洋料理に日本料理の手法を加えて生まれた長崎特有の料理で、中国の食事様式のように、大きな器に料理を盛って食卓の中央に置きます。なお、卓袱はテーブルにかけた布のことです。現在、卓袱料理は長崎の郷土料理にもなっています。

試験予想Check！

日本料理の特徴に関しては、ほぼ毎回出題されています。素材や季節感、盛り付けを重視する日本料理全般の特徴に加え、本膳料理・懐石料理・精進料理などの特徴についても押さえておきましょう。

チェック欄
1回目 2回目

□／□ 日本人は昔から、身近な食べ物を活かした（　郷土料理　）や、四季折々の（　旬　）の食べ物を楽しんできました。

□／□ 味付けは、食品本来の味を活かして（　淡白　）に仕上げます。

□／□ 1人分の料理をいくつもの膳にのせて一度に出す、日本の正式なおもてなし料理を（　本膳料理　）といい、それを簡略化した膳立てのことを、（　袱紗料理　）といいます。

□／□ 茶会や茶事の席で出す簡素な料理のことを、（　懐石料理　）または（　茶懐石　）といいます。

□／□ （　会席料理　）は懐石料理と読み方は同じですが、まったく別物です。宴席に出される料理で、お酒を楽しむための料理であり、会席料理は（　饗応料理　）ともいい、あまり厳格な作法はありません。

□／□ 魚介類や肉類などの動物性の食材を使わず、植物性の食材だけで作る料理を（　精進料理　）といい、（　仏教　）の殺生禁断の教えからきています。

□／□ 精進料理の特徴の1つである五味とは、（　甘味　）・（　辛味　）・（　塩味　）・（　苦味　）・（　酸味　）の、5つの味付けのことです。

□／□ （　一汁三菜　）は日本料理の献立の基本で、主食である（　ご飯　）に対して、（　汁　）（　なます　）（　煮物　）（　焼き物　）を指します。

2-2 郷土料理

Step1 基本解説

☕ 郷土料理

その土地ならではの料理を、**郷土料理**といいます。郷土料理は、旬の食材を大切にし、その土地の風習や、食習慣などさまざまな影響を受けながら発達し、伝承されてきたものです。

郷土料理には、次のような特徴があります。

> ・その**土地特有の習慣や条件**、人々の生活の知恵や工夫のなかから生まれ、受け継がれてきたもの
> ・その土地の**特産品をその土地特有の方法**で調理したもの
> ・調理方法は一般的でも、その**土地特有の食材を使用**して調理されたもの
> ・食材はその土地特有のものではないが、**調理方法がその土地特有のもの**

☕ 土産土法

その土地で生産（収穫）されたものは、その土地の方法で調理や保存をし、食べるのが一番望ましいという考え方を、**土産土法**といいます。

▼土産土法のメリット

> ・収穫してすぐに食べられる、新鮮である
> ・その土地で穫れたものをおいしく食べるための工夫がなされた、特有の調理方法・保存方法がある
> ・流通という観点から、多くの人の手を介在する必要がなくなる（地方で穫れ

た作物を首都圏のスーパーで販売するためには、保管や輸送に多くの人の手を経由するほか、大量生産・品質の均質化が求められ、野菜や果物の生育を早める**促成栽培**を行ったり、食品添加物を使用するなどの問題が考えらるが、土産土法であれば、これらの問題が軽減できる）

▼**土産土法に関連する言葉**

- **地産地消**：その土地で生産されたものをその土地で消費するという意味
- **身土不二**：身（体）と土（土地）は不二（2つのものではない、同一のもの）。人間の体は住んでいる風土と切り離せない、その土地の自然に適応した作物を育て、それを食べることにより健康を維持できるという考え方を表している言葉
- **域内消費**：地産地消と同様の意味
- **地域自給**：その地域ですべてをまかなっていこうという意味

スローフード

「出てくるのが早い」「安くて効率がよい」「どこでも同じ味」のファストフードに対して、スローフードという言葉がありますが、1980年代後半にイタリアで食にまつわる文化をもっと大切にしていこうという**スローフード運動**が始まりました。

スローフード運動では、「伝統的な食材や料理の継承」「質の良い食材を提供する小生産者の保護」「子ども達を含めた消費者への食育や味覚教育を進める」の3つの活動を行います。

味の画一化をもたらすファストフードを批判する意味で、〈スロー〉という言葉が使われましたが、ファストフードを単純に否定するのではなく、食文化にまつわる文化を大切にしようという意識が底流にあり、土産土法に近い考え方です。

▼全国の主な郷土料理

北海道	石狩鍋（鮭）・ジンギスカン鍋・いかめし・松前漬け・三平汁	東北地方	青　森	ほやの水もの・たらのざっぱ煮・りんごなます	
			岩　手	わんこそば・鮭のもみじ漬け・ほろほろ	
			秋　田	きりたんぽ・はたはた寿し・しょっつる鍋・なた漬け	
			山　形	納豆汁・どんがら汁・六条豆腐・冷やし汁	
			宮　城	ずんだ和え・笹かまぼこ・腹子めし	
			福　島	ううめん・棒だらの煮物・菊のり	
北陸・山陰地方	新　潟	わっぱめし・のっぺい汁・笹だんご・越後雑煮	関東地方	茨　城	あんこう鍋・凍みこんの煮物
	富　山	ますずし・ほたるいか料理・いかの墨作り		栃　木	かんぴょう料理・しもつかれ（すみつかれ）
	石　川	治部煮・かぶらずし		群　馬	こんにゃく料理・おきりこみ
	福　井	ぼっかけ・かに鍋・浜焼き鯖		千　葉	さんが・あわびの酒蒸し・くさりずし
				神奈川	あじのたたき・あじずし・かまぼこ
	鳥　取	かに料理		埼　玉	芋かりんとう・ネギの酢みそ
	島　根	割子そば・めのは飯		東　京	深川めし・どじょう鍋・もんじゃ焼き・はぜ料理
中部地方	山　梨	ほうとう・煮貝	近畿地方	滋　賀	ふなずし・ますずし・近江牛のすき焼き・こんにゃくの刺身・田楽
	長　野	おやき・そば料理・鯉こく・五平餅		三　重	てこねずし・貝料理・お蠣汁
	岐　阜	みょうがもち・あゆ料理・くもじ（かぶ葉）		奈　良	柿の葉すし・茶めし・のっぺい
				京　都	精進料理・いも棒・湯豆腐・葛料理
	静　岡	麦とろ飯・うなぎ料理・わさびの茎の酢の物・しし鍋・駿河茶めし		大　阪	たこ焼き・船湯汁・ハモ料理・昆布の煮もの・ぬくずし
				兵　庫	いかなごの煮つけ・くじら鍋
	愛　知	きしめん・鶏すき・ふろふき大根（みやしげ大根）		和歌山	すずめずし・うつぼの照り焼き・めはりずし
山陽・四国地方	岡　山	ままかりの酢漬け・鯛めし	九州・沖縄地方	福　岡	白魚料理・鶏の水炊き・おきゅうと・筑前煮
				佐　賀	干だら料理
	広　島	かき料理・あなごめし・煮ごめ		大　分	うずみみそ・ちぎり
	山　口	いとこ煮・ふぐ刺し・たこの酢みそ和え・ばしょうずし・けんちょ		長　崎	チャンポン・皿うどん・豚大根・卓袱料理・カラスミ
				熊　本	からしれんこん・ひともじのぐるぐる・ふだん草の芋みそ和え
	徳　島	わかめ汁・あゆずし・でこまわし		宮　崎	冷汁・椎茸めし・甘鯛といかの酒蒸し・湯なます
	香　川	さぬきうどん・しょうゆ豆・打ち込み汁		鹿児島	とんこつ料理・酒ずし・きびなご料理・さつま汁・つけ揚げ
	高　知	皿鉢料理・かつお料理		沖　縄	ゴーヤーチャンプルー・セーファン・ジューシー
	愛　媛	伊予さつま・ひじきの梅肉煮			

🍵 世界の料理

　中国料理、フランス料理、エスニック料理など、さまざまな世界の料理があります
が、その国の歴史や文化への理解を深めることは、その料理の特徴を知ることにも
つながっていきます。また、海外の食材の活かし方、調理法などを知り毎日の食卓に
取り入れれば、料理の幅も広がり、楽しい食卓づくりを演出できるでしょう。さらに
は、中国の医食同源、薬膳料理といった言葉やその内容を知り活用することで、健
康増進に役立てることもできます。

🍵 中国料理について

▼中国料理の特徴

> ・健康を保つために食べる食べ物は薬と同じという「**薬食同源（医食同源の原
>   語）**」の精神
> ・特殊な調味料、香辛料の種類が多く油脂、でんぷんを多く使う料理が多い
> ・豊富な食材を使い、食品の保存方法の発達と調理技術の巧みさで、食材を無
>   駄なく利用
> ・栄養、味、衛生において合理的な**高温**で**短時間**の加熱調理
> ・調理器具、食器が少なく簡素
> ・料理は**大皿**に盛り付け、各自で取り分ける形式

● 中国料理の種類

　中国料理には、北京料理、上海料理、四川料理、広東料理などがありますが、特に
この4つを「中国4大料理」といい、これらに湖南料理が加わって「中国5大料理」
と呼ばれています。

🍵 西洋料理について

　西洋料理は、ヨーロッパ、アメリカなどの西洋諸国において発達した料理です。
肉類とその加工品を中心とし、チーズや油脂を多く用いた、**ソース**を重視した料理

です。スパイスや調味料を使い、複雑で、時間をかけてつくりだす重厚なソースによって、臭い消し効果とともに料理の味をさらに高めています。

　また、**厳格な作法とコース**があり、料理を生かす洗練された**サービス**と、**盛り付け**の美しさも特徴です。

☕ エスニック料理について ・・・・・・・・・・・・・・・

　エスニックとは、「民族的な」「民族特有の」というような意味を表す言葉で、東南アジア一帯の料理を指すことが多いのですが、中東、中南米、アフリカの料理を指す場合もあります。これらの料理も、日本料理、中国料理、フランス料理などと同様、各国・各地域それぞれの食文化をもち、個性のある料理がたくさんあります。

☕ 各国の代表的な料理について ・・・・・・・・・・・・

　その他にも、以下のような「その国特有の料理」があります。

▼各国の代表的な料理

アメリカ料理	・ヨーロッパやアフリカなどの様々な食文化が融合した料理 ・ビーフジャーキー、ハンバーガー、ホットドッグ、冷凍食品など
イギリス料理	・合理的、実質的でシンプルな料理、家庭的な料理が多い ・アフタヌーンティーの発達 ・ローストビーフ、フィッシュアンドチップス、サンドイッチ
イタリア料理	・南北で食文化が違い、北は乳製品を使ったクリーム系、南はオリーブオイル、トマトなど ・パスタ料理、リゾット、ジェラート、ミネストローネ、ピザ
スペイン料理	・ニンニク、オリーブオイルをベースとし、魚介類など素材を活かした料理 ・パエリヤ、ガスパッチョ、トルティージャ、サングリア
ドイツ料理	・冬が厳しいため、保存のきく料理が多い。ジャガイモ料理が多いのも特徴 ・ザワークラフト、ソーセージ、ビール、ジャーマンポテト
ロシア料理	・魚介類から農産物まで豊富。冬が長いため、保存技術が発達。キャビアが有名 ・ボルシチ、ピロシキ、ビーフストロガノフ

インド料理	・タンドリーチキン、ナン、ラッシー、マサラティー、チャパティ
タイ料理	・香辛料、香味野菜を多く使い、酸・甘・塩・辛の4つの味が調和した料理 ・トムヤムクン、バミー、グリーンカレー
韓国料理	・陰陽五行思想（五味・五色・五法）。ジャン類、キムチ・塩辛などの発酵食品の発達 ・キムチ、プルコギ、ビビンバ、サムゲタン
フランス料理	・フォアグラ、トリュフ、ブイヤベース、ポトフ、エスカルゴ

 試験予想Check！

土産土法や、それと関連のある言葉の意味について問われる問題は頻出傾向にあります。

郷土料理に関しては、地域とその地域の代表的な料理の組み合わせの出題が多いので、代表的な料理名を覚えておきましょう。

世界の料理は、中国料理と西洋料理に関する問題が多く見られます。それぞれの特徴を、日本料理と共に違いをしっかり押さえておいてください。また、マナーに関することも重要です。

各国の代表的な料理についても、出題される可能性があります。世界の料理は、その地域の環境や歴史に大きく影響を受けながら発展してきています。そのような背景を考えながら勉強することも大切です。

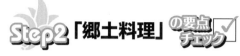
チェック欄
1回目 2回目

□/□ （ **郷土料理** ）とは、その土地特有の料理のことで、食材が一般的だが（ **調理方法** ）がその土地特有のもの、逆に（ **調理方法** ）が一般的だが食材がその土地特有のものも含まれます。

□/□ その土地で生産されたものは、その土地の方法で（ **調理** ）や保存をし、その土地で食べるのが望ましいという考え方を、（ **土産土法** ）といいます。

□/□ その土地で生産されたものをその土地で消費することを（ **地産地消** ）といい、生産者と消費者の距離を縮めることで食と農のつながりを知り、安全で新鮮な食材の需給が発生する効果があります。

□/□ 人間の体は住んでいる風土と切り離せない、その土地の（ **自然環境** ）にあった作物を育て、それを食べることで（ **健康** ）になれるという考え方を、（ **身土不二** ）といいます。

□/□ ファストフードに対して、「食にまつわる文化を大切にしよう」という考えの（ **スローフード** ）があります。

□/□ 主な郷土料理は、（ **北海道** ）の石狩鍋、（ **富山** ）のますずし、（ **熊本** ）のからしれんこんなどがあります。

□/□ 東京の郷土料理には（ **深川めし** ）、山梨には（ **ほうとう** ）などがあります。

□／□ 健康を保つために食べる食べ物は薬と同じ、という意味である（　**薬食同源**　）は、中国料理の原点となる考え方です。

□／□ 中国料理の調理法は合理的で、（　**高温**　）で（　**短時間**　）の加熱調理です。また、調理器具、食器は少なく簡素です。

□／□ 中国料理は（　**大皿**　）に盛り付け、各自で取り分ける形式です。

□／□ 中国料理の味の特徴として、東方料理は（　**酸味**　）、西方料理は（　**辛味**　）、南方料理は（　**薄味**　）、北方料理は（　**塩味**　）が強いことがあげられます。

※Step1には掲載していませんが、出題が予想されますので知っておくとよいでしょう。

□／□ 西洋料理は、（　**ソース**　）を重視した料理で、スパイスや調味料を使います。また、厳格な作法と（　**コース**　）があり、料理を生かす洗練されたサービスと、（　**盛り付け**　）の美しさも特徴です。

□／□ ローストビーフ、フィッシュアンドチップス、サンドイッチは、（　**イギリス**　）の代表的な料理です。

□／□ タンドリーチキン、ナン、ラッシーは、（　**インド**　）の代表的な料理です。

□／□ フォアグラ、トリュフ、ブイヤベース、（　**ポトフ**　）、エスカルゴは、（　**フランス**　）の代表的な料理です。

2-3 節句と賀寿

頻出度 ★★★

Step1 基本解説

☕ 節句と年中行事

日本には季節折々の行事や風習があり、その行事や風習には、欠かせない食べ物や飲み物があります。以下のようなものが、よくある行事や食事です。

● ハレの日

日本では、ハレの日には普段とは違った食事でお祝いをする習慣がありますが、ハレ着、ハレ舞台など公の場、表立ったおめでたい場所や特別な状態を指す言葉として、ハレという言葉が使われます。また、ハレに対して日常的な日や、通夜や告別式などがある日を、ケといいます。

昔は、ハレの日には粒食※である餅や団子、赤飯、お酒が神に捧げられていました。餅米をついたり、色をつけたり、上新粉を水で練り上げるなど、手間のかかる特別な食事でした。

現在は日本人の生活スタイルの多様化が進み、様々なシーンで会食する機会が増えています。お酒がコミュニケーションを高める役割を果たしており、お酒を飲むというハレの日常化が進んでいます。

※粒食：穀物を粉にせずに、粒のまま調理して食べること（例：米をご飯として食べる）

ハレの日には、五節句、年中行事、通過儀礼などがあり、行事の内容や地域性によって供される食事の内容は異なります。

● 五節句

季節の変わり目となる日を**節句**と呼び、この時に食べる料理を**節供**（せちく）といいます。季節の食材を使った料理でお祝いをします。また、公的な行事・祝日として定められた日を、**五節句**と呼びます。

▼五節句と節供

節句	月日	別名	主な料理
人日（じんじつ）	1月7日	七草の節句※	七草がゆ
上巳（じょうし）	3月3日	桃の節句 ひな祭り	白酒、菱餅、桜餅、ハマグリのお吸い物、ちらし寿司
端午（たんご）	5月5日	菖蒲の節句 （あやめの節句） こどもの日	ちまき、かしわもち
七夕（たなばた） （しちせき）	7月7日	七夕祭り	そうめん、ウリ類
重陽（ちょうよう）	9月9日	菊の節句	菊酒、菊寿司、くり飯、菊のサラダ、手巻き寿司

※七草
春の七草：セリ、ナズナ、ゴギョウ（ハハコグサ）、ハコベラ（ハコベ）、ホトケノザ、スズナ（カ
　　　　　ブ）、スズシロ（ダイコン）
秋の七草：ハギ、オバナ（ススキ）、クズ、ナデシコ、オミナエシ、フジバカマ、キキョウ

● 年中行事

　年中行事は、毎年決まった日に行われる儀式や催し物のことで、地域によって異なるものもあります。日本の行事食には、自然への畏敬の念、豊作の祈り、邪悪をはらい長寿を願うなどの“心”が込められています。

▼年中行事と主な食べ物

月	行事	主な食べ物
1月	正月（1月1日〜3日）	若水※、鏡餅、おとそ※、雑煮、おせち料理
	鏡開き（1月11日）	鏡餅入り小豆汁粉
	小正月（1月15日）	小豆がゆ
2月	節分（2月3日または4日）	煎り豆、恵方巻き※
3月	春彼岸※（3月20日頃）	ぼたもち、彼岸だんご、精進料理
4月	灌仏会※（4月8日）	甘茶
7月	盂蘭盆※（7月13日〜15日）	野菜、果実、精進料理
9月	月見（8月15日／9月13日）	きぬかつぎ※、月見だんご
	秋彼岸※（9月20日頃）	おはぎ、彼岸団子、精進料理

11月	七五三[※]（11月15日）	千歳あめ
	新嘗祭^{にいなめさい}[※]（勤労感謝の日）11月23日	新しい穀類で餅、赤飯
12月	冬至（12月22日または23日）	冬至がゆ、冬至かぼちゃ
	クリスマス（12月25日）	クリスマスケーキ
	大晦日^{おおみそか}（12月31日）	年越しそば

※の説明については、以下を参照。

▼前ページの表「年中行事と主な食べ物」の（※）表記について

> ※ ・若水：元旦（1月1日）に初めてくむ水のこと。若水を飲むと、1年の邪気を除けるといわれています。
> ・おとそ：1年間の邪気を払い、長寿を願って正月に飲む縁起物のお酒です。
> ・恵方巻き；節分に食べると縁起がよいとされている太巻きです。
> ・春彼岸：春分の日を中日とした前後3日間です。
> ・灌仏会：お釈迦さまが生まれた日を祝うのが灌仏会です。花祭りとしてお祝いする寺院もあります。
> ・きぬかつぎ：里芋の小芋です。
> ・秋彼岸：秋分の日を中日とした前後3日間です。
> ・新嘗祭：稲の収穫を祝い、翌年の豊穣を祈願する祭儀で、新穀を得られたことを神様に感謝します。

賀寿

　賀寿とは長寿のお祝いのことで、ある一定の年齢に達したときに、今まで無事に長生きできたことを祝い、これからも健康で長生きできることを願って行うものです。室町時代に始まり、江戸時代に一般的になりました。赤飯や鯛などを料理して祝います。

▼賀寿とその由来

呼び名	年齢（数え年）	由来
還暦 （かんれき）	61歳※	干支十二支の60の組み合わせが60年かけて一巡し、生まれた年の干支に再び戻ることから、「人生を再び始める」節目の年としてお祝いする。「赤ちゃんに還る」という意味と魔よけの意味で、赤いちゃんちゃんこや座布団など、赤い色のものを贈る
古希 （こき）	70歳	唐の詩人、杜甫の「曲江詩」にある「人生七十古来稀」（人生七十年生きる人は古くから稀である）という詩から
喜寿 （きじゅ）	77歳	「喜」の略字「㐂」が、七が重なるところから
傘寿 （さんじゅ）	80歳	「傘」の略字「仐」が、八十でできていることから
米寿 （べいじゅ）	88歳	八、十、八を合わせると「米」になることから
卒寿 （そつじゅ）	90歳	「卒」の略字「卆」が、九十でできていることから
白寿 （はくじゅ）	99歳	「百」から「一」を引くと、「白」になることから

※数え歳とは、生まれたときを1歳とし、以後、正月ごとに1歳ずつ増やしていく数え方。現代では、満年齢で数えることが一般的なため、満60歳を還暦とする考え方も増えている。

🍲 通過儀礼

　通過儀礼とは、人の一生の中で通過するさまざまな節目をお祝いする儀式で、**誕生、お七夜、初宮参り、初節句、七五三、入学、卒業、成人、婚礼、死去**などです。通過儀礼の食事にも、粒食（ご飯）が多く使われています。それぞれの行事にあった料理が供されますが、この料理でなければいけないというものではなく、行事食の目的は家族や親せきが集まって健康と平穏無事を祈り、みんなで気持ちよくお祝いできる料理がもっともふさわしいといえます。

　現代、不祝儀の席ではサンドイッチや寿司などが出されることが多いですが、元来は仏教の教えに習い精進料理が出されていました。

● 主な通過儀礼と食べ物

・帯祝…………妊娠5カ月目の戌（いぬ）の日に、妊婦が腹帯を巻く儀式。胎児を守り、妊婦の動きを助け、無事に出産できるように祈願する

- 誕生…………産飯（うぶめし）

- お七夜 ………生後7日目に名付け祝いを行う。赤飯・鯛

- 初宮参り……出産の報告と子供の成長を祈願するために、男の子は生後31日、女の子は生後32日ごろに産土神に参詣すること。赤飯・紅白餅・鰹節

- お食い初め…生後120日目の赤ちゃんが、一生食べ物に困らないようにお祈りする。食い初め膳・赤飯・尾頭付き魚・吸い物

- 初誕生日……数えで年を数える風習であった昔の日本では、初めての誕生日だけを祝う習慣があった。一升の餅を赤ちゃんに背負わせて、赤ちゃんの健やかな成長を祈る。赤飯・一升餅

- 七五三 ………子供の健康と成長を祝う行事。女の子は3歳と7歳。男の子は5歳。11月15日。赤飯、鯛、千歳あめ

- 十三参り……健やかに成長できたことへの感謝と、益々の知恵と福徳を授かるための祈願。生まれた年の干支が、初めてめぐってくる年（数え年で十三歳）に行われる行事

- 入学・卒業 ….赤飯

- 成人式………赤飯

- 婚礼…………赤飯、かつお節、昆布、するめ

- 葬儀（死）……亡くなった人の枕元に供える。枕飯、枕団子

試験予想Check！

節句や年中行事と、それに関連した料理の問題は多く出題されています。
節句や行事名と、主な料理の組み合わせをしっかり覚えておきましょう。また、賀寿の名前を年齢順に並べる問題、何歳のお祝いがどの賀寿なのかを問う問題がよく出題されています。由来と共に押さえておいてください。

□／□ 八、十、八を重ねると（ 米 ）という字になることから、88歳を（ 米寿 ）としてお祝いします。

□／□ 傘寿は（ 80 ）歳のお祝い、卒寿は（ 90 ）歳のお祝いの賀寿の名前となっています。

□／□ 数え年で70歳を、（ 古希 ）といいます。中国の詩人、杜甫の詩「人生七十古来稀」よりとられました。

□／□ 主な賀寿は7つあり、若い方から順番に、還暦（ 61 ）歳、（ 古希 ）70歳、喜寿（ 77 ）歳、傘寿80歳、米寿88歳、（ 卒寿 ）90歳、白寿（ 99 ）歳です。

□／□ 節句の1つ、ちまきやかしわ餅を食べてお祝いをするのは（ 端午 ）の節句で、菖蒲の節句ともいわれています。

□／□ 七草の節句は別名（ 人日 ）といわれ、桃の節句は（ 上巳 ）とも呼ばれます。

□／□ 賀寿のお祝いの他に、年齢にちなんだお祝いとして、誕生、お七夜、七五三などの（ 通過儀礼 ）があります。

□／□ お七夜とは、生後（ 7 ）日目に名付け祝いを行うことで、（ 赤飯 ）や鯛などを振る舞い、お食い初めは、生後（ 120 ）日目の赤ちゃんが、一生（ 食べ物 ）に困らないようにお祈りするものです。

2-4 食事のマナーとエチケット

頻出度 ★★★

Step1 基本解説

☕ マナーとエチケットの違い

マナーは**食事の作法**のことであり、土地柄や、国ごとの食習慣にならいます。

これに対しエチケットは、一緒に食事をする相手に不愉快な思いをさせないための、**心配り**といえます。

どちらも基本は、共に食卓を囲む人たちが「**どれだけ楽しく過ごせるか**」ということ。ナイフやフォークをどう使うかだけがマナーではありません。**TPO**（Time [時]、Place [場所]、Occasion [場合]）にあわせて、服装や立ち居振る舞い、会話にも気を配りましょう。

▼共通の最低限のマナー

> ・体調がすぐれない場合は早めに欠席連絡をする
>
> 　（咳が出る場合は、体調がそれほど悪くなくても欠席した方が良い）
>
> ・味や香りを台無しにしないために、喫煙は避ける
>
> ・同席者が不快にならないよう、食事中の爪楊枝の使用は避ける
>
> ・咳やげっぷ、しゃっくり、鼻をかみたいなどの場合は、洗面所に移動する。万が一、食事の場で出てしまった場合は、「失礼しました」など小声でしっかり謝る

☕ レストランでの食事のマナー

● 行く前に

できるだけ予約をして、そのとき苦手な食材などがあれば伝えましょう。

● **席に着くとき**

　基本的に入り口から遠い席が**上座**ですが、例えば夜景のきれいなレストランでは、夜景が一番よく見える位置が上座となります。

　女性を同伴しているときは、必ず女性から座らせます。席には、**左側から着くの**が基本です。テーブルと身体の間隔はこぶし1個半程度にし、テーブルにひじをつかないこと。小さいバッグは背もたれに、大きな荷物はお店に預けましょう。

● **ナプキンの作法**

　食事がくる前に、膝の上に広げておきましょう。中座するときは、**イスの上**に置きます。

　和服の場合は、胸元から下げてもよいとされています。また自分のハンカチを使って口元をおさえたり、手を拭いたりする人がいますが、提供されたナプキンを使用することがマナーです。

● **ナイフ・フォーク・スプーンの作法**

　ナイフやフォーク、スプーンなどの銀製品をシルバーウェアといいます。横にセットされているときは、料理が出されるのに合わせて外側から使用し、上部にセットされているデザート用のものは奥から順番に使います。

　食事中は皿に「**ハの字**」に置き、食べ終えたら先を**左**に向けて揃えて置きます。

　ナイフに料理を突き刺して食べるのはタブーです。

● **お酒について**

　食前酒はおかわりしません。

　ワインは店の人についでもらいます。

☕ 食卓の席次 ・・・・・・・・・・・・・・・

　席次には、一般的に上座と下座があり、座る位置によって目上の人や年長者、お客様への敬意やおもてなしの気持ちをあらわします。

上座には正客（目上の人やお客様）が、下座には主人（目下の人やおもてなしする側）が座ります。

● 日本料理

　床の間の前、または入り口から遠い席が上座。入り口近くが下座です。

▼日本料理の座席

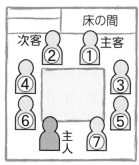

床の間のある場合

床の間のない場合

● 中国料理

　入り口から遠い席が上座です。

　円卓と方卓があり、8人掛けが正式です。日本で考案された、円卓の中央に回転する小テーブルもありますが、その場合、テーブルは右回りで食事を回すのが順則です。

▼中国料理の座席

円卓の場合

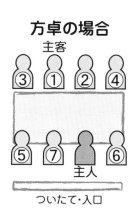

方卓の場合

● **西洋料理**

入り口から遠い席を主賓とします。

▼**西洋料理の座席**

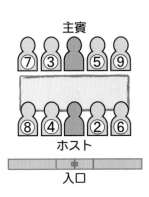

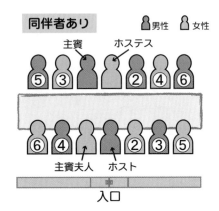

立食パーティーでのマナー

● **到着したとき**

大きな荷物やコートは、クロークに預けます。

● **料理について**

料理を取るときは**未使用のお皿**を使い、前菜から**コース料理の順**に自分の分だけ取っていきます。人の分も取ったり、取ったお料理を残すのはマナー違反です。料理を取ったら、速やかに料理テーブルから離れましょう。

温かい料理と冷たい料理は別の皿に、汁気のある料理と汁気のない料理も別の皿に取るようにします。

大皿から料理をとるときや、一皿に複数の料理が盛られている場合は、料理の中央から取るのではなく、端から取るようにするのがマナーです。

● **飲み物について**

グラスに巻いてある**紙ナプキン**は、水滴防止ですのではずしてはいけません。酔って周りの人に迷惑をかけないようにしましょう。

コーヒーや紅茶はソーサーを添えて持ちますが、片手で持つのが無理な場合は、両手を使います。

● **立ち居振る舞いについて**

歩きながら飲食してはいけません。人と話すときは、料理の皿は**テーブルに置き**、飲み物だけを持ちましょう。話しかける場合は、相手が料理を食べている最中でないことを確認してから話しかける気遣いも忘れないようにしましょう。壁際の**イス**は占領せず、お年寄りや疲れた方に譲りましょう。来場時や中座するときは主催者にひとこと挨拶を。また、スピーチなどのときは飲食の手を止め、話を聞きましょう。

● **各パーティースタイルのメリットとデメリット**

パーティーは、立食と着席の2種類に大きく分かれます。それぞれに良い点、悪い点があります。

マナーを意識することで、立ち居振る舞いを優雅に見せてくれます。

気楽に見える立食パーティーにもマナーはありますので、楽しみつつもマナーは守るようにしましょう。

▼パーティースタイルの比較

◎立食パーティー

メリット　：経済的。大人数の対応がしやすい。入退場が柔軟。交流人数が多い。カジュアルな雰囲気づくりが可能。

デメリット：来場者が少ないと少なさがめだつ。料理不足になる可能性がある。会場内の細部まで目が届きづらい。会場の隅に人が固まってしまう場合が多い。

◎着席パーティー

メリット　：主役を引き立たせやすい。食事も会話もゆっくり楽しめる。緊張感のある雰囲気をつくれる。

デメリット：立食パーティーよりコストがかかる。招待する人脈に制限がある。

箸の使い方

箸の取り方は、右手（利き手）で箸の中央を取り上げ、左手で受けて、右手を回し、持ち替えて使います。置くときには、これを逆に行います。

▼箸の取り方

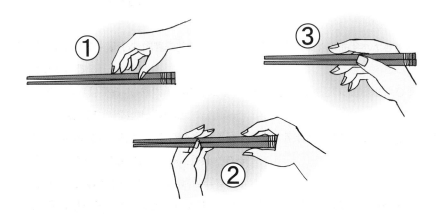

▼箸使いのタブー

- ・握り箸 ……… お箸を握って持つこと
- ・迷い箸 ……… 取る料理に迷ってあちこち箸を動かすこと
- ・寄せ箸 ……… 食卓の遠い位置にある器をお箸で手前に寄せること
- ・かき箸 ……… 茶碗を口につけて箸でかき込んで食べること
- ・込み箸 ……… 口の中に一杯箸で押し込んで食べること
- ・刺し箸 ……… つまみにくい料理を刺して取ること
- ・ねぶり箸 …… 箸先を口に入れてなめること
- ・移り箸 ……… 料理を取りかけて他の物に替えること
- ・せせり箸 …… 歯につまったものを取ろうと、つま楊枝の代わりに使うこと
- ・そら箸 ……… 一度料理に箸をつけておきながら、食べないで箸をひくこと
- ・渡し箸 ……… 器の上に箸を渡しておくこと
- ・持ち箸 ……… 箸を持ったまま、他の食器を持つ

・涙箸…………箸の先から汁をぽたぽたとたらすこと
・横箸…………2本の箸を揃えてスプーンのようにして料理をすくいあげる
　　　　　　　こと
・たたき箸……器を箸でたたくこと
・ふたり箸……2人で1つのものをはさむこと
・もぎ箸………箸についた飯粒などを口でもぎとること
・探り箸………汁椀などをかき混ぜて中身を探ること
・振り箸…………箸の先についた汁などを振って落とすこと
・直箸…………大皿の料理を、自分が使っている箸で取ること。

第2章

Step1

基本解説

 試験予想Check!

マナーとエチケットについての問題は、常識として知っておくべきことについて幅広く出題されます。特に席次、立食パーティーでのマナーについては要チェックです。また、最近の禁煙・分煙の広がりから、飲食時のタバコの扱いについても、押さえておきましょう。
箸使いのタブーについてもよく出題されていますので、知らないものは必ず覚えておいてください。

□／□ マナーは（ **食事の作法** ）のことであり、エチケットは（ **食事中の心配り** ）といえます。

□／□ レストランでは、基本的に（ **上座** ）は入り口から遠い席になります。また席に着くときはまず（ **女性** ）を先に座らせ、イスの（ **左側** ）から座ります。

□／□ ナプキンは食事がくる前に膝へ置き、中座するときは（ **イスの上** ）に置きます。

□／□ ナイフやフォークは（ **外側から** ）順番に使います。食事の途中、ナイフやフォークは皿に（ **八の字** ）に置き、食べ終わったら先を（ **左** ）に向けて揃えて置きます。

□／□ 立食パーティーで料理を取るときは（ **未使用のお皿** ）を使い、（ **コース料理の順** ）に前菜から取っていきます。

□／□ グラスに巻いてある（ **紙ナプキン** ）は、はずさないようにします。また立食パーティーでは（ **歩きながら** ）飲食してはいけません。

□／□ 話すときは料理の皿は（ **テーブル** ）に置き、飲み物だけを持ちましょう。

□／□ 箸使いのタブーの１つで、汁椀などをかき混ぜて中身を探ることを、（ **探り箸** ）といい、一度料理に箸をつけておきながら、食べないで箸をひくことは、（ **そら箸** ）といいます。

□／□ 手で握って持つことは（ **握り箸** ）、箸をなめるのは（ **ねぶり箸** ）、箸についた飯粒などを口でもぎとるのは（ **もぎ箸** ）と呼ばれます。

2-5 調理と料理

頻出度 ★★★★

Step1 基本解説

☕ おいしい技術・調理の基本

調理と料理は同義語として使われていますが、本来は異なります。

調理とは料理が出来上がるまでの過程をいい、実際にはメニューの計画から食卓の演出までを含むものです。そして、料理とは盛り付けられた状態を指します。

生きるために必要不可欠な食事。一番身近で大切な毎日の食事を、よりおいしくいただくための「調理」について考えてみましょう。

● 調理の目的とは？

①食材を安全で衛生的な飲食物にする

②消化・吸収率を良くし、栄養性を向上させる

③食べやすくする

④おいしくする

⑤食卓の演出

⑥食文化の継承

● 調理の手順

①食事の計画…いつ、誰と、どこで、目的、予算

②食材の調達…計画に基づき、食材の選定

③調理…目的にあった調理法で食材を調理

④盛り付け…器の選択、器内の色や空間の使い方など

⑤食卓の演出…BGM、照明、会話など

基本的な調理方法と調理用語 · · · · · · · · · · ·

調理法には、「生もの調理」と「加熱調理」があり、生（切る）調理に、加熱調理の煮る、揚げる、蒸す、焼く、の4種類を合わせて、**調理の5法**といいます。

以下に、材料や目的に合った調理方法や基本用語についてまとめておきます。

● **洗浄・下ごしらえ**

食材や調理器具の泥や細菌を取り除き、調理の前準備として食材にさまざまな加工を行います。

● **切る**

食べられない部分を取り除きます。または、形を整えます。切ることは、火の通りをよくする、調味料をなじみやすくするなどといった目的もあります。

● **ゆでる**

多めの熱湯で食品を加熱することです。主に、料理の下処理として用いられます。目的としては、

①たんぱく質の熱凝固（ゆで卵、鰹の霜降りなど）
②アク抜き
③柔らかくする
④消毒や殺菌
⑤色を鮮やかにする
⑥デンプンの糊化（麺類など）
⑦水分の少ない食材に吸水させる
⑧うま味成分を溶け出させる（ゆで汁を調理に活用する場合もある）

などがあります。一般的には「土より下に育つ野菜は水から、土より上に育つ野菜は湯から」が原則です。

▼ゆでるときの注意点

乾物（かんぴょうなど）	食材重量の7〜8倍の水で戻してからゆでる
アクが強い食材 （ほうれん草や筍など）	下ゆでしておく
イモ類、穀類	煮崩れを少なくするために水からゆでる
卵	卵が浸る程度の水量で、水からゆで（熱湯からだと割れやすい）、ゆで上がったら殻を剥きやすくするために冷水にとっておく
青菜	食材の6倍以上の水でゆでる。シュウ酸やギ酸などの揮発酸を空中に逃すため蓋をせずにゆで、ゆで上がったら色を鮮やかに保つために冷水にとっておく。緑色色素（クロロフィル）を失わないよう高温・短時間でゆでる
麺類	食材の7〜10倍の水量を沸騰させてからゆでる（でんぷんを速く糊化させ、均一にゆでることができる）。吹きこぼれ防止や麺の生臭さを逃すために、蓋をしないでゆで、蕎麦などは冷水にとっておく（表面のでんぷんを取り、舌触りをよくする）

● 煮る

　煮汁の中に調味料をいれて加熱することです。時間をかけて加熱するため、食材が崩れやすく彩りが落ちやすくなります。煮崩れを防ぐには、にんじん、かぼちゃ、大根などの食材は**面取り**したり、**落し蓋**を使うなどすると良いでしょう。

▼煮るときの注意点

①アクのある食材は水にさらしてから煮る。煮ているときにアクが出る場合は、丁寧に取り除く
②煮崩れしやすい大根、かぼちゃ、にんじんなどは面取りをしておく
③油揚げや厚揚げは油抜き（ザルなどに置いて熱湯をかける）をし、味をしみこませやすくする
④魚は汁が煮立ってから入れる
⑤煮崩れを防ぎ、味を染み込ませるために落とし蓋をする
⑥調味料は、さしすせその順番（砂糖、塩、酢、醤油、味噌）で入れるとおいしくなるといわれている

● 揚げる

高温に熱した大量の油の中で、食品を加熱する方法です。

● 蒸す

水を沸騰させ、その水蒸気で食品を加熱することです。

● 焼く

食材に直接火を当てて焼く「**直火焼き**」と、鍋やフライパンなどを使う「**間接焼き**」があります。

▼魚を焼くときの注意点

①表になるほうから焼く

②尾をアルミホイルなどで覆い、焼け落ちないようにする

③ムニエルの場合は、バターが溶けきらないうちに魚を入れる

④ホイル焼きの場合は、こびりつかないようホイルに油を塗っておく

⑤網焼きの場合は、十分に熱が伝わるよう網の両面を先に焼いておく

● 炒める

加熱した鍋で、油を使って手早く材料を加熱する方法です。

▼覚えておきたい調理用語

下ごしらえ	あく抜き	水や酢水にさらしたり、ゆでるなどして苦味や渋みを取り除くこと
	油抜き	熱湯をかけるか軽くゆでて、表面についている油を取り除くこと。油臭さが抜け、味がしみこみやすくなる
	板ずり	きゅうり、ふきなどの野菜に塩をふり、まな板の上でこすりつけることで、材料の色を鮮やかにする
	色だし	野菜類をさっと熱湯に通すことによって、より色鮮やかにすること。ほとんどの場合、すぐに冷水に落とす
	色止め	塩水や酢水、冷水にさらすことで、材料の変色を防ぐこと
	下ゆで	材料をあらかじめゆで、火を通しておくこと

切る	飾り切り	材料の表面に包丁で切込みを入れること
	隠し包丁	調味料をしみ込みやすくしたり、火の通りを早くするために、包丁で切り目を入れること
	かつらむき	大根などの野菜を5～6cm程度に輪切りにし、薄い帯状に回し切りにすること
	面取り	イモ類など、おもに煮物材料の煮くずれを防ぐため、切った野菜の切り口の角を削ること
ゆでる	湯通し	材料をさっと湯にくぐらせ、材料の表面に火を通すこと
	湯がく	材料を手早くさっとゆでること
	湯せん	大きい鍋で火にかけた湯の中に、材料を入れた小さめの鍋ごとつけて、間接的に加熱すること
	湯むき	トマトなどを熱湯に少しつけてからすぐ冷水にとり、皮をむくこと
	ゆでこぼす	材料をゆで、その汁を捨てること。アクやぬめりを取るときに用いる
煮る	さし水	熱湯に水をつぎ足し、温度を下げること
	落しぶた	煮物を作る時、鍋よりひとまわり小さいフタを材料に直接のせること
	さしすせそ	煮物を調味する時に入れる調味料の順番　さ‥砂糖　し‥塩　す‥酢　せ‥しょうゆ　そ‥みそ
	煮こごり	魚の煮汁が冷えて、ゼリー状に固まったもの、またはこの性質を利用して作られた料理の名前
	煮しめ	野菜や乾物類を、形を崩さないで時間をかけて煮たもの
	煮つけ	煮汁をあまり残さず、甘辛くこってりと煮上げたもの
	煮きる	酒やみりんのアルコール分を除き、アルコール臭をなくし、うま味だけを取り出す手法
	煮えばな	汁物や煮物が煮立ち始めた、もっとも風味の良い状態
	煮上げ	落しぶたをして、煮汁が少量になるまで甘辛く煮る
	煮転がし	鍋の中で焦げ付かないように、材料を転がしながら煮汁をからめて煮詰める
揚げる	素揚げ	材料に衣や下味をつけずに、そのまま揚げること
	衣揚げ	材料にさまざまな衣をつけて揚げること
	低温	油に衣を落とすとすぐに底に沈み、そのまま数秒ほど沈んだまま（160℃前後）
	中温	油に落とした衣が一度底まで沈むが、すぐに浮き上がってくる（180℃前後）
	高温	衣を落とすと、沈まずに、表面に浮いたまますぐに茶色く色づく（200℃前後）

蒸す	すが立つ	茶碗蒸しなどの調理の際、火を通しすぎて材料の表面や内部に細かい穴があいてしまうこと
	素蒸し	下準備したものをそのまま蒸すこと
	塩蒸し・酒蒸し	塩や酒をふりかけて蒸すこと
	器蒸し	そのまま食卓に出せる茶碗、皿、鉢などの器に調味した材料を入れて蒸すこと
焼く	強火の遠火	強火で焼き色と風味をつけうま味を逃がさないようにし、均一に熱を通すためには遠火にすることが大切という、魚を焼くときの火加減のこと
	化粧塩	魚の塩焼きで、見栄えをよくするため、全身に塩をまぶしてつけること
	白焼き	調味料を使わずに焼くこと
炒める	から炒り	油や水など、何も入れない鍋の中で、材料を転がしながら加熱すること
	あめ色に炒める	玉ねぎなどをじっくり時間をかけて、しんなりと濃い茶色になるまで炒めること

☕ 料理を彩る盛りつけ

　「枯山水」に例えられる、目で見て美しい日本料理。箸文化として発達した日本独特の侘、寂、美的感覚に基づいたものです。料理を美しく見せるための盛りつけの基本を知って、さらに美味しくいただきましょう。

　なお、盛りつけの法則には以下のようなものがあります。

● 盛りつけの基本は立体感

　日本料理では、奥を高く手前を低くする立体的な盛りつけが特徴です。これは、立体的に山と谷をつくる、**山水の法則**を利用したものです。刺身などは、つまをまくらのようにしてたてかけ手前から向こうへ高くなるように盛り、立体感を出します。

● お皿の余白を大切にする

　器の余白で、料理の印象が大きく変わります。料理と余白の目安は、6：4～7：3といわれています。

● **深い器や鉢にはこんもりと盛る**

　和え物やお浸し、煮物などは、円すい状にこんもりと盛ります。お造りなどを円錐形に盛る「杉盛り」、切り身など不定形なものを順々に積み重ねていく「重ね盛り」、円形や角形など形のはっきりしたものを積み上げる「俵盛り」があります。

● **配色を考える**

　食材が豊富で、色彩的にも変化に富んでいる日本食材。料理がきれいに見えるという色が、赤、黄、青、黒、白の五色です。「青味」といわれる刺身のつまに使う海藻や、炊き合わせに添える木の芽など、上手に用いると料理が上品に見え、おいしそうな雰囲気が出ます。

● **皆敷、添え物で季節感を表現**

　日本料理において、器に盛る食べ物の下に敷く木の葉を「皆敷」といいます。ひと目で季節感を表現する重要な要素として使われています。松・梅・桜などの枝、南天、菊の葉、笹、もみじ、柿の葉、いちょうの葉などを用います。

☕ 食材を引き立てる器

　器の紋様、色調、絵柄、風合い等の美しさを生かして、それぞれの季節にふさわしい器に料理を盛りつけることで、季節感を楽しみ味わいます。また、料理によって陶器を性質に合わせて選ぶのも、日本料理の気遣いとして大切です。

▼**日本料理の器の種類**

種類	特徴／代表例
焼き物	【磁器】 ・薄手で強度がある（高温で焼くため） ・吸水性がほとんどない ・硬くて光沢がある ・叩くと金属音がする ・冷たさをもつため、おもに春・夏に向いている 九谷焼（石川県）、有田焼（佐賀県）、瀬戸焼（愛知県）、清水焼（京都府）

	【陶器】 ・原料は粘土で、吸水性の素地にうわぐすりを塗って焼き上げる ・強度がやや弱い（磁器よりも焼く温度が低いため） ・渋さと暖かみをもつため、おもに秋・冬に向いている 備前焼（岡山県）、益子焼（栃木県）、信楽焼（滋賀県）、唐津焼（佐賀県）、萩焼（山口県）、万古焼（三重県）
漆器	木製のため軽くて保温性がある。表面に塗りが施されているため、つやがあり美しい。重箱、椀などに用いられる 津軽塗（青森県）、会津塗（福島県）、輪島塗（石川県）、秀衡塗（岩手県）、春慶塗（岐阜県）、藍胎漆器（福島県）
ガラス食器	技術は安土桃山時代に伝わった。切り子ともいわれる 皿、小鉢、箸置きなどがある 江戸切子（東京都）、薩摩切子（鹿児島県）
竹細工	清涼感を表現。日本各地の伝統工芸品、ザル、カゴ、スプーンなどがある 駿河竹千筋細工（静岡県）、別府竹細工（大分県）
木工品	ご飯のおひつや桶、八寸などとして使われる 大館曲げわっぱ（秋田県）、奥会津編み組細工（福島県）

🍵 料理による基本の盛りつけ方 ・・・・・・・・・・・・・・

● 刺身

　つまを添えます。つまは、消化を助け、生臭さを消す役割も果たします。マグロの赤身には大根を、イカや白身魚には青じそやきゅうりなどを添えると、素材の色が引き立ちます。手前を低く奥を高くして、立体感を出すように盛りつけます。

● 天ぷら

　素材の色は衣で隠れているので、視覚的にメリハリをつけるために、白い敷き紙を使って盛りつけます。

　普段のときや祝儀のときは、2枚重ねにして右側が上になるようにします。不祝儀のときは1枚のみ使用し、左側が上になるようにします。

▼普段・祝儀のとき（2枚重ね）

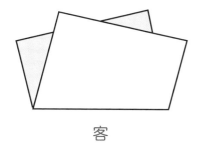

客

▼不祝儀のとき

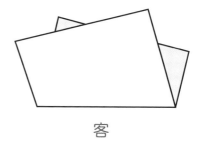

客

● 焼き魚

　頭と尾がついたままの魚は、**頭左**（かしらひだり）に盛りつけます。これは、腹を手前にして、頭が左側になるように盛りつける手法です。切り身の場合は背や皮が奥になるように盛りつけます。**あしらい**※をつけるときは、皿の右手前に置くようにします。

※あしらい　料理を引き立たせるための添え物。「添え」ともいう。季節感を出したり、彩りを添えたりする役割がある

▼かしらひだりとあしらい

▼切り身とあしらい

● 煮物

　汁気があるので鉢に盛ります。料理が器のふちにつかないように余裕をもたせて
もります。鉢の高さとバランスをとりながら、こんもりと山のように、品よく盛りつ
けるのがポイントです。できるだけ、同じ色の食材が隣同士にならないようにしま
しょう。

● 漬物

　手前に小さいものを、奥に大きいものを盛ります。量が多い場合は鉢を使います。
白、緑、赤と食材の彩りを考え、大根、きゅうり、にんじんなど、色の対比がある組
み合わせにすると美味しそうに見えます。

試験予想Check！

調理の目的や調理用語は、しっかり理解しておきましょう。これまでに高い頻度で出
題されています。
盛り付けでは、日本料理の美しい盛りつけの基本を理解し、器の種類や、器に盛った
料理を引き立てる添え物「つま」、「あしらい」などの用語も把握しておきましょう。

チェック欄
1回目　2回目

□／□　調理とは、食材の加工のみにとどまらず、食事のメニュー計画、（　**食材の調達**　）、料理を盛りつける器や食卓演出まで広く関わっています。

□／□　（　**調理の五法**　）とは、一般的に「煮物・蒸し物・焼き物・揚げ物・（　**切る**　）」のことを指します。

□／□　頭と尾がついたままの魚は、（　**頭左**　）に盛りつけます。これは、（　**腹**　）を手前にして、頭が（　**左**　）側になるように盛りつける手法です。あしらいをつけるときは、皿の（　**右手前**　）に置くようにします。

□／□　鍋を二重に使って、材料を間接的に加熱する調理法を、（　**湯せん**　）といいます。

□／□　風味よく仕上げるための調味の基本「さ・し・す・せ・そ」とは、さ‥砂糖、し‥（　**塩**　）、す‥酢、せ‥（　**しょうゆ**　）、そ‥味噌です。

□／□　渋みやえぐ味を、水や酢水などにつけて取り除くことを、（　**あく抜き**　）といいます。

□／□　（　**すが立つ**　）とは、茶碗蒸しや豆腐料理を調理するとき、加熱しすぎて表面や内部に細かい空洞ができることをいいます。

□／□　刺身や天ぷらなど、平皿を使用する料理は（　**立体感**　）が出るように盛りつけます。これは、山と谷をつくる（　**山水の法則**　）を利用したものです。

□/□ 刺身に添える野菜や海藻のことを、（　つま　）といい、マグロの赤身には（　大根　）を、イカや白身魚には（　青じそ　）やきゅうりなどを添えると、素材の色が引き立ちます。

□/□ 煮物は汁気があるので、深めの器に（　真ん中を高く　）して盛り付けます。

□/□ 煮物をするときに使う、鍋よりひとまわり小さいふたを（　落し蓋　）といい、煮くずれを防ぐ効果があります。

□/□ （　面取り　）とは、煮崩れしやすい野菜の角を薄くそぎとり丸みをつけることです。

□/□ 魚の焼き上がりを美しくみせる（　化粧塩　）は、姿焼きをする際、魚の尾やひれにしっかり塩をまぶすことをいいます。

□/□ 器の紋様、（　色調　）、絵柄、風合い等の美しさを生かして、それぞれの（　季節　）にふさわしい器に料理を盛りつけると、食材が引き立ちます。

□/□ （　磁器　）は高温で焼くため（　強度　）があり、たたくと（　金属音　）がする焼き物です。代表的なものに、（　有田焼　）（　清水焼　）などがあります。

□/□ （　陶器　）の強度はやや弱く、（　備前焼　）、（　信楽焼　）、益子焼などがあります。

2-6 旬の食材とおいしさ

頻出度 ★★★★

Step1 基本解説

☕ 旬がわからない時代

　野菜や果物の生育を早める**促成栽培**や、逆に生育を遅らせる**抑制栽培**によって、年間を通じて店頭には、本来の旬の時期ではない食材も並ぶようになりました。その結果、旬のわからない人が増え、食べ物による季節感も薄れてきてしまいました。

　旬を意識すると、季節を感じることができ、生活にメリハリが出てきます。また、旬の食材は栄養価が高いというメリットもあります。一番おいしい時期の旬の食材を食して味わう心、楽しむ心なども忘れたくないものです。

☕ 旬の関連用語

● **旬の走り**

　「**初物**（はつもの）」と同じ意味です。出回り始める頃のため、値段が高く、味や栄養価はまだ未熟ですが、新しい季節の到来を感じさせます。初物は縁起がいいとして珍重されてきました。

● **旬の盛り**

　出回り最盛期のことで、**栄養価も高く**、素材本来のうまみを一番味わえる時期です。大量に出回るため、価格も安くなります。

● **旬の名残り**

　時期の終わり頃のことで、「**旬はずれ**」ともいいます。単に残りの時期を指すだけでなく、季節の移り変わりを感じさせてくれるとともに、食材との別れを惜しむという意味合いもあります。

● **時知らず**

　季節に関係なく、1年中食べられることです。旬を感じさせないという意味で、「**無季**」ともいいます。

▼旬の野菜・果実・魚介

野菜・果実
ジャガイモ、キャベツ、たけのこ、
ワラビ、アスパラ、菜の花、
ふきのとう、サヤエンドウ、イチゴ

魚介類
アサリ、シジミ、サワラ、マス、ワカメ

 春 夏

野菜・果実
トマト、きゅうり、ピーマン、冬瓜、
とうもろこし、なす、ニガウリ
カボチャ、桃、ビワ、スイカ、メロン

魚介類
アジ、ウナギ、ハモ、アナゴ、ウニ

 冬 秋

野菜・果実
ネギ、ハクサイ、ニンジン、小松菜、
ほうれん草、カリフラワー、大根、
温州みかん、ポンカン、キンカン

魚介類
タラ、ブリ、フグ、アンコウ、カキ

野菜・果実
きのこ類（しいたけ、まつたけなど）、
かぶ、レンコン、ごぼう、
サツマイモ、りんご、梨、ブドウ、
柿、栗

魚介類
サケ、サンマ、イワシ、サバ、スルメイカ

　食材によって季節をまたがるものもあります。

🍵 おいしさの要因

　おいしさは単に味だけではなく、年齢や健康状態、気候や食文化など、要因は様々あります。

▼おいしさの要因

食物の特性要因	①化学的特性…五味や五感
	②物理的特性…外観、温度、テクスチャー、音
人の特性要因	①生理的特性…年齢、健康状態、空腹具合、口腔状態
	②心理的特性…喜怒哀楽、不安や緊張状態
	③食体験
	④嗜好
環境要因	①社会環境　…宗教、食文化、経済状況、食習慣、食情報
	②自然環境　…気候、地理的環境
	③人工的環境…食環境 (部屋や照明、食卓環境など)

　私たちが食べ物を食べておいしいと感じる際には、五感 (味覚・嗅覚・触覚・視覚・聴覚) や喜怒哀楽の感情、記憶などの心理的要因、生理的要因 (空腹度合、健康状態など)、環境要因 (雰囲気[部屋、照明、食器、食卓構成など]、食習慣、食文化、食体験 他) などが関わっています。

☕ 味の相互作用

　基本の5つの味には、**甘味、酸味、塩味、苦味、うま味**がありますが、日常では食べ物の味は複数の味を複合して味わっています。味には相互作用があり、数種の味が重なり合うと変化が現れます。例えば、先に口にした味の影響で、後で食べる料理の味が変わることなどもあります。このことをふまえて、おいしくもてなすためには、料理を出す順番を考えたりすることも大切です。

▼味の相互作用の種類

・相乗効果：　　うま味を引き出す (例：昆布と鰹節でだし汁をとる)

・対比効果：　　甘みを強める (例：スイカに塩をかける)

・抑制効果：　　苦みを弱める (例：珈琲に砂糖を加える)

　　酸味を弱める (例：酢に砂糖や塩を加えて寿司酢にする)

・変調効果：　　先に食べた味の影響で、後に食べる物の味が変わって感じる

　　(例：食塩水を飲んでから水を飲むと甘く感じる)

・順応効果：　　同じ味を継続して長く味わうと、その味の感覚が鈍くなる

　　(例：甘いケーキを食べ続けていると、甘みの感度が鈍くなる)

食品などの数え方

　食品には独特の数え方（単位）があり、これらは食文化でもあるといえます。食生活アドバイザーとしては、これらの単位の正しい使い方を把握しておきましょう。

▼食品などの数え方

野菜・果物類		魚介類・肉類	
キャベツ・玉ねぎ	玉	たらこ	腹（はら）
菜類	把（わ）・株	いか・たこ	杯
いちご	個・粒	魚	匹
バナナ・大根など	房・本	はまぐり	口（くち）・個
ぶどう	房・粒	魚の開き	枚
一般食品		切り身魚、肉薄切り	切れ
豆腐	丁	刺身用の魚	柵（さく）
こんにゃく	丁・枚	尾がついた魚	尾（び）
うどん	玉	道具・器具・その他	
そうめん	束・把（わ）	包丁	柄（え）・丁
海苔（10枚単位）	帖	箸	膳・揃（そろい）
食パン	斤（きん）	椀	客
米	合（ごう）180ml	小皿	枚
飯	膳・杯	盆	枚・組
ざるそば	枚	コーヒーカップ・ソーサー	客
すし	貫	米・酒など	升（しょう）。10合=1.8ℓ
羊羹	棹（さお）	油・酒	斗（と）。1斗=10升=18ℓ

☕ 食べ物にまつわる四文字熟語 ・・・・・・・・・・・

● **悪衣悪食 (あくいあくしょく)**

　粗末な服や食事を恥ずかしいと思うような人とは、語り合う価値がないという言葉が由来。簡素な暮らしのこと。

● **医食同源 (いしょくどうげん)**

　病気を治療するための食事も日常生活の食事も、源となる考え方は同じであるということ。

● **衣食礼節 (いしょくれいせつ)**

　生活が豊かになれば、道徳心が高まって礼儀を知るようになるということ。

● **一汁一菜 (いちじゅういっさい)**

　汁物1品とおかず1品を意味し、質素な食事のこと。

● **解衣推食 (かいいすいしょく)**

　自分の着衣を脱いで着せ、自分の食べ物をすすめて食べさせる意から、人に厚い恩恵を施すこと。

● **牛飲馬食 (ぎゅういんばしょく)**

　牛が水を飲むように、また、馬がまぐさを食べるようにたくさん飲食する意から、大いに飲み食いをすること。

● **鯨飲馬食 (げいいんばしょく)**

　酒を飲む勢いは鯨が海水を吸い込むようであり、物を食べるさまは馬が草を食べるようであるという意から、むやみにたくさん飲み食いすること、勢いがすさまじいこと。

● **縮衣節食** （しゅくいせっしょく）

「節」ははぶくこと、倹約する意で、衣食を節約すること・倹約すること。

● **酒池肉林** （しゅちにくりん）

酒を池に満たし、肉を林に掛ける意から、ぜいたくの限りを尽くした盛大な宴会。

● **食前方丈** （しょくぜんほうじょう）

ごちそうが自分の前に、一丈四方もいっぱいに並べられる意から、きわめてぜいたくな食事のこと。

● **身土不二** （しんどふじ）　…　P.96を参照。

● **粗衣粗食** （そいそしょく）

粗末な服と粗末な食事という、簡素な暮らしのこと。

● **箪食瓢飲** （たんしひょういん）

竹で編んだ器（箪）1杯だけのご飯と、ひょうたん作った器（瓢）1杯だけの飲み物の意から、質素な食事のこと。

● **伴食宰相** （ばんしょくさいしょう）

供として一緒にいてもてなしを受ける（伴食）という意味で、高い地位にありながら、ほかの人のなすがままになっている無能な大臣のこと。

● **不時不食** （ふじふしょく）

その季節のもの以外は食べないこと、旬のものを大切にすること。

● **無為徒食** （むいとしょく）

何もせず（無為）、働くこともせず無駄に日を送る（徒食）ということ。

● **目食耳視** (もくしょくじし)

　口に合うかではなく見た目が豪華なものを食べること (目食)、世間のうわさを気にかけて、自分に似合うかでなく高価な衣服を着るということ (耳視) を意味し、見栄をはるために外見を飾ること。

● **薬食道源** (やくしょくどうげん)

　薬と食事 (薬食) は、根源が同じ (同源) を意味し、体に良い食材を日常的に食べて健康を保てば、病気にはならず、病気になった時は食を正すことが第一の治療となるということ。

試験予想Check！

問題内容としては、ある季節の旬の野菜や魚を選ぶ問題がよく出題されます。また、落し蓋、すが立つなどの、調理用語からの問題も頻出傾向にあります。
食品の数え方、食に関する四文字熟語やことわざも要チェックです。知っていれば確実にとれる問題ばかりですから、しっかり覚えて対策しておきましょう。

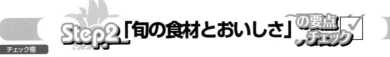
□/□ 「初物（はつもの）」と同じ意味で、出回り始めの食材を（　**旬の走り**　）といいます。出回り最盛期のものは（　**旬の盛り**　）といい、最盛期を過ぎた時期のことを意味する（　**旬の名残り**　）を、「旬はずれ」ともいいます。

□/□ タラ、ブリ、フグは（　**冬**　）が旬の魚介類です。春の旬野菜としては、キャベツ、（　**たけのこ**　）、（　**菜の花**　）などがあります。

□/□ サケ、サンマ、イワシと同じ季節の旬の野菜には、ごぼう、（　**レンコン**　）、（　**かぶ**　）などがあります。

□/□ おいしさは、視覚、嗅覚、触覚、聴覚、味覚といった（　**五感**　）のすべてで感じるものです。また、おいしさを感じる他の要因としては、（　**環境要因**　）や（　**心理的要因**　）などもあります。

□/□ 「株」をいくつか集めて売りやすいくらいの量に束ねた食材の数え方を、（　**把**　）と呼びます。また、（　**棹**　）は箪笥を数えるときの単位ですが、（　**羊羹**　）も同じように数えます。

□/□ 四文字熟語で、病気を治療するための食事も日常生活の食事も、源となる考え方は同じであるということを（　**医食同源**　）といい、その季節のもの以外は食べないこと、旬のものを大切にすることを（　**不時不食**　）といいます。

Step3 演習問題と解説

2-1　日本料理の特徴

例題(1) 日本料理の特徴に関する記述として、不適当なものを選びなさい。該当するものがない場合は、6を選びなさい。

1. 仏教思想を基本とした料理で、仏事の際などに出される料理を精進料理という
2. 本膳料理は日本の正式な膳立てで、室町時代に始まり、江戸時代に発達した
3. 茶事の席で出される簡素な料理を茶会席料理という
4. 長崎で生まれた膳組みで、円卓を囲み大皿料理を取り分けて食べる中国の食事様式を卓袱料理という
5. 厳格な作法などがない宴会料理のことを饗応料理という
6. 該当なし

正解 3

例題(1)の解説

1. 肉や魚などを使用せず、豆腐や野菜など原則として植物性食品だけで調理した料理です。
3. 茶懐石料理です。単に懐石料理ともいいます。「会席料理」と「懐石料理」は、読み方は同じですが別物です。

試 験対策のポイント

袱紗料理などの意味も確認しておきましょう。懐石料理と会席料理は、毎回何らかの形で出題されます。その違いをしっかりと把握しておいてください。また、それぞれの料理の名を漢字で正しく書けるように覚えておくことも大切です。

例題（2）　郷土料理の特徴についての記述で、不適当なものを選びなさい。該当するものがない場合は、6を選びなさい。

1. その土地で生産されたものを、その土地の方法で調理や保存をして食べること
2. 調理方法は一般的でも、食材がその土地特有のものであれば郷土料理という
3. 調理方法が一般的で、食材がその土地特有のものでなくても、その土地で作られていれば郷土料理という
4. その土地でとれた作物をおいしく食べるための工夫がなされた調理方法である
5. 気候や地理などその地域の様々な特性により、形作られた料理である
6. 該当なし

正解　3

例題（2）の解説

郷土料理は旬の食材を大切にし、その土地特有の生活習慣・生活文化に根付いた先人の知恵や工夫から生まれました。調理方法と食材がその土地特有のもの、あるいはどちらかがその土地特有のものでなければ郷土料理とはいいません。

試験対策のポイント

郷土料理そのものの意味や関連事項（旬の食材・名産物・地産地消などの関連用語）について、きちんと押さえておきましょう。

例題（3） その土地で生産されたものを、その土地の方法で調理や保存をして食べることが望ましいといわれますが、このような意味を持つ熟語のうち、不適当なものを選びなさい。該当するものがない場合は、6を選びなさい。

1. 身土不二
2. 地産地消
3. 土産土法
4. 一物全体
5. 地域自給
6. 該当なし

正解 4

例題（3）の解説

一物全体とは、食物を精白したり皮をむかずに使うという意味で、マクロビオティックの基本概念の1つです。

試験対策のポイント

食に対する安全性から生産者の顔が見える消費が近年望まれています。意味を問われる問題は頻繁に出題されていますので、言葉として書けるようにしておきましょう。身土不二、地産地消、土産土法は要注意です。

例題（4） 次の郷土料理について、不適当な組み合わせのものを選びなさい。該当するものがない場合は、6を選びなさい。

1. わっぱめし（新潟）

2. 皿鉢（さわち）料理（高知）

3. ずんだ和え（宮城）

4. 柿の葉ずし（京都）

5. 豚大根（長崎）

6. 該当なし

正解 4

例題（4）の解説

柿の葉ずしは奈良の郷土料理です。京都府は、いも棒、精進料理、葛料理などがあります。その他、北海道の石狩鍋、東京の深川めしなどが過去に出題されています。

試 験対策のポイント

各地の代表的な郷土料理とその土地特有の特産物の問題は、今後も出題が予想されます。めん類における郷土料理の問題、鍋料理において、魚介類、おすしにおいて、などというような見方でも分類し、確認しておくことが必要です。

例題(5) つぎのうち、各国の代表的な料理の組み合わせとして不適当なものを選びなさい。該当するものがない場合は、6を選びなさい。

1. スペイン (パエリア)
2. ドイツ (ソーセージ)
3. インド (チャパティ)
4. ロシア (トリュフ)
5. フランス (フォアグラ)
6. 該当なし

正解 4

例題(5)の解説

トリュフはフランスの料理です。ロシアの料理にはピロシキ、ボルシチ、ビーフストロガノフなどがあります。

試験対策のポイント

P.99、P.100にある各国の代表的な料理を覚えておきましょう。また、P.97にある日本の各地の郷土料理も知っておきましょう。

例題(6) 「中国料理」に関する記述として、不適当なものを選びなさい。該当するものがない場合は、6を選びなさい。

1. 人の体は、その人が育った風土に合った食べ物を食べることが良いという「薬食同源」の考え方が中国の食の原点にある

2. 多くの種類の調味料や香辛料を使い、多様な味をつくり出すが、調理方法は合理的で、短時間で高温の加熱調理である

3. 食材が豊富で、それらを無駄にしないための保存方法や調理技術が発達している

4. 福建省から広東省の海沿いの地域では食材に恵まれているため、素材を生かした薄味の料理である。フカヒレなどの高級食材を使うのも特徴の1つである

5. 大皿に盛り付けた料理を各自で取り分ける形式である

6. 該当なし

正解 1

例題(6)の解説

1.は「身土不二」の意味です。人は生まれ育った土地のものを食べるのが一番体に合うということです。「薬食同源」は健康を保つために食べるものは薬と同じという意味で、「医食同源」の原語です。

試験対策のポイント

中国料理の特徴は、出題されることが多い問題です。選択文に他の国の料理の特徴が入っていることもあるので、それぞれの国の料理の特徴をしっかり区別しておきましょう。「薬食同源」のような、中国の食の精神をあらわす言葉もいくつかあるので、それらも合わせて覚えておいてください。

例題(7) 西洋料理の特徴に関する記述として、不適当なものを選びなさい。該当するものがない場合は、6を選びなさい。

1. フランス料理は多くの種類のスパイス、調味料を使った複雑で重厚なソースで、料理の味をより高めている

2. 主食はパンやパスタなどで、小麦を使ったものが多く食べられる

3. 主菜・副菜の区別をつけることなく、肉類またそれらの加工食品を使った料理が多い

4. 牛乳、チーズ、バターなど乳製品や油脂が使われる料理が多い

5. 食材の色や盛り付け、食器にこだわり見た目を重視するとともに、季節感を大切にし、食材を生かした料理が多い

6. 該当なし

正解 5

例題(7)の解説

5.は日本料理の特徴です。西洋料理の食器はシンプルで、フランス料理のコースでは白色丸皿が正式なものとされています。また、鮮度を生かし、生で食べたり、素材を生かした味付けの料理をする日本料理と違い、西洋料理は保存のために加工した食品を使ったり、臭いを消すためにスパイスや調味料をたくさん用いたソースを使った料理が多く見られます。

試 験対策のポイント

西洋料理に関する問題も、中国料理と同様に選択文に他の国の特徴が入っているパターンが多いです。日本料理、中国料理、西洋料理の特徴はしっかり区別できるようにしましょう。西洋料理はくくりが広く、特徴をつかむのが難しいので、西洋料理の中心であるフランス料理について勉強することで理解を深めやすくなります。

2-3 節句と賀寿

例題(8) つぎの料理はある行事に関連があります。その行事とは何か、適当なものを選びなさい。該当するものがない場合は、6を選びなさい。

料理：『小豆粥、けんちん汁、こんにゃく、かぼちゃ』

1. 七五三

2. 節分

3. 新嘗祭

4. 七夕

5. 雛まつり

6. 該当なし

正解 6

例題(8)の解説

冬至に食べると良いといわれているものです。小豆粥やかぼちゃは無病息災を願って、その他『ん』のつく食べ物は幸運が得られるといわれています。

3.の新嘗祭（にいなめさい）は、現在は勤労感謝の日ですが、もとは、古くから天皇がその年に収穫された新穀や新酒を天照大神をはじめとする天地の神に供え、農作物の恵みに感謝し、自らも食す儀式でした。

試験対策のポイント

年中行事に関する出題は、それほど多くありませんが、つぎの五節句に関する問題と合わせて、食べ物との組み合わせを確認しておきましょう。

例題(9) 五節句を暦順に左から並べたものとして、適当なものを選びなさい。該当するものがない場合は、6を選びなさい。

1. 人日－上巳－端午－七夕－重陽

2. 上巳－人日－端午－七夕－重陽

3. 重陽－人日－七夕－上巳－端午

4. 上巳－端午－重陽－人日－七夕

5. 七夕－重陽－上巳－人日－端午

6. 該当なし

正 解 1

伝統的に季節の変わり目となる日を「節句」といい、季節の食材などを用いた特別な料理をつくって祝います。五節句は、よく知っている端午（5/5）と七夕（7/7）を基準にして、その前後を覚え、暦順にいえるようにしましょう。

試 験対策のポイント

日本には様々な行事があり、その行事には特有の行事食があります。どの行事にどのような行事食があるのか、また、五節句に関することなど、頻繁に出題されていますので、食生活アドバイザーの一般的な知識としても覚えておきましょう。

例題（10） つぎの記述で、適当なものを選びなさい。該当するものがない場合には、6を選びなさい。

1. 季節の行事や結婚式など、特別な日のことを「ケ」という

2. 長寿の祝いで88歳である「米寿」は、略字が八十でできていることが由来である

3. 長寿の祝いには、赤飯、鯛めし、紅白もちなどを用意するのが一般的である

4. 数え年で61歳を「還暦」といい、魔よけの意味で、白いものを贈る習慣がある

5. 通過儀礼に食されるもので代表的なものには千歳飴などがあるが、その行事を「初宮参り」という

6. 該当なし

正 解 3

例題⑩の解説

1. 改まった特別な行事、お祝い事などは「ハレ」といいます。

2. 米寿は文字を分解すると八十八になることが由来です。

4. 還暦には「赤いもの」(例、赤いちゃんちゃんこ、赤い座布団など)を贈ります。

5. 千歳飴が代表的なのは、七五三です。

試 験対策のポイント

代表的な通過儀礼やその特徴、賀寿のことについては、しっかりと押さえておきましょう。

例題（11）

長寿の祝いを年齢の若い順から並べたものとして、適当なものを選びなさい。該当がない場合は、6を選びなさい。

1. 傘寿－古希－卒寿－喜寿－白寿

2. 古希－米寿－傘寿－卒寿－喜寿

3. 還暦－喜寿－傘寿－米寿－古希

4. 喜寿－傘寿－米寿－卒寿－白寿

5. 白寿－米寿－傘寿－喜寿－古希

6. 該当なし

正解 4

例題（11）の解説

古い順で行けば、白寿は「百」から「一」を引くと「白」になることから99歳、卒寿は「卒」の略字「卆」が九十でできていることから90歳、米寿は八、十、八を合わせると「米」になることから88歳、と覚えておきましょう。

2-4　食事のマナーとエチケット

例題（12） 西洋料理の食事マナーに関する記述として、不適当なものを選びなさい。該当するものがない場合は、6を選びなさい。

1. レストランへ行く際は、あらかじめドレスコードをチェックして、場にふさわしい服装を心がける
2. 主賓には基本的に入り口から一番遠い席を勧めるが、例えば、景色がいい部屋では一番きれいに景色が見える場所を勧めるようにする
3. 食べているときはテーブルに肘をつかないようにし、食べていないときは両手を膝の上できちんと揃えておく
4. 食事中は禁煙を心がける。禁煙のレストランでなければ、全ての食事を終えた後、同席者の了解を得てから吸うようにする
5. 正式なレストランでコース料理を頼んだときに、取り分け用の皿を要求するのはマナー違反である
6. 該当なし

正解 3

例題（12）の解説

西洋料理では、食事中は常に両手を見えるところに出しておくのがマナーです。これは古の時代に「手に武器をもっていない」ことを示すための行為で、それが今日まで残ったものです。テーブルに肘をつかない、という部分までは正しい記述です。こ

のように、正解と不正解を混ぜたひっかけ的な記述の出題が多いので、よく注意しましょう。

試験対策のポイント

席次については、毎年高い確率で出題されます。西洋料理・日本料理・中華料理、それぞれの場合について正確に覚えておきましょう。

また、近年の禁煙意識の高まりから、タバコのマナーの出題が増えています。全面禁煙の場所も増えていますのでチェックしておきましょう。

例題(13) 「どれにしようかあちこち迷う」という箸使いのタブーを何というか、適当なものを選びなさい。該当するものがない場合は、6を選びなさい。

1. 寄せ箸
2. そら箸
3. 探り箸
4. ねぶり箸
5. 移り箸
6. 該当なし

正解 6

例題(13)の解説

どれにしようかあちこち迷うのは「迷い箸」です。
1. 箸で器を引き寄せることです。
2. いったん食べ物に箸をつけたのに、箸をひくことです。
3. 汁椀などをかき混ぜて中身を探ることです。

4. 箸をなめることです。

5. 取りかけて他の皿の料理に替えることです。

試 験対策のポイント

箸使いのタブーに関する問題は、よく出題されています。意味が似ているなど紛らわしい用語もありますから、区別して確認しておきましょう。

2-5 調理と料理

例題(14) 「魚をおろす」調理用語として、不適当なものを選びなさい。該当するものがない場合は、6を選びなさい。

1. さくどり

2. 血抜き

3. 二枚おろし

4. 背開き

5. かつらむき

6. 該当なし

正解 5

例題(14)の解説

1. 三枚におろした魚を背身と腹身に切り分け、それぞれの身に残った血合い、小骨を取り除いて形を整えることです。

2. 活魚の頭と尾の付け根に包丁目をいれ、血を抜くこと。鮮度を保つために行います。

3. 魚を上身と中骨のついたまま下身におろすことです。

4. 背側から身を開いていくおろし方です。逆に口先から尾までまっすぐに腹側を開くことを、腹開きといいます。

5. 大根などの食材を帯状に薄く切ることです。

例題(15) 消化を助け、生臭さを消す役割のあるような刺身の添え物のことを何というか、適当なものを選びなさい。該当するものがない場合は、6を選びなさい。

1. あしらい
2. つま
3. なます
4. 向付
5. 八寸
6. 該当なし

正解 2

例題(15)の解説

1. 器に盛った料理を引き立てるために添えられたもので、見た目のバランスを整えるだけでなく、味や栄養のバランスをとる役目もあります。
3. 肉や魚を細かく切って混ぜ合わせ、合わせ酢であえたものをいいます。
4. 茶懐石の膳組みで、手前の飯と汁の碗に対して向こう側に置く器のことです。
5. 献立の初めに出される、肴の盛り合わせのことです。

例題(16) 料理の盛りつけに関する記述として、適当なものを選び
なさい。該当するものがない場合は、6を選びなさい。

1. 鉢物に料理を盛る場合、量を多く盛りつけてはいけない。品よくまんべんなく平らに
   盛りつけることで、ボリューム感と色合いを強調できる

2. 焼き魚を皿に盛る場合は、腹側を手前に頭を右側にする

3. 煮物は食べやすいようにあらかじめ細かく切り、平皿に盛る

4. 平皿に盛る場合、あまり皿の余白を残さず、どの角度から見ても美しいようにバラン
   スを考える

5. つま(大根、青じそ、きゅうりなど)を添えると彩りがよく、マグロの赤身やイカ、白
   身の刺身が引き立つ

6. 該当なし

正解 5

例題(16)の解説

1. 量を多く盛りつけてはいけないというルールはありません。食べやすい量、ほか
   の料理とのバランスを考え、中央を高くこんもりと盛ります。

2. 魚は「頭左」といわれるように、腹を手前にして頭が左になるよう盛りつけま
   す。

3. 煮物は汁気があるので、皿ではなく鉢などの深めの器に、真ん中を高く盛りつけ
   ます。

4. 皿などの平らな器は、皿の余白を活かし余裕をもって盛りつけます。

試験対策のポイント

盛りつけの項目は、それほど頻繁には出題されていませんが、それぞれの器の盛りつけのポイントは把握しておいたほうがよいでしょう。

2-6　旬の食材とおいしさ

例題（17）　つぎのうち、夏が「旬の盛り」となるものはどれか、適当なものを選びなさい。該当するものがない場合は、6を選びなさい。

1. サバ
2. サケ
3. アジ
4. シジミ
5. タラ
6. 該当なし

正解 3

例題⑰の解説

1. 秋が旬です。
2. 秋が旬です。
4. 春が旬です。
5. 冬が旬です。

例題（18） つぎのうち、羊羹の数え方について、適当なものを選びなさい。該当するものがない場合は、6を選びなさい。

1. 棹
2. 個
3. 枚
4. 柵
5. 杯
6. 該当なし

正解 1

例題（18）の解説

2. いちごなどの数え方です。

3. ざるそば・魚の開きなどの数え方です。

4. 刺身用の魚などの数え方です。

5. いかなどの数え方です。

同じ魚介類でも状態によって「匹」・「枚」・「切れ」、炊飯前の米は「合」や「cc」、炊飯後の飯は「膳」や「杯」などと変化するものもあります。問題文に注意して、間違わないようにしましょう。

例題（19） つぎの四文字熟語のうち、「人に厚い恩恵を施すこと」を意味するたとえとして適当なものを選びなさい。該当するものがない場合は、6を選びなさい。

1. 粗衣粗食
2. 縮衣節食
3. 食前方丈
4. 解衣推食
5. 無為徒食
6. 該当なし

正解 4

例題（19）の解説

1. 簡素な暮らしのことのたとえです。
2. 衣食を節約すること・倹約することのたとえです。
3. きわめてぜいたくな食事のことのたとえです。
5. 何もせず、働くこともせず無駄に日を送ることのたとえです。

試 験対策のポイント

四文字熟語やことわざ問題は頻出傾向にあります。昔の人の知恵がつまった理にかなうものがたくさんあり、現代の日本でも通用する、人生を生き抜くエッセンスがとても多く込められているので覚えておきましょう。

問　題

（1）盛りつけの基本で、奥を高くして前を低くする立体的な盛りつけ技法を何の法則というか、漢字2文字で答えなさい。

（2）食は薬餌であるという中国で生まれた考え方で、「薬食一如」と同様の意味を持つ言葉を何というか、漢字4文字で答えなさい。

（3）日本料理の正式な膳立て料理のことを本膳料理というが、この本膳料理を簡略化した膳立て料理のことを何というか、漢字4文字で答えなさい。

（4）スイカに塩をかけて食べると甘味が強まるような、味の相互作用のことを何というか、漢字4文字で答えなさい。

（5）茶碗蒸し・プリンなどの卵料理や豆腐料理を作るときに、蒸し時間が長すぎたり、強火にしすぎたりすることが原因で、表面や内部に細かい気泡ができてしまうことを何というか、答えなさい。

解答・解説

(1) 【正解】 山水

解説&記述対策ポイント

立体的に山と谷を作ることで、食材を引き立たせる効果があります。

(2) 【正解】 医食同源

解説&記述対策ポイント

医食同源 (いしょくどうげん) とは、日頃からバランスのとれた食事をとることで病気を予防し、治療しようとする考え方です。

(3) 【正解】 袱紗料理

解説&記述対策ポイント

本膳料理の基本献立である「一汁三菜」も、合わせて覚えておきましょう。

(4) 【正解】 対比効果

解説&記述対策ポイント

味の相互作用は、相乗効果、抑制効果、変調効果、順応効果もあります。

(5) 【正解】 すが立つ

解説&記述対策ポイント

調理用語に関する記述対策として、湯煎(ゆせん)、落しぶた、煮こごり、煮しめ、煮きる、もみじおろし、さいの目切りなどの意味も確認しておきましょう。

記述試験の傾向と対策は?

予想問題以外では、世界の料理名 (スペイン料理、フランス料理など)、五節句 (人日、上巳など)、箸使いのタブー用語 (そら箸、せせり箸など)、盛りつけに関する用語 (頭左など)、食器に関する用語 (漆器、磁器、陶器など) などの問題が過去に出題されましたのでその対策が必要です。

第 3 章

食品学

3-1　食品の分類　★★★
食品が、栄養素や色、性質、生産方法によって、さまざまな形で分類されることを学びます。

3-2　生鮮食品の表示　★★★★★
農産物、水産物、畜産物の食品表示について、各表示内容の意味や、国産、輸入品の表示方法の違いを学びます。

3-3　加工食品の表示　★★★★★
加工食品の表示方法を知り、アレルギー表示、栄養成分表示についても学びます。

3-4　加工食品の目的と種類　★★★★
食品を加工する目的や種類、加工技術を知り、加工において使用される食品添加物の表示について学びます。

3-5　遺伝子組み換え食品　★★★★
遺伝子組み換え表示が義務化された経緯や目的、表示方法について学びます。

3-6　有機農産物と残留農薬　★★
農薬を使用した農産物の流通の規制などを知り、有機栽培農産物などの概要も学びます。

3-7　食品のマークと表示　★★★
消費者が食の安全を選択する目安となるさまざまな食品マークについて、名称と意味を学びます。

※★マーク（1つ～5つ）の数が多い程、試験頻出度が高くなります。★マークが多くついているものは特に、繰り返し熟読し覚えるようにしてください。

3-1 食品の分類

Step1 基本解説

🍲 成分による分類 ・・・・・・・・・・・・・・・・・・・・・・・・・・

食品を成分で分ける場合は、大別して固形物と水分とに分かれますが、さらに以下のようになります。

▼成分による分類

食品	固形物	一般成分	有機質	たんぱく質、脂肪、炭水化物、ビタミン
			無機質	ミネラル
	水分	特殊成分	色、香り、味、酵素など	

※「日本食品標準成分表」による食品群の分類もある

🍲 栄養素による分類 ・・・・・・・・・・・・・・・・・・・・・・・・・

食品に含まれる主な栄養素をもとにして分ける場合は、3色食品群、4つの食品群、6つの基礎食品群などがあります。

● 3色食品群

いろいろな食品を上手に組み合わせ、どの食品を食べたら良いかを、3つの色に群別したものです。

この各食品群から2種類以上のものを毎食摂るようにすれば、バランスの良い食事につながります。

▼ 3色食品群

区分	働き	食品	主な栄養素
赤色	血液や筋肉をつくるもの	魚介類、肉類、牛乳、乳製品、卵類、豆類	たんぱく質
黄色	力や体温になるもの	いも類、穀物類、砂糖類、油脂類	炭水化物（糖質）、脂質
緑色	体の調子を整えるもの	緑黄色野菜、淡色野菜、きのこ類、海藻類	ミネラル、ビタミン

● 4つの食品群

　食品の80kcalにあたる量を1点として、1〜3群より各群3点ずつ計9点を優先的に摂取し、残りを主に4群から摂取し、エネルギーの調節をするという考え方です。

　男性や活動量の多い人は、主に第4群の穀物で増やしますが、第1〜3群も含めてバランスよく補うようにします。

▼ 4つの食品群

区分	分類	食品	主な栄養素
第1群	各種の栄養素に富んだもの	牛乳、乳製品、卵類	たんぱく質、脂質、ビタミンA、ビタミンB₁、ビタミンB₂、カルシウム
第2群	血液や筋肉をつくるもの	魚介類、肉類、豆類、豆製品	たんぱく質、脂質、ビタミンA、ビタミンB₂、カルシウム
第3群	体の調子を整えるもの	緑黄色野菜、淡色野菜、海藻類、いも類、きのこ類、果実	ミネラル、食物繊維、ビタミンA、ビタミンC
第4群	力や体温になるもの	穀物、砂糖類、油脂類	たんぱく質、炭水化物（糖質）、脂質

出典：女子栄養大学　四群点数法

● 6つの基礎食品群

　栄養素の特徴により、食品を6群に分類したものです。各群から2〜3品以上を上手に組み合わせることで、必要な栄養素をバランスよく摂ることができます。

▼6つの基礎食品群

区分	働き	主な供給源	食品
第1群	筋肉や骨などをつくる エネルギー源となる	たんぱく質を主な成分とする食品	魚、肉、卵、大豆、豆製品
第2群	骨や歯をつくる 体の調子を整える	カルシウムを多く含む食品	牛乳、乳製品、小魚、海藻
第3群	皮膚や粘膜を保護する 体の調子を整える	カロテンや食物繊維を多く含む食品	緑黄色野菜
第4群	体の調子を整える	ビタミンCやカルシウムを含む食品	淡色野菜、果実
第5群	エネルギー源となる 体の調子を整える	炭水化物を主な成分とする食品	穀物、いも類
第6群	エネルギー源となる	脂質を主な成分とする食品	油脂類

植物性食品と動物性食品による分類

食品を植物性、動物性で分類する方法です。

植物性食品：穀類、いも類、豆類、野菜類、果実類、きのこ類、海藻類、種子類など
動物性食品：肉類、魚介類、卵、乳、乳製品など

酸性・アルカリ性食品による分類

健康を維持、増進するための分類とは異なりますが、食品を燃やして残った灰を水に溶かした溶液の性質で分類する方法です。

酸性食品：肉、魚、米など
アルカリ性食品：野菜、果物、大豆、海藻など

生産形態による分類

「生鮮」か「加工」かといった、生産方法による分類です。生鮮食品（農産物、水産物、畜産物、林産物）と、加工食品とに分かれます。

> 生鮮食品：鮮魚、生肉類、生野菜、果物などの加工をしていない食品
>
> ・農産物………穀類、いも類、豆類、野菜類、果実類など
>
> ・水産物………魚介類、水産ほ乳類（鯨など）、水産動物（イカ類、タコ類など）、海藻類など
>
> ・畜産物………獣鶏肉類、乳類、卵類など
>
> ・林産物※……きのこ類、山菜類など
>
> 加工食品：生鮮食品などを製造、または、加工した飲食料品
>
> ・調味料、飲料、菓子類、一般食品など

第3章

Step1

基本解説

※林産物は、農産物に含めて、生鮮3品（農産物、水産物、畜産物）と表すことが多い。

　生鮮食品か加工食品は、生産形態による分類として分けられますが、食品の分類として詳細に分ける場合には、以降のように、何を加工と捉えるかを知り、生鮮食品扱いとなるのか、加工食品扱いとなるのかの判別が正しくできるようになる必要があります。

　現在は、生の食材だけでなく、調理を簡単にするために少しだけ加工を施した食品や、完全に火が通されてそのまま食べられるものまで、様々な形態の食品があります。食品の安全の目安となる食品表示は、生鮮食品か加工食品かで表示内容がことなるため、様々な形態での食品を正しく区別できるようになりましょう。

▼生鮮食品と加工食品の区別

	農産物	水産物	畜産物
生鮮食品の扱い	・単品、または単品を切っただけのもの （例）トマト、きゅうり、みかん、いちごなどの単品、カットされたトマト ・同じ種類の農産物が1つのパックになったもの （例）紫玉葱のスライスと、玉葱のスライスが一緒になったパック	・単品、または単品を切っただけのもの （例）アジ、サンマ、生のエビ、イカなどの単品。サケ・タラなど味つけ処理をしていない切り身。マグロなど単品の刺身 ・同じ種類の水産物が1つのパックになったもの （例）マグロの赤身とマグロの中トロの刺身の盛り合わせ	・単品、または単品を切っただけのもの （例）牛肉、豚肉、鶏肉などの切り分けたもの ・同じ種類の畜産物が1つのパックになったもの （例）牛カルビと牛ロースが一緒になった焼き肉セット

加工食品の扱い	・異なった種類の農産物が1つのパックになったもの （例）複数の野菜が一緒に入ったサラダ ・塩漬け（塩蔵）や乾燥させたもの （例）塩蔵ゼンマイ、干しいも、ドライトマト ・茹でたり、蒸したり、熱を通したもの （例）焼きとうもろこし、茹でた枝豆	・刺身の盛り合わせ （例）イカ、タコ、マグロの3種盛り ・表面を炙ったり、衣をつけたもの （例）カツオのたたき、パン粉つきのエビフライ ・味付け処理した切り身 （例）塩サケ、鯛の粕漬 ・油で揚げたり、熱を通したもの （例）煮つけ、エビのボイル、エビフライ種 ・塩漬け（塩蔵）や乾燥させたもの （例）イカの塩辛、サンマの開き	・異なった種類の畜産物が1つのパックになったもの （例）牛と豚の合いびき肉、牛と豚の焼き肉セット ・味付け処理したもの （例）豚肉のみそ漬け ・表面を炙ったり、衣をつけたもの （例）牛肉のたたき、豚カツ用のパン粉つきの豚肉 ・油で揚げたり、熱を通したもの （例）鶏のから揚げ、ローストビーフ

　異種混合は加工食品に分類されるのに対して、前記表にもある紫玉葱と玉葱、マグロの中トロと赤身、牛カルビと牛ロースのような同種類の生鮮食品が一緒の状態は同種混合といい、単品と同じく生鮮食品として扱います。

その他の分類方法

献立による分類：主食・汁物、副食（主菜・副菜）

用途による分類：調味料、冷凍食品、インスタント食品、レトルト食品、

カテゴリーでの分類：生鮮食品、加工食品（グローサリー）、チルド食品、日配品、菓子、デザートなど

 試験予想Check!

食品の分類については、過去に生産方法による分類や植物性食品と動物性食品による分類、カテゴリーでの分類などの問題が出題されています。今後も注意しておきましょう。

Step2 「食品の分類」の要点チェック✓

チェック欄
1回目 2回目

□／□ 食品に含まれる主な栄養素での分類方法として、（ **3色食品群** ）、4つの食品群、（ **6つの基礎食品群** ）などがあります。また食品を（ **成分** ）で分ける場合は、（ **固形物** ）と（ **水分** ）に大別します。

□／□ 4つの食品群は、食品の（ **80** ）kcalにあたる量を（ **1** ）点として、1〜3群より各群（ **3** ）点ずつ計（ **9** ）点を摂取し、4群でエネルギーの調節をするような考え方です。

□／□ 4つの食品群の分類として、第1群は各種の（ **栄養素** ）に富んだもの、第2群は（ **血液** ）や筋肉をつくるもの、第3群は（ **体** ）の調子を整えるもの、第4群は力や（ **体温** ）になるものです。

□／□ 食品を野菜類、果実類、豆類、穀類といった（ **植物性食品** ）と、肉類、魚介類、乳類、卵類という（ **動物性食品** ）とに分ける分類方法があります。

□／□ 食品を（ **生産** ）形態で分類すると、農産物、（ **水産物** ）、畜産物、（ **林産物** ）、（ **加工食品** ）に分類されます。林産物には、（ **きのこ** ）類、山菜類などがあります

□／□ 生野菜や果物、鮮魚、精肉など加工していない食品のことを（ **生鮮食品** ）といい、（ **農産物** ）、水産物、（ **畜産物** ）があります。

□／□ 食品を乳児食品、健康食品、調味料などに分けるのは（　**用途**　）による分類で、生鮮食品、加工食品、菓子、デザートなどの分け方は、（　**カテゴリー**　）による分類です。

□／□ 食品を燃やして残った灰を水に溶かした溶液の性質で分類するには、肉・魚・米などの（　**酸性食品**　）と、野菜・果物・大豆・海藻などの（　**アルカリ性食品**　）に分ける方法があります。

□／□ 同種類の生鮮食品が一緒の状態となった同種混合は（　**生鮮**　）食品として扱われますが、2種類以上の異なる生鮮食品が一緒の状態となった異種混合は、（　**加工**　）食品として扱われます。

□／□ 生鮮食品と加工食品の区別として、アジのたたき、カツオのたたき、衣のついた揚げるだけのフライ種、牛と豚の合い挽き肉のうち、（　**生鮮食品**　）扱いとなるものは、（　**アジのたたき**　）だけです。

3-2 生鮮食品の表示

頻出度 ★★★★★

Step1 基本解説

☕ 食品の表示制度

　食品表示は、消費者が食品を購入する際に正しい選択をするために必要な情報です。従来はJAS法、食品衛生法、健康増進法の3つの法律により食品表示のルールが定められていましたが、2015年4月に施行された**食品表示法**によりルールが統合されてわかりやすいものとなりました。新たに定められた食品表示基準には、具体的な表示方法が定められています。

☕ 生鮮食品の表示

　表示は、容器包装の見やすい箇所、または商品に近接した場所に立て札、POP等に表示します。原産地は、**日本語（ひらがな、カタカナ、漢字）で表示**します。

　なお、外国語やアルファベットを用いた略称は認められていません（例えば、アメリカ、米国、豪州などは可能ですが、USA、オージービーフという表示は認められていません）。

　以降に、生鮮食品である、農産物、水産物、畜産物の表示方法について、それぞれ説明します。

☕ 農産物の表示

> 必要な表示事項　「名称」と「原産地」

　原産地は、国産品は**都道府県名**を表示します。**輸入品は原産国名**の表示が必要です。一般的によく知られている地名が産地の場合は、原産国名または都道府県名に代えて表示することができます。

> 例：フロリダ、カリフォルニア、甲州、夕張、嬬恋など

　なお、複数の原産地で同じ種類の農産物の混合をしている場合は、**全重量に占める割合が多いものから順に、すべての原産地を表示**します。

> 例：トマト　熊本・長野
> （熊本県から7割、長野県から3割を仕入れたという場合の表示。割合は任意の数字例）

※店内で次亜塩素酸ナトリウム水溶液などを使用して殺菌洗浄処理した場合でも、農産物に変化を与えないため、生鮮食品となる。

☕ 水産物の表示

> 必要な表示事項　「名称」と「原産地」、「解凍」、「養殖」

　原産地を特定することが難しい場合は、「**水域名**」を表示することができます。水域名での表示も困難な場合は、「**水揚げした港名**」または「**その港が属する都道府県名**」を原産地とします。

　国産品、輸入品ともに、冷凍したものを解凍して販売する場合は**解凍**の表示、養殖されたものを販売する場合は**養殖**の表示が必要です。**輸入品については原則、原産国名**を表示しなければいけません。

　養殖の場合は「養殖場が所属する都道府県名」での表示になります。

　房総沖、太平洋はOKですが、近海や遠洋という表示は認められていません。

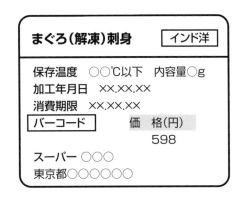

畜産物の表示

必要な表示事項 「名称」と「原産地」

　国産品の場合は、原則として**国産ま**たは**国内産**と表示しますが、**都道府県名**や**市町村名**を表示することもできます。**輸入品は必ず、原産国名を**表示しなければなりません。

　名称には、食肉の種類（牛・豚・鶏など）を表示し、その他、部位や用途なども食の業界が自主的にルールを決めて表示しています。

和牛ロース	国産
保存温度　　4℃以下　内容量○g	
加工年月日　××.××.××	
消費期限　　××.××.××	
バーコード　　価　格（円）	
1,380	
スーパー　○○○	
東京都○○○○○○	

　一般的によく知られている地名における飼養の場合、国産品に限り、その飼養地を原産地名として表示することが認められています（例：松坂、米沢、神戸など）。

● **国産表示**

　畜産物の原産地は、**一番長く飼養された場所**を指します。輸入された畜産物でも、飼養期間が外国より日本のほうが長い場合は、「国産」となります。よって、国産と表示されていても、日本生まれの日本育ちとは限りません。

● **和牛とは?**

　和牛とはブランドのような呼称で、日本産まれ、日本育ちの**黒毛和種**、**褐毛和種**、**日本短角種**、**無角和種**の４種類と、これら品種間の交配による交雑種を総称したものです。

※「和牛」のみでは原産地表示の代わりにはならない。

玄米および精米の表示

　玄米および精米は生鮮食品に区分されるので、包装容器やパックには名称と原産地の表示が必要となります。また、それ以外にも以下の表示が必要です。

▼玄米および精米の表示内容

表示項目	内容
名称	玄米および精米の名称を表示する (例) 精米 (生産された該当年の12月31日までに梱包された精米に限り、「新米」と表示することが可能)
原料玄米	・単一原料米　…　産地、品種、産年を表示する ・ブレンド米　…　産地、品種、産年、使用割合を表示する (例) 単一原料米 　　　単一原料米 　　　新潟県　コシヒカリ　××××年産 (例) ブレンド米 　　　複合原料米 　　　国内産　　　　　　　　　　　　　　　100% 　　　△△県　□□□□□　××××年産　　80% 　　　△△県　☆☆☆☆☆　××××年産　　20%
内容量	重量を表示する (例：10kg)
精米年月日	精米した年月日を表示する (例：2013年5月20日)
販売者	氏名、住所、電話番号を表示する (例：○○○株式会社 　　　△△△県△△△市△△△町△△△番地 　　　電話：×××－×××－××××)

試験予想Check！

　生鮮食品の表示に関する問題は、必ず毎回出題されています。生鮮食品の各表示の必要事項、違いについては（畜産物は農産物と違って、輸入された場合は必ず原産国名でなければならないことなど）、要チェックです。
　また、タブーとされている表示の具体例についても押さえておいてください。

Step2 「生鮮食品の表示」の要点チェック ☑

□／□ 生鮮食品の表示については、容器包装の見やすい箇所または商品に（ **近接** ）した場所に、立て札、（ **POP** ）等に表示することも可能です。

□／□ 農産物の必要な表示事項は（ **名称** ）と（ **原産地** ）で、国産品は（ **都道府県名** ）、輸入品は（ **原産国名** ）の表示が必要です。一般的によく知られている地名が産地の場合は、原産国名または都道府県名に代えて、フロリダ、甲州などのように（ **地名** ）で表示することができます。

□／□ 複数の原産地で同じ種類の農産物の混合をして販売する際は、全重量に占める割合が（ **多いもの** ）から順に、（ **すべて** ）の原産地を表示します。

□／□ 水産物の表示において国産品、輸入品ともに、冷凍したものを解凍して販売する場合は（ **解凍** ）表示、養殖されたものを販売する場合は（ **養殖** ）表示が必要です。

□／□ 水産物の表示で可能なのは、「房総沖」、「近海」、「遠洋」、「太平洋」の中では、（ **房総沖** ）と（ **太平洋** ）です。

□／□ 輸入された畜産物は、（ **飼養期間** ）が外国より日本のほうが（ **長い** ）場合は、（ **国産** ）となります。

□／□ 和牛と呼ばれるものは（ **黒毛和種** ）、（ **褐毛和種** ）、日本短角種、（ **無角和種** ）の4種類があります。

3-3 加工食品の表示

頻出度 ★★★★★

Step1 基本解説

加工食品の表示

消費者に販売されている加工食品の中で、品質表示基準が適用される商品は、**「容器に入れたもの」**または**「包装されたもの」**です。加工食品に表示すべき事項は、(1) **名称** (2) **原材料名** (3) **内容量** (4) **期限表示** (5) **保存方法** (6) **製造者**、の6つですが、場合によっては原産国名 (輸入品のみ)、アレルギー物質を含む旨、遺伝子組み換え食品を使用した旨、等が必要になります。

▼加工食品の表示

表示項目	内容
名称	内容物を表す一般的な名称、種類、種類別名称を表示する (商品名とは異なる)。
原材料名	食品添加物以外の**原材料と食品添加物の区分**ごとに、**それぞれ重量の多いものから順**にすべて表示する。または「添加物」の項目を別に設ける。
内容量	基本的には、**重量** (g・kg)、**体積** (ml・l) で表示する。**枚数** (食パンなど)、**個数** (菓子パンなど) でも可能 お弁当やおにぎり、サンドイッチなどについては、1食、1人前の表示ができる。個数が外見上わかるといった理由から、内容量の表示を省略することができる
期限表示	**消費期限と賞味期限**とのどちらかを表示する。いずれも未開封の状態で、定められた保存方法により保存した場合の期限である
保存方法	「高温、直射日光を避け、常温で保存」などのような表示
製造者	「製造者」「加工者」「販売者」などの**氏名**と、その連絡先である**住所**を表示。輸入品の場合は、輸入者名で表示されていることもある。製造者等の電話番号は任意表示である

※原料原産地表示が必要な加工食品に該当するものは「原料原産地名」を「原材料名」と「内容量」の間に表示する。業務用のみに販売される食料品の表示義務事項には、別の規定がある。

※食品によっては上の6つの表示項目のほかに、調理方法、使用上の注意、使用方法などが表示されているものもある。

170　●第3章　食品学

原材料名で留意すべき複合原材料と、表示内容が消費期限と賞味期限とに分かれる期限表示について、以下に詳しく説明します。

● 複合原材料

複合原材料とは、**原材料が2種類以上からなる原材料**のことです。例えば、煮物は複数の原材料から成り立っていますが、この「煮物」が複合原材料の名称となります。複合原材料の名称の次に括弧をつけて、それを構成する原材料を**重量の多いものから順**に以下のように表示します。

▼里芋が30%、昆布が25%、にんじんが25%、椎茸が16%、いんげん4%の煮物の場合

> 原材料名　:　煮物（里芋、昆布、にんじん、椎茸、その他）

※原材料が3種類以上使われており、かつ、複合原材料に占める重量の割合が3番目以降で、**5%未満**のものについては「その他」と表示することができる。

▼期限表示

消費期限 年月日で表示 例： 弁当、サンドイッチ、惣菜、生菓子類、食肉、生麺類、生カキなど	・定められた方法により保存した場合、腐敗、変敗その他の品質の劣化に伴い安全性を欠くおそれがないと認められる期限を示す年月日 ・製造日を含めて、おおむね5日以内で品質が急速に劣化する食品が対象 ・食品によっては、販売したその日を消費期限にしているものもある
賞味期限 年月日と年月（3ケ月を超えるもの）で表示 例： 牛乳、乳製品、ハム、ソーセージ、冷凍食品、即席めん類、清涼飲料水など	・定められた方法により保存した場合、期待されるすべての品質の保持が十分に可能であると認められる期限を示す年月日 ・品質が急激には劣化せず、品質が保持される期間が比較的長いものに表示される ・期限を過ぎても直ちに「食べられなくなる」ということではない

※以前は、賞味期限と同じ意味の品質保持期限という表示が使われていたが、消費者にとってはわかりにくいということで、2005年7月31日より「賞味期限」に統一された。

☕ 製造年月日と加工年月日 ・・・・・・・・・・・・・・・・

　現在の期限表示は消費期限または賞味期限ですが、以前は原則として、製造年月日または加工年月日を表示することになっていました。改訂となった理由の1つとしては、消費者は新しい食品を購入したいという思いから、日付の新しいものを選びがちです。そのため、輸入品の場合、海外で製造や加工された食品は製造年月日や加工年月日が国内で製造・加工された日よりも古いため、輸入品は不利になるといったことがあります。しかし、製造技術も加工技術も進む現在では、製造日や加工日よりも、消費期限・賞味期限を表示するほうが適当であり、表示の改訂となりました。

　しかし、製造日や加工日が一切表示されなくなったわけではなく、コンビニエンスストアの商品には、商品を加工した日や時間などが表示されています。これらは**食品を商品としてパッケージし終えた日時**ですので、調理した日時とは異なる場合もあり、解釈に注意が必要です。

　なお、消費期限や賞味期限、製造年月日や加工年月日は、期限は科学的、合理的な根拠に基づき、さらに安全も考慮のうえ、**製造者メーカーの責任**で期限を設定しています。

☕ 加工食品の原料原産地表示 ・・・・・・・・・・・・・・

● 以前は

　原料の原産地表示が必要なものは、JAS 法の改正前までは生鮮食品と一部の加工食品の原材料だけでしたが、2011年の改正後は、**生鮮食品に近い加工食品**（全部で22食品群）も対象になり、原料の原産地表示が義務づけられました。

※22食品群以外に以前から表示が義務づけられていた「農産物漬物、ウナギの加工品、鰹節、野菜冷凍食品」の個別4品目についても、原料原産地表示が必要だった。

● 新たな原料原産地表示がスタート

　2017年9月1日に新たな原料原産地表示がスタートし、「すべての加工食品に原料原産地が表示」されることになりました（2022年3月31日までは食品メーカー等が準備するための猶予期間を定めていました）。

　新たな原料原産地表示にともない、おにぎり（米飯類を巻く目的で、のりを原材料として使用しているものに限る）が追加され、上記の個別4品目が個別5品目（農産

物漬物、ウナギの加工品、鰹節、野菜冷凍食品、おにぎり）となりました。

　「新たな原料原産地表示」の対象は、輸入品以外のすべての加工食品で、その原材料のうち、重量の比率が第1位となるものに限られます。

　「原料原産地表示が必要な22食品群」と**「個別5品目」**については、原材料に占める重量の割合が**上位1位の原材料で、かつ重量の比率が50%以上**の際に表示義務が生じます。

▼22食品群

農産物
1. 乾燥させた、きのこ類、野菜、果実
2. 塩蔵した、きのこ類、野菜、果実
3. 茹でた、きのこ類、野菜、豆類
　　蒸した、きのこ類、野菜、豆類、餡
4. 異種混合した、カット野菜、果実、きのこ類
5. 緑茶、緑茶飲料
6. 餅
7. 炒った、落花生・豆類
8. 黒糖、黒糖加工品
9. こんにゃく

水産物
10. 干した、（素干／塩干／煮干）魚介類、昆布、
　　干した、海苔、焼いた海苔、その他干した海藻類
11. 塩蔵した、魚介類・海草類
12. 調味した、魚介類・海草類
13. 昆布巻き
14. 茹でた、魚介類・海草類
　　蒸した、魚介類・海草類
15. 表面を炙った魚介類
16. 揚げ物用として衣をつけた魚介類

畜産物
17. 調味した食肉
18. 茹でた、食肉、食用鳥卵
　　蒸した、食肉、食用鳥卵
19. 表面を炙った食肉
20. 揚げ物用として衣をつけた食肉
21. 合い挽き肉、その他異種混合した食肉

その他
22. 上記4と21のほか、生鮮食品を異種混合したもの（鍋物用セット等）

▼加工食品の表示例

名　　称	お弁当

原材料名　ご飯、煮物 (にんじん、じゃがいも、いんげん、れんこん、しいたけ、その他)、厚焼卵、レタス、のり/調味料 (アミノ酸等)、酸化防止剤 (V.C)

内 容 量　300g
消費期限　2013.1.15
保存方法　直射日光、高温多湿を避け、お早めにお召し上がりください
製 造 者　○△株式会社　栃木県○○市○町2-5

食品表示の省略

以下の条件により、食品表示の一部を省略することができます。

▼食品表示が省略可能なもの

省略できる条件	省略可能な表示項目
容器または包装の総面積が30cm^{2}以下であるもの	原材料名、原料原産地名
原材料が1種類のもの (缶詰、食肉製品は除く)	原材料名
外見上、個数が確認できたり、「1食」や「1人前」が一般的なもの (弁当、おにぎり、サンドイッチなど)	内容量
品質の劣化がきわめて少ないもの (砂糖、食塩、アイスクリーム、チューインガムなど)	期限、保存方法
常温で保存すること以外に保存方法に留意すべき特段の事項がないもの	保存方法

加工食品の表示対象外

加工食品の表示は、あらかじめ箱や袋で包装されている加工食品や、缶詰やびん詰食品が表示対象ですが、次の場合は表示の対象外となります。

・店内または同一敷地内で製造、加工され、その場で一般消費者に販売される
　もの。または、その場で飲食されるもの

・店内のバックヤードで加工している調理品を容器に入れて包装したもの
　(店頭で量り売りされる総菜・パン、注文してからつくる弁当など)

アレルギー表示

　アレルギー体質の人の体内に入るとアレルギーを引き起こす原因となる物質のことを、**アレルゲン**といいますが、このアレルゲンが入ることで起きる病気がアレルギーです。特に子どもは大人にくらべ、食物アレルギーを起こしやすいといわれています。子どもは消化管の粘膜の抵抗力が弱いため、少しの刺激でも敏感に反応して、アレルギー症状が出やすいのです。

　しかし、近年では子どもから大人まで、特定の食品が原因でアレルギー症状を起こす人が増えています。

　特に、血圧低下、意識障害、呼吸困難、じんましんなどの重篤な症状の状態で、死に至ることもある**アナフィラキシーショック**という重篤な状態を引き起こす訴えが多い食品は、特定原材料とされています。アレルギーの原因となる**特定原材料7品目**の食品容器包装への表示義務づけ※と、「**特定原材料に準ずる20品目**」の表示の奨励がされています。

※3大アレルゲン：小麦・卵（鶏卵）・乳（牛乳）を3大アレルゲンという。
※特定原材料7品目の表示義務
　ただし、加工食品1kgに対して、数mg以下の場合は表示義務がなく、表示されていない場合がある。

▼特定原材料7品目

　卵、乳、小麦、エビ、カニ、落花生（ピーナッツ）、ソバ

※以前は卵・乳・小麦・ソバ・落花生（ピーナッツ）の5品目だったが、2008年6月3日からエビ・カニが追加された。

▼表示の奨励されている食品（20品目）

あわび、イカ、いくら、オレンジ、キウイフルーツ、牛肉、鶏肉、豚肉
クルミ、サケ、サバ、大豆、まつたけ、桃、山芋、りんご、ゼラチン
バナナ、カシューナッツ、ゴマ

栄養成分表示

　これまで栄養成分表示は、健康増進法に基づき定められた栄養表示基準で、企業の任意表示でしたが、2015年4月1日より、「食品表示法」により新たな食品表示基準が定められ**義務化**されました。表示には、以下のような一定のルールがあります。

　新たな食品表示基準により以下の⑤番目の項目は、以前は「ナトリウム」と表示していましたが、「食塩相当量」で表示されることになりました（ナトリウムと食塩相当量を併記した表示も認めています）。

▼表示内容

①熱量（エネルギー）
②たんぱく質
③脂質
④炭水化物
⑤食塩相当量

　①〜⑤の順番で表示します。その次に他の栄養成分、例えばカルシウムやビタミンCなどを表示します（商品アピールとして、その食品のもつ栄養素のうち優れている栄養素を表示することがあります）。また、これらの含有量も必ず表示します。

● 表示単位

　100gまたは100ml、1食分、1包装、1箱、1枚、1粒など、当たりで表示します。

▼栄養成分表示の例

栄養成分表示（100g当たり）	○ g
エネルギー	○ kcal
たんぱく質	○ g
脂質	○ g
炭水化物[※1]	○ g
食塩相当量[※2]	○ g
ビタミンC	○○mg

※1 炭水化物は、糖質と食物繊維の2つに分けて表示することも認められている。
※2 食塩相当量の計算方法は、「食塩相当量(g)＝ナトリウム(mg)×2.54÷1000」となる。

　なお、栄養成分の含有量は、製造者（メーカー）が、すべての責任を負って表示することになっています。

※食品表示の詳細については、消費者庁のホームページを参照。

試験予想Check！

アレルギー表示に関する問題は、ほぼ毎回出題されています。原材料表示の奨励されている食品のすべてを覚える必要はありませんが、特定原材料7品目に関してはすべて覚えるようにしましょう。栄養成分表示もよく出題されています。

チェック欄
1回目 2回目

□／□ 加工食品に表示すべき必要事項は、名称、（ **原材料名** ）、内容量、
（ **期限表示** ）、（ **保存方法** ）、製造者の6つです

□／□ 加工品の原材料は、食品添加物以外の原材料と食品添加物の区分ごと
に、（ **重量の多いもの** ）から順に表示します。

□／□ 原材料が（ **2** ）種類以上からなる原材料のことを、（ **複合原材料**
 ）といいます。

□／□ 原材料が（ **3** ）種類以上使われており、複合原材料に占める重量の
割合が（ **3** ）番目以降で（ **5** ）％未満のものについては、「その
他」と表示することができます。

□／□ 製造日を含めておおむね（ **5日** ）以内で品質が（ **急速に劣化** ）
する食品には、（ **消費期限** ）がつけられます。

□／□ （ **賞味期限** ）は品質が急激には劣化せず、品質が保持される期間が
比較的長いものに表示されます。期限を過ぎても直ちに（ **食べられ
なくなる** ）ということではありません。

□／□ 製造年月日と加工年月日は、コンビニエンスストアなどでは、商品を加
工した日や時間などが表示されています。これらは（ **パッケージ** ）
し終えた日時ですので、（ **調理** ）した日時とは異なる場合もあり、解
釈に注意が必要です。

□／□ （　**生鮮食品に近い**　）加工食品の２２食品群と（　**個別５品目**　）は、原材料に占める重量の割合が（　**上位１位**　）の原材料で、かつ重量の比率が（　**５０**　）％以上の際に、原材料の（　**原産地表示**　）の義務が発生します。

□／□ アレルギーを引き起こす原因となる物質のことを（　**アレルゲン**　）といい、大人よりも子どものほうがアレルギーになりやすい。

□／□ 呼吸困難、意識障害などの重篤なアレルギーのことを（　**アナフィラキシーショック**　）といいます。

□／□ （　**栄養成分表示**　）は、以前は健康増進法に基づき定められ、企業の任意表示でしたが、（　**食品表示法**　）により２０１５年４月１日から、新たな食品表示基準が定められ（　**義務化**　）されました。

□／□ 栄養成分表示の主要５項目には（　**エネルギー**　）、（　**たんぱく質**　）、脂質、（　**炭水化物**　）、（　**食塩相当量**　）があり、この順番で表示します。また、（　**含有量**　）を必ず表示します。

3-4 加工食品の目的と種類

頻出度 ★★★★

Step1 基本解説

食品の加工目的

食品を加工することの必要性や利点を、次のようにまとめました。

▼食品の加工目的

貯蔵性（保存性）の向上	水分を含んでいる場合、常温で放置すると腐敗し、食べられなくなる食品があるが、加工することで長時（期）間保存ができるようになる
食べやすさの向上	切ったりやわらかくしたりして、大きさや形、固さを変えたり、加熱することで、もとの食品より食べやすくすることができる
嗜好性の向上	加工することで、原材料より優れたおいしさを持つものに変えることができ、価値を高めることができる
栄養価の向上	加熱処理などにより、消化吸収率を高めて栄養素を効果的に利用できるようにする。それにより、栄養価を高めることができる。また、必須アミノ酸を加えてたんぱく価を高めたり、ビタミンやミネラルなどを添加することでも、栄養価が高まる
安全性の確保	食べることができない部分や有害な部分を取り除くことで、安全な食品を提供することができる。また、加工することで、急速な腐敗や劣化を防止できる
簡便性	加工することで、消費者の調理の手間を省けるようになる
輸送性	加工することで、運びやすくする
価格下落の制限	農産物は、旬である最盛期と旬外れでは価格が異なったり、生産過剰となった場合には価格が下落したりする。そのため、収穫したものの一部を加工して蓄えたりして、販売量を調整することで、収穫期以外でも販売できるなどの期待がもてる。ただし、価格の下落は営業面からの視点であり、本来の食品加工の目的とは異なる

食品加工の技術

加工の技術については、大きく次の4つに分けられます。

● 物理的な加工方法

食品そのものが変化しない加工方法です。

米や小麦の粉末化（製粉や粉砕）、魚の開きや干し柿の乾燥などがあげられます。また、これらの加工法を組み合わせたものもあります。

（例）粉砕、乾燥、加熱、凍結、燻煙（くんえん）など

● 生物的な加工方法

食用微生物の作用によって好ましい成分や性状を作り出す加工方法です。発酵を利用して加工します。

（例）カビ（青カビなど）、酵母（ビール酵母など）、細菌類（乳酸菌など）など

● 化学的な加工方法

食品そのものの変化をともなう加工方法です。加水分解、中和、酸化、その他、化学的な変化を利用します。

（例）ブドウ糖、果糖、液糖など

● その他

含気調理、真空調理、無菌充てんシステムなどがあります。

主な加工食品の種類

食品加工技術の向上によって、様々な加工食品が市販されていますが、主な加工食品の種類は次の通りです。

● **冷凍食品**

前処理（加熱などの殺菌）を施し、急速冷凍をした規格食品です。

日本冷凍食品協会が定義する条件は、以下の通りです。

▼**冷凍食品の5つの条件**

①前処理で捨てる部分や無駄がなく、調理の手間がかからないこと

②急速に冷凍することで組織の破損が少なく、解凍した際に、おおむね元の状態にもどること

③包装には必ず食品表示し、包装することで劣化や汚染が防げること

④−18℃で管理することで、品質が保存料無しで1年間保てること

⑤貯蔵性、便利性、安全性、品質の均一性、価格の安定性など、商品の特性をもつこと

※食品衛生法では、−15℃以下としている。

　規格上の品質要件は、原料品質、冷凍技術、保存条件などがあります。冷凍後の解凍や再冷凍の繰り返しや乾燥させることは、食品の状態が変化し劣化が著しくなる可能性があるため避ける必要があります。

（品種例）ギョーザ、ハンバーグ、コロッケ、エビフライ、ピラフ、麺類、ケーキなど

※冷凍食品の解凍方法：水による流水解凍、室温での自然解凍、電子レンジによる高周波解凍、湯煎による加熱解凍などがあり、食品の種類やその後の調理によって方法を使い分ける。

● **チルド食品**

　前処理（加熱などの殺菌）を施し、冷凍寸前の温度帯で流通販売される食品です。

　保存は−5℃～5℃となっており、この温度帯は食品の**凍結点**※である−5℃～−3℃と、**有毒細菌**の発育を阻止する温度の限度である3～5℃の間を指すものです。

（品種例）牛乳、チーズ、ヨーグルト、バター、プリン、ゼリーなど

※凍結点：食品の水分が固まり始める温度のこと。

● レトルトパウチ食品

　調理済み食品を、気密性及び遮光性を有する容器（プラスチックフィルムとアルミ箔を積層したもの）で密封し、**高圧加熱殺菌**した食品です。常温で流通します。

　120℃で4分以上の加熱殺菌を行うことにより、一般的な食中毒細菌の殺菌はこれで可能となります（より耐熱性の高い菌は存在するので、無菌となるわけではありません）。

> （品種例）赤飯、カレー、パスタソース、調理済みの食品など

※パウチ：「小さな袋」という意味で、食品を密閉する袋（容器）のこと。

● 無菌化包装食品

　無菌充填包装食品ともいいます。包装資材と中に入れる食品をそれぞれ殺菌し、無菌状態で包装するものです。レトルトパウチ食品のように、包装後に加熱処理していないのが特徴です。

　多くの食品は、加熱処理をすることで風味の低下や変色などが生じる場合があるため、なるべく加熱を避けたいところ。そこで考えられたのが、無菌化包装食品です。

> （品種例）ロングライフ（LL）牛乳、白飯、チルドデザート

● 缶詰、びん詰め

　調理済み食品を、気密性及び遮光性を有する容器（缶やびん）で密封し、**高圧加熱殺菌**した食品です。常温で流通します。食材によって加熱処理は異なり、果物、ジャムなどの缶・びん詰は、酸が多いため、100℃以下でしかも短い時間で殺菌でき、デリケートな味や香りもよく残り、ビタミンも保存できます。野菜、魚、肉などの場合は、100℃以上の温度で時間をかけて殺菌することが必要です。

> （品種例）野菜食材、水産缶（サバやサンマなど）、果実缶（ジャム、デザートなど）

● **真空調理食品**

　生または前処理（焼き目をつけるなど）した食材をフィルムで真空密封した後、急速冷却を施した食品です。1979年にフランスで開発されたフォアグラのテリーヌの調理のため開発された調理法です。この加工により、食材の風味や旨味を逃さず、おいしさが復元できるといわれています。

> （例）フォアグラのテリーヌ、ローストビーフなど

● **インスタント食品**

　熱湯、水、牛乳などを注ぐなど、手間をかけずに短時間で簡単に調理ができるように、加工された食品です。加熱また凍結乾燥などの処理を施してあります。

> （品種例）コーヒー、即席麺、即席みそ汁、お茶漬け海苔など

● **水産ねり製品、ソーセージ**

　畜肉、魚肉などに食塩を入れてすりつぶし、ゲル状にして加熱加工を施す食品です。これにより、弾力のあるねり製品ができます。

> （品種例）薩摩揚げ、かまぼこ、ソーセージ※など

※ソーセージとは、すりつぶした肉や内臓を腸に詰め、保存できるよう処理（燻煙法など）したものの総称で、腸詰めともいう。

● **菓子類**

　味覚の調整や、食感などを工夫するなどして、嗜好品として製造・調理された菓子類も、典型的な加工食品です。

> （品種例）和菓子、洋菓子、スナック菓子など

● 飲料

飲料物の加工については、「アルコール飲料」と「非アルコール飲料」との2つがあります。

▼アルコール飲料

分類	製造方法	例
醸造酒	原料をアルコール発酵させて、発酵液をそのまま、あるいはろ過して製品としたもの	清酒、ビール、ワイン、紹興酒など
蒸留酒	醸造酒を蒸留したもので、蒸留によりアルコール度数は高くなる	焼酎、ブランデー、ウイスキー、ジン、ウォッカなど
混成酒	醸造酒や蒸留酒に香料、甘味料、調味料、色素などを混合したもの	みりん、リキュールなど

▼非アルコール飲料

分類	製造方法	例
果実飲料	果実を絞ってつくられた飲料で、果汁100%である場合だけがジュース[1]と表示できる。果汁を薄めて砂糖などを加えたソフトドリンクも、これに含まれる	果汁シロップなど
炭酸飲料	炭酸を含んだ食用の液体で、炭酸ガスの気泡がはじけ、清涼感がある	サイダー、ラムネ、コーラなど
牛乳	生乳（摂取したままの牛の乳）100%を使用し、成分無調整で殺菌したもの	牛乳
加工乳	生乳や牛乳、または生乳や牛乳を原料として造られた乳製品[2]でつくられたもの	
乳飲料	牛乳や脱脂乳などを主原料にして、香料、甘味料などを加えて飲みやすくした飲料	コーヒー乳飲料、フルーツ乳飲料など
乳酸飲料（乳酸菌飲料）	乳酸菌または酵母で、生乳、牛乳、乳製品を発酵させたものを主原料とした飲料。乳酸飲料の多くは、脱脂乳、脱脂粉乳が使用され、香料や糖分を加え、加熱殺菌する	
アルカロイド飲料	カフェインやテオブロミンなどのアルカロイド（窒素を含む塩基性の有機化合物の一群）を含む飲み物で、その薬理作用や香りなどで、気分を爽快にさせる作用がある	コーヒー、ココア、チョコレート、緑茶、ウーロン茶など

※1 ジュース
　　ストレートジュース（果実を搾ったそのままのもの）と、濃縮還元ジュース（水分だけを蒸発させて濃縮した果汁を、商品化の際に水で戻して果汁100％の状態にしたもの）がある。
※2 乳製品
　　全粉乳（生乳、牛乳からほとんどの水分を除去し粉末にしたもの）、脱脂粉乳（生乳、牛乳、特別牛乳から、乳脂肪分を除去後に、ほとんどの水分を除去し粉末にしたもの）、クリーム、バターなどを指す。

☕ 食品添加物

　食品添加物は、食品衛生法で「食品の製造の過程において又は食品の加工もしくは保存の目的で食品に添加、混和、浸潤その他の方法によって使用する物」と定義されています。したがって、目的をもって加えられる物質は、**天然物**でも**化学的合成物**でも、最終的に食品に残っているか否かにかかわらず、食品に添加する限りすべて食品添加物の扱いとなります。食品衛生法で、成分規格、製造基準、使用基準、表示基準が定められており、食品添加物は使用目的によって、次のような役割と種類に分けられます。

▼食品添加物の役割と種類

目　的	種　類
品質の嗜好性向上	甘味料、**着色料**、香料、漂白剤、**発色剤**、増粘剤、結着剤、酸味料、ゲル化剤、調味料など
品質の保持	**保存料**、酸化防止剤、殺菌料、防虫剤、防カビ剤、日持ち向上剤など
食品製造（加工）の手段	乳化剤、膨張剤、抽出剤、溶剤、ろ過補助剤、醸造用添加物、消泡剤、チューインガム基礎剤など
栄養価の補填・強化	強化剤（アミノ酸類、ビタミン剤、無機塩類など）

▼代表的な食品添加物

着色料（食品に色をつけるために用いる）

保存料（微生物の発育を抑制し、腐敗を防ぐ）

発色剤（食肉の色を安定させる。亜硝酸塩が使用される）

☕ 食品添加物の表示

使用した食品添加物は、食品表示の原材料名の欄にすべて表示することが原則

ですが、表示が免除されるものもあります。食品添加物は原則として、物質名を表示することになっています。また、用途を示す次の8種類の添加物は、消費者の選択に役立つ情報としてその用途名を併せて表示することになっています。例えば、「保存料（ソルビン酸K）」、「甘味料（ステビア）」のように、用途名の後に、物質名を（）で囲み、表示します。

▼用途と物質名の併記が必要なもの

> 甘味料、着色料、保存料、増粘剤、酸化防止剤、発色剤、漂白剤、防カビ剤の8種類

▼表示が免除されるもの

加工助剤	加工行程で使用されるものの、除去されてほとんど残らないものを指す
キャリーオーバー	原料中に加工食品の副材料に含まれているものの、使用した食品によっては微量で効果のないもの
栄養強化剤	栄養素を強化するもの

☕ 食品添加物の安全管理

食品添加物は、一生食べ続けたとしても障害をもたらさないものでなければなりません。そのために、次のような数値を求めるなどして、安全性を確定しています。

● **最大無毒性量を求める**

「最大無毒性量」とは、動物実験で何も有害な作用が現れない量のうち、一番大きい量を最大無毒性量といいます。

● **一日摂取許容量（ADI）を求める**

「ADI」(Acceptable Daily Intake)とは、食品に用いられたある特定の物質につい

て、生涯にわたり毎日摂取し続けても影響が出ないと考えられる**一日摂取許容量**をいいます。体重1kgあたりで示した値で、単位は「mg/kg/day」です。これは、「1日につき、体重1kgあたりに何mgを摂取しても大丈夫である」という意味です。しかし、これらの評価方法だけでは検証しきれていない部分もあるのが現状です。

試験予想Check！

果実飲料、乳飲料、チルド食品などに関する問題、食品添加物に関した問題がよく出題されています。特に、「食品添加物の役割と種類」に関してはしっかり確認しておいてください。

Step2 「加工食品の目的 の要点 と種類」 チェック ✓

チェック欄
1回目 2回目

第3章

Step2

「加工食品の目的と種類」の要点チェック

☐／☐ 食品加工では、カビや酵母、細菌類などの（ **食用微生物** ）を利用した（ **生物的加工方法** ）があります。

☐／☐ チルド食品の温度帯は、食品の（ **凍結点** ）である−5〜−3℃と、（ **有毒細菌** ）の発育を阻止する温度の限界である3〜5℃の間を指します。

☐／☐ 冷凍食品の5つの条件として、急速に冷凍することで組織の（ **破損** ）が少なく、解凍した際におおむね（ **元の状態** ）にもどることや、（ **−18** ）℃で管理することで、品質が保存料無しで（ **1** ）年間保てることなどがあります。

☐／☐ 蒸留酒は（ **醸造酒** ）を蒸留したもので、蒸留によって（ **アルコール度数** ）は高くなります。

☐／☐ 無菌化包装食品は、包装後に（ **加熱処理** ）していないのが特徴で、品種例としては（ **ロングライフ牛乳** ）などがあります。

☐／☐ 食品添加物は、（ **天然物** ）であれ、（ **化学的合成物** ）であれ、食品に使用されるすべてが食品添加物となります。

☐／☐ （ **キャリーオーバー** ）とは、加工食品の副材料に含まれる食品添加物が、製品になったときに微量に残ったとしても効果をもたないため、表示を（ **免除** ）される食品添加物のことです。

☐／☐ ADIとは、食品添加物の（ **一日摂取許容量** ）のことをいい、一生食べ続けたとしても問題のない（ **最大量** ）のことです。

3-5 遺伝子組み換え食品

Step1 基本解説

☕ 遺伝子組み換え食品とは？ ・・・・・・・・・・・・・・・

ある生物の細胞から有用な遺伝子をとりだし、人工的な組み換え「**遺伝子組み換え技術**」によってつくられた農作物または加工品を、遺伝子組み換え食品といいます。

また、**遺伝子組み換え農産物 (生物)** のことを、GMO (Genetically Modified Organism) といいます。

● 従来の品種改良と遺伝子組み換え技術の違い

品種改良は、自然現象としての遺伝子組み換えです。異なる品種をかけ合わせ (**交配**) をして、**突然変異**による遺伝子組み換えで有用な植物や動物をつくってきました。

それに比べて、遺伝子組み換え技術は**生物の種類に関係なく、人工的に**有用な遺伝子だけを組み換えることができるので、改良の幅が広がり、計画的で効率的に改良することができます。

☕ 遺伝子組み換えの目的 ・・・・・・・・・・・・・・・

● 除草剤耐性・害虫抵抗性

特定のものに対する**耐性**や**抵抗性**をもつ農産物をつくることで、農薬をまく回数を減らし、農作業の負担を軽くし、さらに生産コストを下げます。

● 保存性などの品質向上

保存性 (日持ち) や加工特性などの**品質を向上**させることで、食料の安定供給を目指します。

● 生産性の向上

病気や害虫に強い作物をつくり、**収量を増やす**ことが可能になります。

そのほかにも、食物アレルギーのリスクを低減する食品、不良土壌や厳しい環境でも栽培できる作物、栄養価を高めた作物などさまざまな研究がされ、今後さらに大きな可能性を秘めています。

遺伝子組み換えの表示

遺伝子組み換えは、今後もさらに大きな可能性を秘めていますが、その一方で、遺伝子組み換え農産物は本来の種を超えた人工的に作り出された生命体であることから、生態系への影響や食べた場合の体への影響など、未知数の部分が多く問題性が指摘されています。安全性などが問題視されることで、自分達が食べている食品が遺伝子組み換えによるものかどうかを知りたいという要望も強まっています。

そのため、遺伝子組み換え農産物を食品として利用する場合は、国の安全性審査を受け、安全性が確認された物だけが製造、輸入、販売される仕組みとなりました。

● 表示対象農産物と食品

日本で安全性が確認され、流通が認可された遺伝子組み換え農産物と、それらを主な原材料とする食品への表示が、JAS法に基づく表示制度によって2001年4月1日より義務づけられました。

ただし、遺伝子組み換え農産物が主な原材料(原材料の上位3位以内で、かつ、全重量の5%以上を占める)でない場合は、表示義務はありません。また、これらの原材料を使用していないからといって、「遺伝子組み換えでない」などの表示はできません。

現在、**安全性の確認・流通が認可されている遺伝子組み換え農産物は、大豆、ナタネ、じゃがいも、トウモロコシ、テンサイ、綿実、アルファルファ、パパイヤの8農産物**です。

▼8農産物を主な原料とする食品

大豆 (枝豆、大豆もやし含む)	豆腐・油揚げ類（凍り豆腐、おから、ゆば、納豆、豆乳類、みそ、大豆煮豆、大豆缶詰と同びん詰）、きな粉、いり豆、これらを主な原料とする食品、大豆（調理用）を主な主原料とする食品、枝豆を主原料とする食品、大豆もやしを主原料とする食品など
トウモロコシ	コーンスナック菓子、コーンスターチ、ポップコーン、冷凍トウモロコシ、トウモロコシ缶詰と同びん詰、コーンフラワーを主原料とする食品、コーングリッツを主原料とする食品など
じゃがいも (ばれいしょ)	乾燥ばれいしょ、冷凍ばれいしょ、ばれいしょを主原料とする食品など
テンサイ	テンサイを主原料とする食品
アルファルファ	アルファルファを主原料とする食品

▼表示の方法

遺伝子組み換え食品	表示義務	表示
使用	義務	「遺伝子組み換え」
使用・不使用不明	義務	「遺伝子組み換え不分別」
不使用	任意	「遺伝子組み換えではない」

▼遺伝子組み換えの表示例

名称	味噌
原材料名	（右記例を参照）
内容量	100g
賞味期限	2020.10.20
保存方法	10℃以下で保存
製造者	xx株式会社　xx県xx市xx

・遺伝子組み換え食品使用の場合
　大豆（遺伝子組み換え）

・遺伝子組み換え食品使用・未使用が不明な場合
　大豆（遺伝子組み換え不分別）

・遺伝子組み換え食品未使用の場合
　大豆、または、大豆（遺伝子組換えでない）

🍵 遺伝子組み換え表示の対象と問題点 ・・・・・・・

遺伝子組み換えについては、人体および生態系への影響など、まだ解明されていないことも多く、表示義務についても以下のようにまだ不安要素があります。

第3章

Step1

基本解説

- 「遺伝子組み換え**不分別**」というあいまいな表示を導入していること（遺伝子組み換えされた原料が混入している可能性がある）
- 表示対象を原材料に占める重量の割合が**上位3位**までで、全体に占める重量の割合が**5%以上**のものに限定されていること
- 組み換えられたDNAおよびこれにより生じるたんぱく質が残らない加工食品（**植物油、しょう油など**）は、任意表示であり、表示義務なしとされていること
- 指定された食品以外、対象農産物を主な原材料としない場合は表示不要であること
- **容器包装の面積が30c㎡以下の場合は、表示を省略できること**
- **対面販売（惣菜・飲食店など）は対象外とされていること**

以上のことから、遺伝子組み換え食品の約9割が表示からはずされているのが現状で、表示基準や表示規制に対する見直しが消費者から求められています。

試験予想Check!

この分野は、遺伝子組み換え食品の目的や問題点に関する問題か、遺伝子組み換え表示に関する問題のどちらかが出題されています。遺伝子組み換えは何のために行われているのか、どのような問題が懸念されているのかについて、幅広く理解しておきましょう。遺伝子組み換え表示に関しては、義務表示のもの、義務表示ではないものの区別をしっかりできるようにしましょう。

□/□ ある生物の細胞から有用な遺伝子を取り出し、人工的に他の生物の細胞に導入する（　**遺伝子組み換え技術**　）により作られた農作物または加工品を、（　**遺伝子組み換え食品**　）といい、遺伝子組み換え農作物のことを（　**GMO**　）といいます。

□/□ 従来の品種改良は、異なる品種をかけ合わせる（　**交配**　）をして、（　**突然変異**　）により遺伝子組み換えをし有用な動植物を作り出していました。

□/□ 遺伝子組換えの目的には、（　**除草剤耐性**　）、（　**害虫抵抗性**　）、（　**保存性（日持ち）**　）、（　**収量を増やす（生産性向上）**　）などがあります。

□/□ 表示義務が課せられている遺伝子組み換え農産物は、（　**大豆**　）・（　**トウモロコシ**　）・（　**じゃがいも**　）・ナタネ・綿実・テンサイ・アルファルファ、（　**パパイヤ**　）の8農産物です。

□/□ 遺伝子組み換えに関する表示のうち（　**遺伝子組み換え**　）と、遺伝子組み換えされた原料が混入されている可能性がある（　**遺伝子組み換え不分別**　）については（　**表示義務**　）があります。

□/□ 表示対象は、原材料に占める重量の割合が（　**上位3位**　）まで、全体に占める重量の割合が（　**5%以上**　）のものに限られています。

□/□ 遺伝子組み換え農作物は、（　**人工的**　）に作り出された（　**生命体**　）なため、（　**生態系**　）への影響や、（　**人体**　）への影響などが問題視されています。

3-6 有機農産物と残留農薬

頻出度 ★★

Step1 基本解説

☕ 残留農薬基準とポジティブリスト制度

　農産物に農薬を使用した場合、収穫後の農産物に農薬が大量に残っていると、体に悪影響を及ぼす可能性があります。そこで、農林水産省では主な食品中の農薬の有無または許容量を定めて、これを**残留農薬基準**としています。

　従来の残留農薬基準は、人体に悪影響を及ぼすことが特に懸念される、限られた農薬に関して基準値を定めたもの（ネガティブリスト制度）でした。このため、その農産物に基準値が定められていない農薬が他の農産物の畑などから飛散してきて残留した場合（これを**ドリフト**といいます）や、日本で使用が認められていない農薬の残留が認められた場合には、その流通を制限することはできませんでした。

　そこで、2006年5月より国内外で使用されている約800種の農薬の基準値設定と、基準値が設定されていない農薬は、一律基準0.01ppmを設定し、この基準値を超えて農薬が残留している食品は流通を禁止することになりました。これを、**ポジティブリスト制度**といいます。

☕ ポストハーベスト農薬

　ポストハーベスト農薬とは、ポスト「後の」ハーベスト「収穫」という名前が表すように、農作物が収穫された後で使用される農薬のことで、貯蔵や輸送の途中での防カビ、防虫などの目的で使用されるものです。私たちが食べるタイミングにより近い時期に使用されることから、より高濃度の残留農薬の汚染が危惧されています。

　一方、日本では収穫後の農産物は食品とみなされるため、農薬の使用は禁じられています。ポストハーベスト農薬と同様の効果があるものとして、カビ防止剤などが使用されますが、食品添加物として扱われ、**食品衛生法で規制**されています。

有機栽培農産物と特別栽培農産物 ・・・・・・・・・・・

　農産物に「有機栽培」「特別栽培」と記載がされた商品を、見かけたことがあるでしょうか？　以前は、「無農薬栽培」「減農薬栽培」など、さまざまな表現が記載されていましたが、無農薬と有機栽培のちがい、減農薬とはどれだけ農薬を減らしたものなのかなど、あいまいでわかりにくいものでしたので、次のように統一されることになりました。

● 有機栽培農産物

　有機（Organic）とは、化学合成された肥料や農薬に頼らず、自然の力や生態系を大切にするという考え方です。つまり、**有機農産物とは化学合成農薬と化学肥料を全く使用せず栽培した農産物**です。土壌に農薬や化学肥料が残留していることを防ぐため、米や野菜などの1年生作物は種まきや植え付け前の**2年以上**、多年生作物は**3年以上**、その土壌において使用していないことが条件です。

　また、**JAS法**により認証制度が定められており、農林水産大臣の認定を受けた第三者認定機関が栽培過程を厳しく審査しその認定を受けなければなりません。認定後も毎年監査があり、違反したときは罰則があります。

　無事認定を受けた農産物には、有機栽培マークの表示が許可されます。

　有機JASマークは、太陽と雲と植物をイメージしたマークです。農薬や化学肥料などの化学物質に頼らないで、自然界の力で生産された食品を表しており、農産物、加工食品、飼料及び畜産物につけられています。

▼**有機JASマーク**

● 特別栽培農産物

　以前は「無農薬栽培」「減農薬栽培」などの表示が行われていたものが、2004年に農林水産省におけるガイドラインが制定され、**特別栽培農産物に統一**されることになりました。

このガイドラインでは、農薬及び化学肥料の使用量をその地域で一般的に行われている慣行栽培よりも**5割以上減らして栽培した農産物**に限り、「特別栽培」と表示することを認めています。慣行レベルの農薬・化学肥料の使用量は各都道府県毎に行政が制定しており、農林水産省のホームページから調べることもできます。

このガイドラインに基づき、各都道府県が特別栽培農産物の認証を行っていますが、法的拘束力はありません。

▼特別栽培農産物への統一

		農薬の使用回数 50％以下	
		無農薬（0％）	減農薬（50％以下）
化学肥料の窒素成分量 50％以下	無化学肥料（0％）	特別栽培農産物	
	減化学肥料（50％以下）		

試験予想Check！

食品の安全性に対するさまざまな事件を経て、私たちは食の安全性に対しとても敏感になっています。農薬等の制度や法律を知ることは、安全な食品選びの第一歩であり、食生活アドバイザーとして最も求められる分野でしょう。日常生活と結びつけて考えてみましょう。

□/□ 食品中に残っている農薬の有無または許容量を定めたものを（ **残留農薬基準** ）といい、（ **食品衛生** ）法で規制されています。

□/□ 日本で使用が認められている農薬は350種ほどですが、海外で使用されているものも含めると、農薬は約（ **800** ）種ほどあります。2006年には、これらの残留農薬基準値を定め、さらに基準値が定められていない薬品は一律（ **0.01** ）ppmの基準値を定め、それを超えた農薬が残留した食品は流通を禁止できるという（ **ポジティブリスト** ）制度がスタートしました。

□/□ 収穫された農作物に使用する農薬を（ **ポストハーベスト** ）農薬といい、（ **防虫** ）やカビ防止の目的で使用されます。日本ではその使用が禁止されていますが、カビ防止剤は農薬ではなく（ **食品添加物** ）として使用される場合もあり、（ **食品衛生** ）法で規制されています。

□/□ 化学合成された肥料や農薬を使用しないで農作物を栽培する方法を、（ **有機栽培** ）といいます。食品にこの表示をするためには、（ **JAS** ）法により認証制度が定められており、（ **農林水産大臣** ）の認定を受けた第三者機関による厳しい審査を受けなければいけません。

□/□ 無農薬栽培、減農薬栽培などの栽培方法に関する食品への表示に対し、2004年より、ガイドラインが定められ（ **特別栽培農産物** ）と表示することになりました。これは、化学肥料や農薬の使用量を、その地域の慣行栽培より（ **5** ）割以上減らして栽培した農産物にのみ表示でき、（ **都道府県** ）で認証方法を定めています。しかし、法的拘束力はありません。

3-7 食品のマークと表示

頻出度 ★★★

☕ 食品マークのいろいろ

食品のパッケージを見ると、さまざまなマークが表示されていることに気がつきます。

普段見慣れたマークでも、**JASマーク**、**公正マーク**など、示している意味をよく知ることで、食品の品質や安全性の目安になります。

▼主な食品マークの名称と意味

マーク	名称と意味
JAS	【一般JASマーク】 JAS規格（日本農林規格）に基づく検査に合格した製品につけられるマーク。対象は食料品、果実飲料、炭酸飲料、製材、生糸など。飲食料品・油脂については、特定JAS規格を含み55品目で規格が定められている
公正	【公正マーク】 全国飲用牛乳公正取引協議会によって定められた公正競争規約に従って、適正な表示をしていると認められるものにつけられるマーク
jAS	【特定JASマーク】 JAS規格のうち、特別な製造方法や特色ある原材料に着目したものが特定JAS規格。熟成ハム類、地鶏肉、手延べ干しめんなど
消費者庁許可 特定保健用食品	【特定保健用食品マーク】※通称:トクホマーク 「血圧や血中コレステロールを正常に保つ」「お腹の調子を整える」など、特定の保健の目的が期待できるとされた食品につけられる。消費者庁長官の許可を受けることが必要

マーク	名称と意味
	【有機JASマーク】 有機JAS規格を満たす有機農産物、有機加工食品、有機畜産物等につけられるマーク
	【特別用途食品マーク】 乳児用、妊産婦用、高齢者用など特別の用途に適するという表示を、消費者庁が認可した食品のマーク
	【生産情報公表JASマーク】 生産情報公表JAS規格により定められた方法によって、給餌情報や動物用医薬品の投与情報が公表されている牛肉および豚肉につけられるマーク
	【地域特産品認証マーク(Eマーク)】 都道府県が定めた地域特産品の認証基準にあったものにつけられるマーク

☕ リサイクルマークのいろいろ

　飲食物のパッケージには、それぞれ「プラ」「アルミ」などといったマークが表示されています。これは、その製品がどのような材質から作られているかがわかるとともに、リサイクルする際の分別収集・活動に大きく役立ちます。

▼主なリサイクルマークの名称と意味

マーク	名称と意味
	【プラスチック容器包装識別表示マーク】 ペットボトル以外のプラスチック容器・包装につけられるマーク。飲料ではキャップやラベルが対象になる

マーク	名称と意味
	【紙製容器包装識別表示マーク】 紙が総重量の50%以上を占める紙容器包装につけられるマーク
	【ペットボトル材質マーク】 しょう油、みりん、飲料などのペットボトルにつけられるマーク。資源有効利用促進法によって表示が義務づけられている
	【材質表示マーク】 缶の材質が「アルミ」のものにつけられるマーク。資源有効利用促進法によって表示が義務づけられている
	【材質表示マーク】 缶の素材が「スチール」のものにつけられるマーク。資源有効利用促進法によって表示が義務づけられている。リサイクルされると、スチール缶やいろいろな鉄の素材(建物の鉄骨・鉄筋、車のボディー、鉄道のレール等)に生まれ変わる
	【飲料用紙容器識別表示マーク】 牛乳パックなどの紙製容器の内側にアルミニウムが使われていないものにつけられるマーク
	【ガラスびん】 日本ガラスびん協会が規格統一し、リターナブルびん(Rびん)と認定したびんのことをいう。「リターナブルびん」の大きな特長は、何度もくり返し使うことで、ゴミにならないこと

☕ 保健機能食品制度 ・・・・・・・・・・・・・・・・・・

　一般の食品に、機能性の表示をすることはできませんが、国が認めている「保健機能食品」であれば、表示ができます。保健機能食品制度とは、健康食品と呼ばれ

ているもののうち、一定の条件を満たすものを「保健機能食品」として販売することが認められる制度です。

食品の目的や機能の違いにより、**国が個別に許可**した「**特定保健用食品**」、**国の規格基準に適合**した「**栄養機能食品**」、届け出制の「**機能性表示食品**」の、全部で3種類があります。

● 特定保健用食品

食品中に含まれる特定の成分が健康の維持増進に役立つことが、試験などにより科学的に証明され、**保健の用途や効果**を表示できる食品です。国による審査が必要で、消費者庁長官から許可された食品にはマークが付けられます。ただし、病気を治療するものではないため、医薬品や医薬部外品のような効能・効果は表示できません。「お腹の調子を整える」「血圧が高めの人」などの表示をしているものには、特定保健用食品として、個別に**消費者庁長官の許可を受けているもの**です。

● 栄養機能食品

栄養機能食品とは、通常の食生活を行うことが難しく、1日に必要な栄養成分を摂取できない場合に、栄養成分の補給・補完のために利用する食品です。栄養機能食品と表示して販売するには、以下が必要となります。

・ 国で定めた1日当たりの摂取目安量に含まれる、栄養成分量の上限値・下限値の規格基準に適合していること（ビタミン13種類・ミネラル6種類、n-3系脂肪酸1種類についての基準が定められている）
・ 定められた表示（栄養機能、注意喚起、消費者庁長官による個別審査を受けたものではない旨など）を行っていること

なお、表示にあたっては、**許可申請や届出は必要はなく、国が設定した基準を満たせば表示が可能**です。

● 機能性表示食品

　これまで機能性を表示することができる食品には、「特定保健用食品」「栄養機能食品」に限られていましたが、2015年4月1日より新しく「機能性表示食品」制度がスタートしました。

　事業者の責任において、科学的な根拠に基づいた機能性を表示した食品で、販売前に安全性と機能性の根拠に関する情報などを消費者庁長官に届けられたものです。

　「特定保健用食品」とは異なり、個別に**消費者庁長官の許可を受けているものではありません**。

☕ フードファディズム

　特定の食品や栄養素について、主にマスメディアによって健康への有用性や有害性が過大に評価されることがありますが、このことをフードファディズムといいます。

試験予想Check！

マークと名称、またその意味の結びつけに注意しましょう。日ごろ買い物をするときによく見かける商品についているマークや、リサイクルマークに関してはチェックしておいてください。

チェック欄
1回目 2回目

□/□ （ **公正マーク** ）は、全国飲用牛乳（ **公正取引** ）協議会によって
定められた（ **公正競争** ）規約に従った表示をしていると認められ
るものにつけられるマークです。

□/□ （ **特定保健用食品** ）マークは「お腹の調子を整える」など、特定の
保健の目的が期待できるとされた食品につけられます。（ **消費者庁
長官** ）の許可を受けることが必要です。

□/□ 日本農林規格に基づく検査に合格した製品につけられるのは、
（ **JASマーク** ）です。

□/□ 特別用途食品マークは、消費者庁が認可した食品のマークで（ **乳児** ）
用・（ **妊産婦** ）用・（ **高齢者** ）用・病者用などの特別用途食品
につけられます。

□/□ （ **プラスチック容器包装** ）識別表示マークは、ペットボトル以外の
（ **プラスチック容器・包装** ）につけられ、飲料では（ **キャップ** ）
や（ **ラベル** ）が対象になります。

□/□ 紙製容器包装識別表示マークは、紙が（ **総重量** ）の（ **50％以上** ）
を占める紙製容器包装につけられます。

□/□ 保健機能食品には、食品の目的や機能などの違いにより、特定保健用食
品、（ **栄養機能食品** ）（ **機能性表示食品** ）の3つに分けられてい
ます。

Step3 演習問題と解説

3-1 食品の分類

例題(1) つぎの食品のうち、違う分類と思われるものはどれか、適当なものを選びなさい。該当するものがない場合は、6を選びなさい。

1. 豆腐
2. 煮豆
3. あじの干物
4. コンニャク
5. お餅
6. 該当なし

正解 3

例題(1)の解説

すべて加工食品ですが、植物性食品の加工食品と動物性食品の加工食品との分類です。

3.のあじの干物だけが動物性食品の加工食品で、残りはすべて植物性食品の加工食品です。

> **試験対策のポイント**
>
> 食品の分類問題は、アルカリ性食品と酸性食品との分類、一次加工食品、二次加工食品、三次加工食品などとの分類、加工食品と生鮮食品との分類、生産形態（農産物、水産物、畜産物など）での分類についての問題が過去に出題されています。それぞれ、どんな食品があるかを知っておきましょう。

例題（2） 栄養素の観点から食品群を4群に分類する方法がありますが、その説明で不適当なものを選びなさい。該当するものがない場合は、6を選びなさい。

1. 栄養素の特徴により食品を4群に分類したもので、各食品群から偏りなく食品を選び組み合わせることで、必要な栄養素をバランスよく摂ることができる
2. 第1群の分類は、「栄養を完全にする」目的で摂取することが望ましい食品群で、主な食品は卵や乳、乳製品がある
3. 第2群は「血や体をつくる働き」を目的とし、食品には魚介類、肉類、豆製品がある。栄養素としては主に脂質やたんぱく源になる
4. 第3群は「体の調子を整える働き」を目的とし、食品は、緑黄色野菜や淡色野菜、いも類、果物などである
5. 第4群は「力や体温となる働き」を目的とし、食品は、穀類、砂糖、油脂などである
6. 該当なし

正解 6

例題（2）の解説

上記は、食品に含まれる主な栄養素や働きをもとに、4つに分類したものです。各食品に含まれる主な栄養素を知っておくことは、バランスの良い食生活を実践していくためにとても大切なことです。4.の第3群では、ビタミンやミネラル・食物繊維などが摂取できます。

試 験対策のポイント

食品と栄養素の関係は食生活アドバイザーとして押さえておきたい大切な内容です。その他、献立における分類（主食、汁物、主菜、副菜）では、どんな栄養素が摂取できるのかも知っておきましょう。

例題(3) 農産物の食品表示に関する記述として、適当なものを選びなさい。該当するものがない場合は、6を選びなさい。

1. 野菜を店内でオゾン水や次亜塩素酸ソーダ水によって殺菌洗浄処理して販売した場合、生鮮食品とはみなされず、加工食品扱いとなる

2. 単品の野菜であれ、複数のカット野菜であれ、パックにして販売する場合は加工食品扱いとなる

3. キャベツを長野県から7割がた仕入れ、群馬県からは3割がた仕入れてスーパーマーケットなどの店舗で一緒に販売する場合は、仕入れの割合の多い長野県だけを原産地として表示すればよい

4. 信州、甲州、房総など、一般的に知られている地名を原産地として表示することは認められていない

5. 生鮮食品の「名称」、「原産地」という食品表示は、食品表示法で義務付けられている

6. 該当なし

正解 5

例題(3)の解説

1. 野菜をオゾン水や次亜塩素酸ソーダ水によって殺菌洗浄処理しても、野菜そのものには変化をあたえませんので、生鮮食品扱いになります。

2. 単品の野菜のカット野菜であれば、生鮮食品扱いです。2種以上は加工食品扱いになります。

3. 同じ種類のものを複数の県から仕入れて販売する場合、すべての県を原産地として表示しなければなりません。

4. 農産物において一般的に知られている地名を原産地として表示することは認められています。

例題(4) 水産物の食品表示に関する記述として、適当なものを選びなさい。該当するものがない場合は、6を選びなさい。

1. 輸入物のアサリなどの貝類の場合であっても、砂抜きした場所を原産地にしてよい

2. カツオなどの回遊魚で水域名が特定困難な場合は、原産地表示を省略することができる

3. 水産物の表示には「名称」「原産地」に加え、場合によっては「解凍」「養殖」「天然」という表示をしなければならない

4. あじのたたき、かつおのたたき、どちらも単品での販売であれば、生鮮食品としてみなされ、原産地表示が必要である

5. 表示は、商品のすぐそばのボードや壁、立て札での表示も可能である

6. 該当なし

正解 5

例題(4)の解説

1. 貝類の原産地は砂抜きした場所ではなく、輸入元の原産国名を表示しなければなりません。

2. 水域名が特定困難な場合は水揚げした港名、またはその港が属する都道府県名の表示となります。省略はありません。

3. 天然という表示は、特に法律では定められていません。

4. あじのたたきは、調理の際に火にあぶっていませんので生鮮食品ですが、かつおのたたきは火にあぶっていますので、加工食品扱いになります。

3-3　加工食品の表示

例題（5） 加工食品の表示に関する記述について、適当なものを選びなさい。該当するものがない場合は、6を選びなさい。

1. 食物アレルギーの表示義務があるものは、そば、小麦、卵、乳、落花生、エビ、カニである

2. 加工食品の表示は、見えづらくなるのを避けるため、必ず表側にする

3. 以前は同じ意味を示す「品質保持期限」と「消費期限」があったが、現在では「消費期限」に統一され、期限表示には「年月日」か「年月」で表示する

4. 製造者の表示には、氏名、住所、電話番号を明記しなければならない

5. 容器包装の総面積が30cm^{2}以下であるものでも、加工食品に表示すべき事項は、すべて表示しなければならない

6. 該当なし

正解 1

例題⑤の解説

2. 容易に見ることができれば、表側でなくても差し支えありません。

3. 消費期限の表示は「年月日」のみです、「年月」表示が可能なのは、賞味期限が3カ月以上のもののみです。

4. 電話番号は義務ではありません。

5. 30cm^{2}以下の食品は、原材料名と原料原産地名の表示を省略できます。

例題（6） 栄養成分表示の主要5項目とは何か、つぎの組み合わせ
から適当なものを選びなさい。該当するものがない場合
は、6を選びなさい。

1. エネルギー、たんぱく質、脂質、炭水化物、カルシウム
2. 熱量、糖質、脂質、たんぱく質、ビタミン
3. 食塩相当量、カルシウム、ビタミン、エネルギー、たんぱく質
4. たんぱく質、脂質、炭水化物、食塩相当量、カルシウム
5. エネルギー、たんぱく質、脂質、炭水化物、食塩相当量
6. 該当なし

正 解 5

例 題 ⑥ の 解 説

栄養成分表示には、「主要5項目」の表示が必要です。カルシウムやビタミンなどの
表示をすることでメーカーが商品のアピールをする場合がありますが、6項目以降
に目的の栄養素と含有量を表示しなければいけません。

例題(7) 食品加工をする本来の目的について、不適当なものを選びなさい。該当するものがない場合は、6を選びなさい。

1. 貯蔵性や保存性を増すため
2. 価格の下落を防ぐため
3. 栄養価を高めるため
4. 食べやすくするため
5. 価値を高めるため
6. 該当なし

正解 2

例題(7)の解説

価格の下落は営業面からの視点であり、本来の食品加工の目的とは異なります。本来の目的は、貯蔵性や保存性の向上、食べやすさの向上、嗜好性の向上、栄養価の向上、安全性の確保、簡便性、輸送性です。

試験対策のポイント

食品加工の目的に関する問題は、頻出傾向にあります。加工の種類と性質を確認しておきましょう。また、物理的な加工、生物的な加工、化学的な加工についても、意味などを押さえておいてください。

例題（8） 飲料物の加工について、不適当なものを選びなさい。該当するものがない場合は、6を選びなさい。

1. 醸造酒は、原料をアルコール発酵させて、発酵液をそのまま、あるいはろ過して製品としたものである。清酒、ビールなどがある

2. 蒸留酒は、醸造酒を蒸留したもので、蒸留によりアルコール度数は高いものである。焼酎、ブランデー、ウイスキーなどがある

3. 果実飲料は、果実を絞ってつくられた飲料で、果汁100％である場合だけがジュースと表示できる

4. 牛乳は、生乳を80％以上使用し、成分無調整で殺菌したものである

5. 乳飲料は、牛乳や脱脂乳などを主原料にして、香料、甘味料などを加えて飲みやすくした飲料である

6. 該当なし

正解 4

例題（8）の解説

1. ワインや紹興酒なども醸造酒です。

2. ジンやウォッカも蒸留酒です。

3. 果実飲料には、果汁を薄めて砂糖などを加えたソフトドリンクも含まれます。

4. 生乳100％を使用していなければなりません。

5. 加工乳は、生乳や牛乳、または生乳や牛乳を原料として造られた乳製品でつくられたものです。牛乳や脱脂乳などを主原料にして、香料や甘味料などを加えて飲みやすくした飲料は、乳飲料になります。

試験対策のポイント

醸造酒と蒸留酒の問題は過去に何度か出題されていますが、果実飲料（濃縮還元、ストレート果汁の違いに注意）や乳飲料（乳飲料の種類や牛乳について）に関する問題もよく出題されています。確認しておきましょう。

例題(9) つぎの食品添加物の記述として、不適当なものを選びなさい。該当するものがない場合は、6を選びなさい。

1. 着色料は、それ自身に色があり、食品の品質を保つ
2. 保存料は、腐敗に関連する微生物の発育を抑制する
3. 食品に漂白剤を使うことは認められている
4. 食品添加物は、食品衛生法で定義されている
5. 使用した食品添加物は、すべて表示することが原則である
6. 該当なし

正解 1

例題(9)の解説

1. 着色料は食品に色を浸透させるために用いられるものであり、食品の品質を保つために使われているのではありません。

4. 食品添加物は、食品衛生法で「食品の製造の過程において又は食品の加工もしくは保存の目的で食品に添加、混和、浸潤その他の方法によって使用する物」と定義されています。

5. すべて表示することが原則ですが、以下の場合は表示が免除されます。
   ・加工過程で使用されるものの、除去されてほとんど残らない加工助剤
   ・原料中に含まれるものの、使用した食品には微量で効果を持たないとされる場合（キャリーオーバー）
   ・栄養面を強化する栄養強化剤

試 験対策のポイント

食品添加物に関する問題は、よく出題されます。目的や種類などを、必ず確認しておきましょう。また、食品添加物には「天然物」と「化学的合成物」の両方があることもよく問われますから、注意が必要です。

例題（10） 遺伝子組み換えに関する記述として、不適当なものを選びなさい。該当するものがない場合は、6を選びなさい。

1. 遺伝子組み換え技術は、品種改良の1つの方法で、種間交配によって新しい遺伝子を生み出し、有用な形質をもつものを作り出すものである

2. 遺伝子組み換えによって、ある特定の除草剤耐性をもった農作物を作ることで農薬の散布量を減らすことができ、環境への負担が軽減されたり、手間やコストを抑えられ、農作業の効率も良くすることができる

3. 害虫やウイルス抵抗性をもつ作物を作り出すことによって、農薬を散布しなくても被害を低減できたり、壊滅的な被害を防ぐことができる

4. 環境が悪く植物が育たない土地でも育てられる作物や、短期間でより多く収穫できる作物を作り出すことで、食糧不足の解決へつながる

5. 現在、日本で安全性を確認されている農産物は、大豆、ナタネ、トウモロコシ、じゃがいも、テンサイ、アルファルファ、綿実、パパイヤである

6. 該当なし

正解 1

例題⑩の解説

1. 従来行われてきた品種改良で、同じ品種間で交配し、有用な形質をもつものを選抜してさらに交配を繰り返していくことで、より優れた個体を作り出していくものです。突然変異によって遺伝子組み換えが行われ、有用な遺伝子を作り出すこともできますが、時間がかかる上に、改良の幅は人工的に行う遺伝子組み換え技術に比べると狭いものです。

2.～4.は遺伝子組み換えを行う目的、5.は日本で安全性が確認され、流通が認可されている遺伝子組み換え品種です。

遺伝子組み換え技術はどのようにして行われるのか、従来の品種改良との違いは何か、よく理解しておきましょう。遺伝子組み換えがなぜ行われているのか、その目的についてもしっかり覚えておいてください。

例題（11） 遺伝子組み換え食品の表示義務があるものはどれか選びなさい。該当するものがない場合は、6を選びなさい。

1. しょう油（主原料：大豆）
2. 菜種油（主原料：ナタネ）
3. 綿実油（主原料：綿実）
4. 砂糖（主原料：テンサイ）
5. コーンフレーク（主原料：トウモロコシ）
6. 該当なし

正解 6

例題（11）の解説

1.～5.は、どれも組み換えられたDNA、およびこれによって生じたたんぱく質が加工後に残らない加工食品のため、表示義務がありません。

試 験対策のポイント

現在、厚生労働省によって安全性が確認されている遺伝子組み換え食品は7農産物と、これらを主な原料とする食品109品目（2010年4月現在）があります。現在の表示義務のある食品、任意表示となっている食品を覚えておきましょう。

今後、認可される食品は増え、表示義務に関する規制も改正されていくと考えられます。随時、新しい情報を取得することを心がけましょう。

例題（12） つぎの食品の安全に関連した記述で、不適当なものを選びなさい。該当するものがない場合は、6を選びなさい。

1. 貯蔵や輸送途中で防カビ、防虫などの目的で使用される農薬のことをポストハーベスト農薬という

2. ある基準値を超えて農薬が残留している食品は流通を禁止することになったが、これをポジティブリスト制度という。対象食品は加工食品以外のすべての食品である

3. オーガニックの表示はJAS法にもとづいた表示である

4. 食品添加物や残留農薬については、食品衛生法により規制されている

5. 有機食品の検査認証は、農林水産大臣が認可した機関により行われ、認定を受けた事業者が有機JASマークを貼付することができる

6. 該当なし

正解 2

例題（12）の解説

1. 日本では収穫後の農産物は食品とみなされ、ポストハーベスト農薬の使用は禁止されています。

2. ポジティブリスト制度で規制対象の食品となるのは、すべての食品に対してであり、生鮮食品や加工食品も対象となります。

3. オーガニックとは、有機栽培農産物のことです。

試験対策のポイント

食品の安全に関する問題は頻出傾向にあります。残留農薬の問題、食品添加物、有機栽培農産物、また特別栽培農産物に関しては、どのように改正されたかなども含めて、その内容をチェックしておいてください。

例題（13） つぎの食品マークと関連のある言葉との組み合わせで、不適当なものを選びなさい。該当するものがない場合は、6を選びなさい。

1. 特定JASマーク — 熟成ハム類
2. 特別用途食品マーク — お腹の調子を整える
3. 生産情報公表マーク — 動物用医薬品の投与情報
4. 有機JASマーク — 有機農産物
5. 特定保健用食品マーク — 消費者庁長官の許可
6. 該当なし

正解 2

例題⑬の解説

2. 特別用途食品マークは、乳児用、妊産婦用、高齢者用など特別の用途に適するという食品のマークです。

5. 通称「トクホ」と呼ばれ「お腹の調子を整える」など健康の維持・増進と病気予防に役立てることを目的とする食品です。

試験対策のポイント

マークで意味を表すものが多く存在します。マークと一緒に書かれている文字を見ることで、より意味が伝わりやすくなっていますので、問題文とマークをよく照らし合わせてみましょう。

例題（14） つぎのマークの説明で、適当なものを選びなさい。該当するものがない場合は、6を選びなさい。

1. 牛肉や牛乳につけられるマーク

2. 低温殺菌牛乳につけられるマーク

3. 誰にでも購入できることを表しているマーク

4. 全国飲用牛乳公正取引協議会によって定められた表示基準にあったものにつけられるマーク

5. 特別な製造方法や特色ある原材料に着目した製品であることを示すマーク

6. 該当なし

正解 4

例題⑭の解説

1. 飲用牛乳につけられるマークです。

2. 低温殺菌牛乳だけではなく、低脂肪牛乳、加工乳などにもつけられます。

3. 誰にでも購入できることを示しているマークではありません。

4. 公正競争規約に従って、飲用牛乳の名称や原材料、成分などが正しく表示されていることを証明しています。

5. 特定JASマークのことです。

試験対策のポイント

飲用牛乳とは、牛乳・特別牛乳、成分調整牛乳、低脂肪牛乳、無脂肪牛乳、加工乳、乳飲料のことをいいます。公正競争規約がどういった規約なのかを調べておくと、よりスムーズに問題に答えられるでしょう。

問題

(1) 煮物のような2種類以上の原材料からなる原材料のことを何というか、漢字5文字で答えなさい。

(2) 定められた方法によって保存された場合に、その食品として期待されるすべての品質保持が十分可能であると認められる期限を示す年月日（または年月）を何というか、答えなさい。

(3) アレルギーによって呼吸困難、血圧低下、意識障害などを起こし、対応が遅れると場合によっては死に至ることもあるような重篤な症状が現れるアレルギー症状のことを何というか、答えなさい。

(4) 絞った果汁の水分を取り除き濃縮したものを、商品をつくるときに再び水で薄めて元の濃度にすることを何というか、漢字4文字で答えなさい。

(5) 気密性及び遮光性を有する容器で密封し、高圧加熱殺菌した食品を何というか、カタカナ7文字で答えなさい。

記述試験の傾向と対策は？

予想以外では、食品添加物の目的、キャリーオーバー、食品の種類（チルド食品、アルカロイド飲料、醸造酒など）、保存方法の燻煙法、食品マークのトクホマーク、有機JASマーク、遺伝子組み換え用語の不分別なども必ず確認しましょう。

解 答・解 説

(1) 　正 解　複合原材料

解説&記述対策ポイント

複合原材料に関する問題は頻出傾向です。試験では、お弁当などの食品表示を載せて例にし、そこから判断させる問題が出題されています。

(2) 　正 解　賞味期限

解説&記述対策ポイント

「消費期限」の定義も合わせて覚えておいてください。「賞味期限」は期限を過ぎたからといってすぐに食べられなくなるということではありませんが、消費期限つきの食品は、期限を過ぎた場合は食中毒を起こす危険性があります。

(3) 　正 解　アナフィラキシーショック

解説&記述対策ポイント

過去に何度か出題されています。アレルギーの原因となる物質のことを「アレルゲン」といいますが、こちらも知っておきましょう。また「特定原材料」と記述させる問題も、よく出題されています。

(4) 　正 解　濃縮還元

解説&記述対策ポイント

低温保存しておいた果汁100%を、そのまま殺菌して製品にしたものはストレート（果汁）といいます。こちらも覚えましょう。

(5) 　正 解　レトルトパウチ

解説&記述対策ポイント

過去に何度か出題されています。保存方法としては、真空パックや空気遮断法の分類となります。その他の食品の保存方法も覚えておいてください。

第 4 章

衛生管理

4-1　食中毒について　★★★★★
食中毒の種類とそれぞれの特徴、症状、予防策を知り、どのような条件のもとに菌が増殖するかを学びます。

4-2　食中毒の予防　★★★★
食中毒全般における予防の3大原則と、衛生管理をポイントとした予防策を知り、殺菌の種類とその方法、意味を学びます。

4-3　食品の変質と防止　★★★
変質の意味と種類を知り、予防策を学びます。また有害な微生物、有益な微生物を知り、有益微生物によって作られる食品も学びます。

4-4　食品の安全と環境汚染　★★★
BSEや環境ホルモンなど、人体や生活環境を脅かす要素となるものに、どのようなものがあるのかを学びます。

4-5　HACCPシステム　★★★★
食品の流通を安全に行うための手法であるHACCPについて学びます。

※★マーク（1つ〜5つ）の数が多い程、試験頻出度が高くなります。★マークが多くついているものは特に、繰り返し熟読し覚えるようにしてください。

4-1 食中毒について

頻出度 ★★★★★

Step1 基本解説

🍵 食中毒とは？

　食中毒とは、細菌、ウイルス、毒素など、原因となるものが付着した飲食物などの摂取によって、腹痛、下痢、嘔吐、発熱などの症状を引き起こす**急性の健康障害**（または胃腸障害）のことをいいます。

　テレビのニュースなどでよく食中毒が取り上げられていますが、食中毒といってもさまざまな種類や原因があります。主な発生状況は、食中毒の多くを占めている**細菌性食中毒**が6〜10月にかけて、**高温多湿**を好む細菌が増殖しやすくなるために起こり、11〜3月はフグ、二枚貝などに付着するウイルスによって、9〜10月はキノコなどで、通年に注意が必要です。

　また、以前は確認されていませんでしたが、腸管出血性大腸菌、ノロウイルスなどのヒトからヒトへの感染が確認されるようになり、国際的にも食感染症として対策がとられるようになっています。特にノロウイルスは患者の増加傾向にあり、さらなる対策が必要といえるでしょう。

🍵 食中毒の種類

　食中毒は大きく分類すると、下記のように分けられます。細菌性による感染者が多くを占めていますが、最近では**ノロウイルス**による感染者が増えてきています。

・**細菌性**
食品に混入した微生物が原因となります。「食あたり」はこれにあたります。
【例】黄色ブドウ球菌、サルモネラ菌、セレウス菌、腸炎ビブリオ菌、ボツリヌス菌、カンピロバクターなど

・自然毒

動植物が元々持つ有毒成分によるもので、**動物性自然毒**と**植物性自然毒**があります。

【例】

動物性自然毒：フグ毒（テトロドトキシン）、貝毒（テトラミン）など

植物性自然毒：毒キノコ（アマトキシン）、トリカブト（アコニチン）、じゃがいもの芽（ソラニン）、青梅の毒（アミグダリン）など

・ウイルス性

ウイルスを摂取することにより、ヒトの体内で発症します。

【例】ノロウイルス、A型肝炎ウイルス、E型肝炎ウイルスなど

・化学性

有毒な化学物質を摂取した場合に起こります。

【例】ヒ素、水銀、シアン化合物などの「**化学物質**」

・その他

【例】マイコトキシンなどの「**カビ毒**」など

細菌による食中毒の分類

　細菌性の食中毒は、食品中の増殖した菌が体内に取り込まれ、下痢、腹痛、発熱などの急性胃腸炎症状を引き起こす**感染型食中毒**（サルモネラ菌、腸炎ビブリオ菌、カンピロバクターなど）と、食品中の増殖した菌が作り出す毒素を食べた時に発病する**毒素型食中毒**とがあります。毒素型はさらに、**食品内毒素型**（黄色ブドウ球菌、ボツリヌス菌、セレウス菌（嘔吐型など））と**生体内毒素型**（腸管出血性大腸菌、ウエルシュ菌、セレウス菌（下痢型など））とに分けられます。

▼感染型と毒素型の特徴

・感染型：潜伏期間が長いものが多い。加熱調理で死滅する

・食品内毒素型：潜伏期間が短いものが多い。耐熱毒素は加熱調理では死滅しない

・生体内毒素型：潜伏期間が長い。芽胞は熱に強い。加熱調理で死滅する

主な細菌とウイルスの特徴 ・・・・・・・・・・・・・・・・・

▼サルモネラ菌（感染型）

原因・特徴	潜伏期間・症状	予防策
動物の肉や卵についていることが多い。卵の殻にも注意する。熱に弱い	8〜48時間 発熱・下痢・嘔吐・腹痛など	肉類・卵を生で食べない。十分に加熱調理をする。運搬役であるネズミ・ゴキブリの駆除

▼腸炎ビブリオ菌（感染型）

原因・特徴	潜伏期間・症状	予防策
生鮮魚介類に多い。塩分3〜5%で発育する。加熱・真水に弱い	10〜18時間 激しい上腹部の痛み・下痢・発熱・嘔吐など	手・食材をよく洗う。加熱調理をする。調理器具などの熱湯消毒

▼カンピロバクター（感染型）

原因・特徴	潜伏期間・症状	予防策
鶏・豚・牛などの腸管。鶏卵・レバ刺し・牛刺し。熱や乾燥に弱い。微好気性。少量の菌で発症する	2〜7日(48〜168時間) 腹痛・下痢・発熱・血便など	十分に加熱する。井戸水は煮沸消毒などを行う

▼黄色ブドウ球菌（食品内毒素型）

原因・特徴	潜伏期間・症状	予防策
人の鼻や咽の粘膜、傷口に多く付着している。菌自体は熱に弱いが、増殖する時に発生する毒素は熱に強い	1〜3時間 激しい嘔吐・下痢・腹痛など	手に傷などがある場合は調理を避けるか、ゴム手袋などをして食材に直接手を触れない

▼ボツリヌス菌（食品内毒素型）

原因・特徴	潜伏期間・症状	予防策
缶詰・瓶詰・真空パックの食品、ソーセージやハムに多い。菌は熱に強いが毒素は熱に弱い	12〜36時間 潜伏期間が長い。頭痛・手足の痛み・嘔吐・下痢。重症になると視覚障害・言語障害・呼吸障害など、最悪の場合、死に至る	十分に加熱調理をする。缶詰がふくれあがっている時などは内容物が汚染されている確率が高いので注意する

▼腸管出血性大腸菌（生体内毒素型）

原因・特徴	潜伏期間・症状	予防策
飲料水・肉類など。ベロ毒というたんぱく質を出す病原性大腸菌の一種。感染力が非常に強い。熱に弱い。人から人へ感染することもある	1〜9日（24〜216時間）激しい腹痛・下痢・血便など、赤痢と見分けがつかない	井戸水を含む定期的な水質検査。十分な加熱調理。調理器具などの熱湯消毒

※腸管出血性大腸菌でもっとも有名なのが、**O157**。O157は、O抗原として157番目に発見されたものを持つという意味だが、腸管出血性大腸菌にはこの他にO26、O11、O126、O145など、さまざまなものがある

▼ウエルシュ菌（生体内毒素型）

原因・特徴	潜伏期間・症状	予防策
カレー・シチュー・煮物など、前日に大量に調理後、室温で放冷されたものに多い 毒素：エンテロトキシン	8〜20時間 腹痛・下痢など。比較的軽い症状が多い	前日調理はさけ、保存する場合は小分けにしてすばやく冷却する。食べるときには十分に加熱調理する

▼セレウス菌（嘔吐型：食品内毒素型　下痢型：生体内毒素型）

原因・特徴	潜伏期間・症状	予防策
農作物などに感染していることが多い（土壌、水中、ほこりなど芽胞の形で分布）。原因食品はチャーハン、ピラフ、プリン、ソースなど	下痢・嘔吐・腹痛など嘔吐型（1〜5時間　毒素：セレウリド）と下痢型（8〜16時間　毒素：エンテロトキシン）がある	室温に長時間放置しない。再加熱は中心部まで十分に加熱する

▼ノロウイルス（ウイルス性）

原因・特徴	潜伏期間・症状	予防策
生かき・帆立などの二枚貝。冬季に多発。人から人へ感染する。年間を通じて発生が確認されている	24〜48時間 吐き気・嘔吐・下痢・腹痛・微熱など	手指の洗浄消毒。中心部までの加熱調理（85〜90℃以上で90秒以上）

※ ノロウイルスは、かつては小型球形ウイルス(SRSV)と呼ばれていた。

※ 菌が体内に入って症状が出るまでのことを、**潜伏期間**という。

病原菌の増殖3条件

● **温度**

微生物によって条件は異なりますので、加熱調理をしたり低温度で保存したからといって安心してはいけません。

ただ、大部分の菌は、30〜40℃の状態で、ほとんどの菌が増殖するといわれています(微生物によって条件は異なります)。

● **湿度**

食品中の水分を利用して菌が増殖します。水分を多く含む食品ほど、病原菌が増殖しやすくなります。

● **栄養素**

人間と同じく、たんぱく質(アミノ酸)・糖類・ビタミンなどが、菌にとっても栄養素となります。

試験予想Check！

菌の特徴や予防策の結びつき、潜伏期間の意味などをよく覚えておきましょう。
特に、サルモネラ菌、O157、腸炎ビブリオ菌、黄色ブドウ球菌の問題は、過去に何度か出題されています。細菌と食品との関連性なども確認しておいてください。
(例:サルモネラ菌(卵、肉)、腸炎ビブリオ菌(魚介類)など)

□／□ 食中毒とは、急性の（ **健康障害** ）または（ **胃腸障害** ）のことを
いいます。

□／□ 食中毒は、原因となる（ **細菌** ）、（ **ウイルス** ）、（ **毒素** ）など
が付着した飲食物などの摂取によって体調不良を引き起こします。

□／□ 6～10月は（ **細菌性食中毒** ）の発生が多く、その原因は、（ **高温**
多湿 ）を好む（ **細菌** ）が増殖しやすくなるためです。

□／□ 冬場に多発する（ **ノロウイルス** ）の原因は主に（ **二枚貝** ）で、
（ **ヒト** ）から（ **ヒト** ）へ感染します。

□／□ 食中毒の種類には、（ **細菌性** ）、（ **自然毒** ）、（ **ウイルス性** ）、
化学性などがあります。

□／□ 自然毒は、フグや貝などが持つ（ **動物性自然毒** ）と、トリカブトや
ジャガイモの芽などが持つ（ **植物性自然毒** ）の2つに分けられま
す。

□／□ 食品に混入した微生物が原因となるのは、（ **細菌性食中毒** ）です。

□／□ 病原菌の増殖に大きく関わってくるのは（ **温度** ）、（ **湿度** ）、
（ **栄養素** ）です。

□／□ 黄色ブドウ球菌やボツリヌス菌は、（ **食品内毒素** ）型です。

□／□ ほとんどの菌は（　30〜40　）℃で増殖しますが、微生物によって条件は異なりますので、（　加熱調理　）をしたり（　低温度　）で保存したからといって安心してはいけません。

□／□ 人間と同じように、菌にとっての栄養素は（　たんぱく質　）、（　糖類　）、（　ビタミン　）などです。

□／□ O157の特徴は、（　ベロ毒　）という（　たんぱく質　）を出す病原性大腸菌の一種で、（　感染力　）が非常に強く、（　熱　）に弱いことです。

□／□ 生鮮魚介類に多い（　腸炎ビブリオ菌　）は、（　塩分3〜5%　）で発育します。（　加熱　）や（　真水　）に弱いです。

□／□ 人の鼻や喉の粘膜、傷口に多く付着している（　黄色ブドウ球菌　）は、菌自体は（　熱　）に弱く、増殖するときに発生する（　毒素　）は（　熱　）に強いです。

□／□ 缶詰や真空パックの食品に多い（　ボツリヌス菌　）の特徴は、（　潜伏期間　）が長く、症状が（　重　）いです。また、菌は（　熱　）に強く、（　毒素　）は（　熱　）に弱いです。

□／□ （　カンピロバクター　）は鶏、豚、牛などの（　腸管　）に多く存在し、（　熱　）や（　乾燥　）に弱いです。（　少量の菌　）で発症します。

□／□ 菌が（　体内　）に入って（　症状　）が出るまでのことを、（　潜伏期間　）といいます。

4-2 食中毒の予防

頻出度 ★★★★

Step1 基本解説

食中毒予防の3大原則

細菌による食中毒の予防法には、**3大原則**があります。

①つけない（清潔）

調理場、調理器具、布巾やタオルを清潔にして調理することで、二次汚染を防ぎます。また、魚介類と肉類用、野菜用といったように調理器具を分けることや、生食の食材を先、肉類などを後に加工するなどの順番を心がけることも予防につながります。

②増やさない（迅速）

食品についた細菌は、そのままではなく、時間の経過とともに増殖します。購入後すぐに冷蔵できない場合もあるため、細菌が増殖しないよう注意が必要です。

細菌の増殖は、一般的に10℃以下で鈍るといわれています。すぐに食べない食材は、速やかに冷蔵・冷凍保存をしましょう。また、**菌は水分を好む**ので、調理器具などを洗ったら水分をふき取りできるだけ早く乾燥させ、布巾なども洗った後は風通しを良くして菌の増殖を防ぎましょう。

③殺す（加熱）

細菌の死滅に最も効果的な方法は加熱です。ほとんどの食中毒の原因菌が、**75℃以上の状態を1分以上**続けることで死滅するといわれています。中心部まで熱が伝わりにくい厚みのある食材は、電子レンジの予備加熱を利用するなどの工夫をしながら予防しましょう。

また、加熱することで死滅する細菌は多いですが、熱に強い毒素もありますので、

加熱したことで安心せず、においや見た目の変化などについては、その都度注意が必要です。

☕ 衛生管理による食中毒予防 ・・・・・・・・・・・・

　3大原則のほかにも、食中毒の予防に直結するもので、衛生管理の視点で設定された、5Sと7Sというものがあります。

● 5S

　5Sとは、**整理・整頓・清掃・清潔・躾**（習慣づけ）のことで、そもそもは職場環境の美化・従業員のモラル向上が目的であり、これによって職場をより快適かつより安全なものにし、生産やサービスの効率化や品質向上を図るために設定されたものです。製造、保管、運送、売り場など、食品を取り扱うシーンはいろいろあります。その各シーンにおいて、この5S活動を実践することで、食中毒の予防につながります。

　調理場は、常に作業がスムーズに行えるよう、余計なものは置かないようにしましょう。扉や冷蔵庫の取っ手などの清掃は見落としがちです。細かな場所にも気を配りましょう。調理器具は、十分な洗浄や**熱湯消毒**を行ってください。調理する人は手洗い、消毒をして、手に傷などがある場合は調理を避ける、あるいはビニール手袋を着用するなどして食材に直接手を触れないようにします。定期的な健診などで、体の状態をチェックするように心がけることも大事です。一瞬の気のゆるみで重大な食中毒を引き起こさないよう、常に心がけて調理しましょう。

▼5Sの実行ポイント

> ・**整理（Sei-ri）**
> 不要なものを捨てて、必要なものだけを置く。
> ・**整頓（Sei-ton）**
> 物の置き場所を決め、使ったら元に戻す。
> ・**清掃（Sei-sou）**
> ごみやほこりを取り除く。

・清潔 (Sei-ketsu)

清潔な衣服（洗濯またはクリーニングした服）を着て、身だしなみを整える。

・躾 (Shitsuke)

衛生管理に関する教育や指導をうけ、習慣づけを徹底する。

● 7S

5Sに、**洗浄** (Senjo) と殺菌 (Sakkin) を加えた7Sというものがあります。

まず、基本である整理と整頓をしっかりと行います。そして、清掃、洗浄、殺菌を実践して、これらを躾として習慣づけしていくことで、清潔な状態を維持していくといったものです。

正しい手洗い

手洗いは、調理者自身ができる衛生管理です。調理にとりかかるには、まずは手洗いを行います。正しい手洗いを実践して、食中毒の発生を防ぎましょう。

①手を水で濡らして石けんをつける

②手全体、指、指と指の間、指先をハンドブラシで洗う（30秒以上）

③石けんを水で洗い流す（20秒以上）

④逆性石けん※に水をつけ、もみ洗いする（30秒以上）

⑤水ですすぐ（20秒以上）

⑥ペーパータオルまたは温風器で水気をとる

※逆性石けん

逆性石けんは危険性が低く無臭であるのにもかかわらず、一般の石けんよりも殺菌力が高いため、消毒薬として使われている。ただし、一般の石けんと混ぜると、一般の石けんの洗浄力も逆性石けんの殺菌力もどちらも失われてしまうため、混ぜずに使用すること。

手に傷がある場合は、細心の注意が必要です。特に化膿している傷がある場合は、調理をしないことをおすすめします。目には見えなくても、食中毒の原因となる細菌をもっている場合があるからです。これを、**健康保菌者**といいます。

食品衛生法でも定められていますが、調理に関係する人は、自身の健康チェックを定期的にしっかり行うようにしましょう。

殺菌の種類

殺菌とは、伝染病菌や食中毒菌などの**有害微生物を死滅させること**です。加熱殺菌、煮沸殺菌※、乾熱殺菌、薬剤殺菌（次亜塩素酸ナトリウム、逆性石けん、さらし粉※）、紫外線殺菌、放射線殺菌などの方法があります。広い意味では、消毒、除菌、滅菌、静菌も殺菌に含まれます。

※煮沸殺菌：耐熱性のある調理器具や容器、布巾などを煮沸（火にかけて煮立てる）して消毒や殺菌する方法。
※さらし粉：水酸化カルシウムに塩素を吸収させて作る漂白剤のこと。

● 洗浄

手指、食品、食器、調理器具などの汚れや有害物質を水や洗剤で取り除くことです。

● 消毒

食中毒の原因となる微生物を殺菌したり、滅菌することで、**感染力のない安全な状態にする**ことです。（例：アルコール消毒、日光消毒、煮沸消毒など）

アルコール消毒は、安全な消毒剤として使用され、手指、容器、調理器具、作業台などの消毒に有効です。病原微生物、カビ、ウイルス、白癬菌などに効果がありますが、芽胞細菌には効果がありません。

● 除菌

有害微生物をろ過・沈殿などの物理的方法によって**取り除く**ことです。

※細菌、カビ、酵母などは除去されるが、ウイルスや微生物の作り出す毒素や代謝物質（代謝生成物）及び酵素は除去できない。

● 抗菌

微生物の生育・増殖を阻止したり、抑制したりすることで、静菌と滅菌の中間的な効果を指します。（学術的には明確な定義はない）。

● 滅菌

微生物をほとんど死滅させて、**ほぼ無菌の状態にする**ことです。（例：高圧殺菌、

高圧蒸気殺菌など）

● 静菌

微生物の**増殖を阻止・抑制**することです。方法として冷蔵、冷凍などがあります。

洗浄の重要性

きれいに見えても清潔だとは限らないため、食品を取り扱う際は、手や指、食材、調理器具を正しく洗浄することはとても重要です。**衛生管理の基本**である洗浄をきちんと行うために、正しい洗浄剤の選び方を知っておきましょう。

● 洗浄剤

食品衛生法の「洗浄剤の成分規格」と「洗浄剤の使用基準」において、洗浄剤は次のように定められています。その規格や基準を満たした製品がたくさん販売されていますが、成分表示をよく確認し、安全性の高いものを選ぶようにしましょう。

> ・毒性がないこと
> ・食品を変質させないこと
> ・食品の食材中に浸透したり、吸着・残留がないこと
> ・少量で効果があること

試験予想Check！

「3大原則」「5S」「7S」などの言葉の意味については、よく理解しておきましょう。また、除菌、殺菌などの違いについても、必ず確認しておいてください。

□／□ 細菌による食中毒を予防するには、（ **つけない** ）、（ **増やさない** ）、
（ **殺す** ）の3大原則が大事です。

□／□ 細菌の増殖は一般に、（ **10℃以下** ）で鈍るといわれ、細菌の死滅には
（ **加熱** ）が効果的で、（ **75℃以上** ）の状態を（ **1分以上** ）加熱す
ることがよいとされています。

□／□ 調理器具は、十分な（ **洗浄** ）や（ **熱湯消毒** ）をすることが大切で
す。調理器具や布巾を清潔にしておくことで（ **二次汚染** ）を防ぎます。

□／□ 5Sの実行ポイントは、（ **整理** ）、（ **整頓** ）、（ **清掃** ）、（ **清潔** ）、
（ **躾** ）です。また7Sとは、5Sに（ **洗浄** ）と（ **殺菌** ）を加えたも
のです。

□／□ 菌は（ **水分** ）を好むので、調理器具などを洗った後は早めに
（ **乾燥** ）させることが食中毒の予防につながります。

□／□ （ **化膿** ）している傷がある場合は、（ **調理** ）をしてはいけません。

□／□ 消毒とは、食中毒の原因となる微生物を死滅または減少させ（ **感染力
のない** ）安全な状態にすることで、（ **滅菌** ）とは、微生物をほとんど
死滅させ、（ **ほぼ無菌の状態** ）にすることです。

□／□ ろ過・沈殿などの物理的方法で、有害微生物を（ **除去** ）することを
（ **除菌** ）といい、微生物の発生、生育、増殖を阻止または（ **抑制** ）
することが、（ **抗菌** ）です。

4-3 食品の変質と防止

頻出度 ★★★

 **Step1 基本解説**

🍵 食品に適さなくなる「変質」

　食品には多数の**微生物**（細菌）が付着していますが、一定の発育条件下（温度・湿度・栄養素など）におかれると微生物は増殖し、微生物の酵素作用によって食品の成分が分解されます。やがて、色・味・香りなど化学的性質が変化していき、食品としては適さなくなります。

　このような現象を、**変質**といいます。また、食品が変質する原因には微生物の増殖によるもののほか、化学作用によるもの、物理作用によるものもあります。

● 化学作用

　化学作用による食品の変質は、食品に含まれる酵素と大気中の酸素が関わっています。例えば、肉類や魚介類などの変質は、油脂の酸化などによるものです。

　高温になることで、化学作用を促進する場合もあります。

● 物理作用

　物理作用による食品の変質は、光線や水分、温度などが関わっています。光線による食品の変色や酸化、水分による変色やカビの発生などがあげられます。

● 微生物の増殖

　食品に含まれる微生物が作用して起こる変質です。

　微生物の作用をコントロールできず食用に適さなくなった、人体に有害な「腐敗」や、微生物の作用をコントロールして有益なものを作り出す「**発酵**」などがあります。

※**熟成**：「温度、湿度、時間、条件などの外的環境により、食品のうま味や風味が増すこと。

変質のいろいろ

● 変質

食品を長時間放置したことなどにより、外観や内容に変化が生じることを、変質といいます。乾燥や変色、変形が起こったり、異臭を放つようになります。

● 腐敗

腐った状態のことです。

たんぱく質を主成分とする食品が、微生物の酵素作用により分解され、悪臭を放ち、食用に適さなくなる状態のことを**腐敗**といいます。肉類や魚介類の保存状態が悪いもの、消費期限や賞味期限を過ぎたものなどに見られます。

悪臭の原因は、微生物の作用でたんぱく質が分解されて生じるアミノ酸や含硫化合物などです。

● 変敗

油脂の劣化現象を、**変敗**といいます。異臭が発生したり、粘性をおびたり、色や味が悪くなります。

変敗には、微生物により食品中の糖質や脂質が酵素分解されて、食用として適さなくなるものと、空気中の酸素による**酸化型変敗**などがあります（酸敗または酸化と呼ばれています）。空気中に放置しておいたり、直射日光に当てたり、揚げ物のカスなどが混入したりすることが原因です。

変敗を防ぐには、過度の加熱を避け、使用したあとの油は必ずこしてから密閉容器に入れて、暗所で保存するようにしましょう。

酸敗した油脂から生成される過酸化脂質は、下痢や腹痛などを起こし、人体にとって有害となりますから気をつけましょう。

食品の変質の防止方法

食品の変質を防ぐには、その要因を明らかにして、その環境を変えることにより防止することができます。

- 低温での保存（冷蔵・冷凍など）

  食品を低温に保つと、微生物の生育が阻止されて変質を防ぐことができます。−15℃以下（食品衛生法）で急速に冷やすことで、微生物の活動を停止させる方法を冷凍といいます。

- 加熱法による保存

  食品を加熱することにより微生物を死滅させ、酵素を不活性化し食品の変質を防ぎます。

  なお、牛乳の殺菌処理には特徴があるため、以下に説明します。

① 低温長時間殺菌：63〜65℃　30分

  低温長時間殺菌した牛乳を**パスチャライズ**と呼び、熱処理において成分の変成が少ないので、期限表示は「**消費期限**」を表示します。

② 高温短時間殺菌：72〜85℃　2〜15秒以上

  超高温短時間殺菌よりも低温のため、「低温殺菌」と表示する場合もあります。

③ 超高温短時間殺菌：120〜150℃　1〜4秒

  ロングライフ（LL）牛乳がこれに当たります。

  無菌の状態で充填されたもので、室温で約3ヶ月保存できます。

- 燻煙法（サラミ、ベーコンなど）

  防腐作用のある煙で食品をいぶすことで、殺菌効果を生み出す方法です。

- 空気遮断法

  包装から酸素をのぞいて、好気生菌の発育を抑制します。

- 乾燥法（スルメ、干物など）

  微生物の活動に必要な水分を取り除くことで、変質を防止します。

- 塩蔵法（塩辛、新巻鮭）

  脱水作用によって、細菌の発育を抑えて、変質を防止します。**立て塩**※1、**まき塩（撒塩法）**※2、**漬物法**※3があります。

※1 立て塩：食塩水に食品を漬ける
※2 まき塩（撒塩法）：塩を直接食品にふりかける
※3 漬物法：塩漬け、砂糖漬け、酢漬け、粕漬け、味噌漬けなどの総称

その他、紫外線・放射線照射（ジャガイモの発芽防止の目的に使用されている）による方法などがあります。

☕ 微生物の種類と特徴

微生物は、人や動物、土壌、水など広く自然界に存在し、種類も多種多様です。植物に属する**細菌**（バクテリア）をはじめ、**糸状菌**（カビなど）と**酵母**を含めた**真菌**、さらに細菌より小さな**ウイルス**やリケッチア、**クラミジア**などに分けられます。また、動物に属する原生動物（原虫類）もいます。

人にとっての有害性と有益性とで2つに分けると、有害微生物（ヒトや動植物の病気を引き起こす微生物）と、**有益微生物**（食品の加工や貯蔵の面で利用される有益な菌）とに分けられます。

● 有害な微生物

有害微生物には腐敗菌、消化器系伝染病菌（赤痢菌、腸チフス菌、パラチフス菌、コレラ菌など）、食中毒菌（枯草菌）、カビ菌（糸状菌）※があります。

※カビ菌
アフラトキシンという発ガン性カビ毒があり、繁殖すると食品に蓄積される。ピーナッツ類、アーモンド、ピスタチオ、トウモロコシ、香辛料（青カビ、毛カビ、クモノスカビ、ヨウジカビなど）。

● 有益な微生物

有益微生物とは、主に食品の製造・加工、保存面でプラスに働く微生物のことで、一般的に「**酵母、カビ、細菌**」の3つに分類されます。

例えば、チーズなどの発酵食品には乳酸菌が欠かせません。また日本酒の製造には、コウジカビや清酒酵母が必要です。さらには、しょう油作りにはコウジカビと酵母、納豆には枯草菌の一種である納豆菌、食酢には酢酸菌などがあります。これらの微生物は、私たちの食生活を豊かにするうえで、大きな貢献をしてくれています。

● 発酵食品

微生物の作用によって食品中の有機化合物が分解され、ほかの化合物になること

を、**発酵**といいます。その結果、食用のアルコールや有機酸が生じます。

　この技術を応用して製造されているのが、清酒、ビール、ウィスキーなどのアルコール飲料類、パン、みそ、しょうゆ、納豆、ヨーグルトなどの加工食品です。

　身近な発酵食品に用いられる代表的な微生物を、覚えておきましょう。

第4章

Step1

基本解説

▼微生物の種類と食品例

種類	内容	食品例
酵母	窒素物、無機質を含んだ微酸性の糖液の中で発育。発育しやすい温度は25〜30℃ パン酵母、アルコール酵母（ビール酵母、ぶどう酒酵母など）がある	ビール（ビール酵母） ワイン（ぶどう酒酵母） パン（パン酵母）
カビ	菌糸という細長い細胞からできている。胞子は空中に浮遊しており、食品につくと、適した栄養分、温度、湿度の場合に繁殖するため、食品を変質させてしまう。自然界に広く生息している。麹カビ属、青カビ属、ケカビ属などがある	鰹節（麹カビ）
細菌	酸素の有無により、生育可能かどうか、3種類に分けられる ①酸素がないと生育できないもの ②酸素があると生育できないもの ③酸素の有無にかかわらず生育できるもの 納豆菌、乳酸菌、酢酸菌などがある	納豆（納豆菌） ヨーグルト（乳酸菌） 食酢（酢酸菌）

微生物の組み合わせでできる食品例
　チーズ（青カビ属やケカビ属＋乳酸菌）、
　清酒（麹カビ＋清酒酵母）、焼酎（麹カビ＋焼酎酵母）、
　漬物（乳酸菌＋酵母）、
　みそ（麹カビ＋酵母＋細菌）、
　しょう油（麹カビ＋醤油酵母＋各種細菌）など

試験予想Check！

食品の変化の状態を指す言葉である、変質・腐敗・変敗・酸敗・発酵の特徴を説明した問題が、毎回出題されています。微生物の作用も合わせて確認しておきましょう。また、3級検定内容である「食品の保存方法」についてもおさらいをしておきましょう。

□／□ 食品に付着している（　微生物　）は、一定の発育条件である温度・湿度・栄養素などがそろうと増殖します。

□／□ 微生物自体がつくる（　酵素　）によって食品の成分が分解され、食用に適さなくなることがあります。

□／□ 化学的性質が変化して食用として適さなくなった状態を、（　変質　）といいます。

□／□ （　化学作用　）による食品の変質は、食品に含まれる酵素と大気中の酸素がかかわっています。

□／□ （　物理作用　）による食品の変質は、光線や水分、温度などがかかわっています。

□／□ （　たんぱく質　）を主成分とする食品は、微生物の酵素作用により分解され、悪臭を放ち、食用に適さなくなる状態があり、これを（　腐敗　）といいます。

□／□ （　油脂　）の劣化現象を、（　変敗　）といいます。不快な臭気が発生したり、粘性をおびたり、色や味が悪くなります。

□／□ 空気中の酸素による酸化型変敗は、（　酸敗　）または（　酸化　）といいます。

□／□ ロングライフ牛乳は（　超高温短時間　）殺菌しているため、室温で（　3　）ヶ月保存できます。

□／□ 微生物の作用によって食品中の有機化合物が分解され、ほかの化合物になることを（　発酵　）といいます。

□／□ （　腐敗　）と（　発酵　）の共通点は、食品に微生物が作用して、ほかの化合物になるということです。

□／□ 変質を防ぐ方法の１つである（　塩蔵　）法は、脱水作用によって、細菌の発育を抑えます。（　立て塩　）、まき塩、（　漬物法　）などの種類があります。

□／□ （　微生物　）には、食生活の中で有益に作用するものと、有害になるものが存在します。

□／□ 主な有害微生物には、腐敗菌、消化器系伝染病菌、（　食中毒菌　）、カビ菌があります。

□／□ 有益微生物は、（　酵母　）、カビ、細菌の３つに分類されます。

□／□ みそは、（　麹カビ　）、酵母、（　細菌　）といった微生物の組み合わせによって製造します。

4-4 食品の安全と環境汚染

頻出度 ★★★

Step1 基本解説

食品の安全

私たちの生活は日々、たくさんの人の知恵や働きによって便利な暮らしになっています。24時間営業の店が増えたり、スーパーへ行けば調理済みの総菜が売っていたり、切り身の肉や魚が豊富に売られていたりします。その一方で、食品の偽装表示や異物混入、賞味期限切れ商品の再利用など、身体にかかわるような事件や事故が起こっています。こうした問題を改善するために、いろいろな取り決めがされるようになりました。

遺伝子組み換え農産物の安全性

● 人の体への害

遺伝子組み換え食品でアレルギーを引き起こす可能性や、長期的に食べることによる体への影響などが懸念されています。実際に、食品の安全性を調べることは難しく、十分に安全の確認ができていません。

● 生態系への害

新しい品種が生態系に加わることで、生産、流通、加工の段階で他の品種と交雑する可能性があります。それによって、有用な遺伝子をもった品種が絶滅したり、害虫以外の生物に危険をもたらしたり、遺伝子組み換え農産物に導入された遺伝子が微生物に移行したり、突然変異で新しい微生物が生まれるなど、生態系が変化するのではないかと懸念されています。

● 特定企業による食料支配の可能性

「種子を制するものは世界を制する」といわれ、開発された種子は特許化されるた

め、栽培をするときには、企業から種子の使用料を払い、また自ら生産した作物から種子を採ることもできません。そのため、特定の企業によって食糧市場が独占されることも考えられます。

☕ 牛肉BSE問題

BSEとは、Bovine Spongiform Encephalopathyの略で、**牛海綿状脳症**のことです。狂牛病とも呼ばれています。牛の脳の中に空洞ができてスポンジ（海綿）状になる病気で、この病気にかかった牛は、痙攣をおこしたり、歩行困難になったり、立てなくなるなどの症状を起こします。

BSEの病原体は**プリオン**という**たんぱく質**で、正常なプリオンたんぱく質に異常たんぱく質が入ると、たんぱく質の構造が変質して、異常プリオンたんぱく質に変えられてしまいます。この仕組みについては、異常プリオンたんぱく質で構成されたプリオンが人口飼料（肉骨粉・牛用代用乳など）を介して牛の体内へ入ることで、異常プリオンたんぱく質となる説や、牛の体内での遺伝子の変異によって異常プリオンたんぱく質となる説など、未解明な部分が多いのが現状です。

なお、この病気にかかった牛を回復させる治療法は存在しません。

☕ 日本でのBSE問題

2001年、日本国内でも初めてBSEにかかった牛が確認されました。

日本でBSEの陽性が確認された場合、家畜伝染病予防法に基づいて殺処分命令が出され、直ちに殺処分された後、焼却処分されます。また、飼料を介して発症する疑いが強いため、同じ飼料で育てられた可能性のある牛も陽性の恐れがあることから、調査が実施されます。

BSEによる異常は、牛のどの部分でも起こるわけではなく、異常プリオンたんぱく質になる可能性のある箇所である、舌と頬肉を除く頭部（**脳**、**眼球**、**扁桃**など）、**脊髄**、背根神経節を含む**背柱**、**回腸遠位部**が日本で**特定危険部位**に指定されています。これらの特定危険部位を食べると、ヒトに感染する恐れがあります。そのため、2001年10月からすべての牛の**全頭検査**、輸入に関する取り決めなど、厳重な規制がされるようになりました。

　しかし、2003年以降の10年間、日本ではBSE感染が起きていないなどの背景もあり、2013年7月より、**生後48ヶ月を超えた牛**のみBSE検査を行うようになりました。

　そのほかの部位には異常プリオンたんぱく質は存在しないため、市場で販売されている牛肉、牛乳、乳製品は安全だといわれています。

　危険部位が使用されている可能性があるのは、牛ブイヨン、牛脂、ゼラチンなどで、注意が必要です。

▼特定危険部位

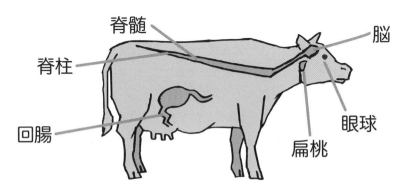

☕ 牛肉トレーサビリティ

　牛肉に関して、BSE問題のほかにも産地偽装表示など、消費者の信頼を失う事例が起こったことから、BSEのまん延防止措置の的確な実施や、牛肉の安全性への信頼確保を目的に、**牛肉トレーサビリティ法**が施行されました（2003年12月に牛に対して、2004年12月に牛肉に対して）。

　正式には、「牛の個体識別のための情報の管理及び伝達に関する特別措置法」といいます。

　トレーサビリティとは、「Trace（追跡）」＋「Ability（可能）」という意味で、「食品流通の保険機能」と「食品の安全性の証明」の2つの意義があります。日本で生まれたすべての牛と輸入牛に10桁の**個体識別番号**が印字された耳標がつけられ、個体識別番号によってその牛が「いつ、どこで、どのように生産・加工・流通されたか」がデータベースに記録され、インターネットで**10桁の個体識別番号**を検索すると、

その**生産流通履歴情報**を知ることができる**牛肉の安全管理システム**です。

▼牛肉トレーサビリティ

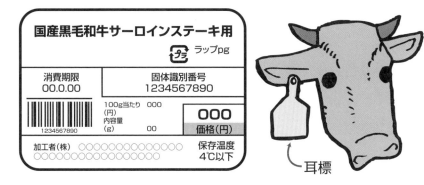

国産黒毛和牛サーロインステーキ用

♻ ラップpg

消費期限 00.0.00	固体識別番号 1234567890	
1234567890	100g当たり （円） 内容量 （g）| 000 00	**000** 価格（円）
加工者（株）○○○○○○○○○○○○○ ○○○○○○○○○○○○○	保存温度 4℃以下	

耳標

☕ 鳥インフルエンザ ・・・・・・・・・・・・・・

　A型インフルエンザウイルスが鳥類に感染して起こる**鳥類の感染症**で、BSEと同じく、家畜伝染病予防法に基づく**家畜伝染病**の1つに指定されています。

　通常は、野生の水禽類（アヒルなどのカモ類）を自然宿主として存在していて、水禽類の腸管で増殖し、（水中の）フンを媒介に鳥間で感染します。そして、家禽類のニワトリ、鶉、七面鳥などに感染すると非常に高い病原性をもたらすものがあり、H5N1亜型ウイルスによる**高病原性鳥インフルエンザ**と呼ばれていて、このタイプが現在、養鶏産業の猛威となっているウイルスです。

　本来、鳥から鳥へ感染するものですが、鳥からヒトへの感染が確認され、さらにベトナム・タイ・インドネシアなど数カ国において感染者の死亡が確認されるようになりました。今後、このウイルスがヒトからヒトへ感染する可能性が懸念されていて、**鳥インフルエンザ**の研究や鳥用ワクチンの開発などが進められていますが、感染予防は完全ではなく、いまだ未知の存在です。

● 鳥インフルエンザの判断

▼鳥インフルエンザウイルス感染を疑うべき条件

> ①H5N1鳥インフルエンザが流行している地域へ渡航または在住し、帰国後
> 10日以内
> ②その地域で鳥（体液や排泄物も含む）またはH5N1鳥インフルエンザ感染
> の患者と接触した
> ③咳・痰・呼吸困難などの呼吸器症状、および発熱を有する

　現在の日本では、以上の条件にすべて当てはまる場合に疑うべきとされていますが、①と③が当てはまって②に当てはまらないとしても、基礎疾患を有せず、急激に症状が悪化する場合には鳥インフルエンザ感染を疑う必要があります。

　このような疑いのある場合には、他の人との接触を避け、直ちに医療機関・最寄りの保健所へ電話するなどして指示を受けるようにしてください。

☕ A型豚インフルエンザ（H1N1）

　A型インフルエンザウイルスが豚に感染して起こる、豚の感染症です。しかし、通常は豚から豚へ感染するウイルスですが、2009年4月に米国やメキシコで豚からヒト、ヒトからヒトへのインフルエンザウイルスの感染確認が公表され、死亡者も相次ぎました。厳重な警戒をされたにもかかわらず、2009年8月に日本でもヒトからヒトへの感染が確認されました。

　その後、2009年11月をピークに感染者が増大し、医療機関に患者が押し寄せ、マスクが完売して生産が追いつかなくなるなど、人々に混乱をまねきました。新たな感染ウイルス「**新型インフルエンザ**」として、今後も流行の再来が警戒されています。

▼感染を防ぐには

> ・手洗い、うがいをする
> ・マスクを着用する
> ・新型インフルエンザワクチンの接種を受ける

環境ホルモン

　合成化学物質が環境中に放出されたり、製品中から溶け出したりして口や鼻、皮膚などから体内に侵入し、生体内でホルモンのようにふるまって本当のホルモンの働きをかく乱させるなど、正常な作用を妨げ、生体に障害や有害な影響を引き起こす**外因性の化学物質**のことです。

　正確には「内分泌かく乱物質」または「外因性内分泌かく乱化学物質」といわれ、実際はホルモンとはいえませんが、ホルモンのような物質のため略称で「**環境ホルモン**」として使用されています。解明されていることがまだ少なく、原因究明・対策が進められており、現在は環境省により約70種類の物質が疑われています。

▼環境ホルモンが及ぼすとされるヒトへの影響

①精子数の減少
②不妊・妊娠率の低下
③男性生殖器の発達阻害
④精巣がん・女性の乳がん増加
⑤免疫性疾患（アトピーなど）

▼疑われている化学物質

種類	物質名	例
工業製品関連	ベンゾフェノン 2.4-ジクロロフェノール スチレン2および3量体	紫外線吸収剤 染料中間体 ポリスチレン中の不純物
プラスチック原料	ビスフェノールA フタル酸エステル類 ノニルフェノール	ポリ塩化原料 ポリ塩化ビニルの可塑剤 界面活性剤、インキ原料
農薬	DDVP、EOB OPP、ベノミル、ジネブ アトラジン、シマジン	殺虫剤 殺菌剤 除草剤
環境汚染物質	ダイオキシン類	生ゴミ
食品添加物	BHA	酸化防止剤
重金属	カドミウム、鉛、水銀	

母親の体内に蓄積されたダイオキシンが授乳を通して子供へ移行するなど、さまざまな場所で環境ホルモンの存在は潜んでいます。

恐ろしいダイオキシン

　近年、**ダイオキシン**という言葉をよく耳にしますが、これは1つの化学物質の名前ではありません。200種類以上の有機塩素化合物の総称で、学術的に**ダイオキシン類**と呼ばれます。無味無臭の固体で、水には溶けず脂肪などに溶けやすい性質です。

　ダイオキシンの約9割は、身の回りのごみや産業廃棄物を焼却するときに出るといわれています。一般的な元素である、炭素、水素、塩素、酸素などで構成されているため、ごみの焼却や農薬の製造だけで、意図せず簡単に生成されてしまうのです。一般的な元素で構成されているということは、いったん環境中に排出されると長時間にわたって環境汚染を引き起こし、ヒトの体内に入るとなかなか排出されにくい状況になります。

　毒性が非常に強く、「人類がつくった最強の猛毒物質」といわれ、青酸カリの1千倍の威力があります。

　対策として、まず第一にごみを減らしていくことが大事ですが、**焼却する際の不完全燃焼によって発生しやすくなる**ため、高温での焼却、排ガスの処理などが適正にできる設備の整った焼却施設で行うことが必要です。

　また、体内に取り込まれる7〜9割程度は魚、肉、乳製品、卵に由来しているようです。未解明な環境ホルモンの中で汚染の実態がはっきりとしている数少ない物質の1つであり、さまざまな対策が考えられています。

　環境のため、未来の生命のため、そして自分自身のためにも、物や食べ物を大切にし、一人ひとりがごみを減らしていくよう努力していくことが大切です。

試験予想Check!

BSEの病原体の名称や、トレーサビリティの意味、環境ホルモンの影響、ダイオキシンの性質などについての問題に注意しましょう。

Step2 「食品の安全と環境汚染」の要点チェック

チェック欄
1回目　2回目

□／□　遺伝子組み換えで特に懸念されているのは、（　生態系　）への影響です。突然変異で新しい（　微生物　）が生まれるなどの心配があります。

□／□　（　BSE　）とは、（　牛海綿状脳　）症のことで、感染した牛の危険部位を食べることで人間に感染する恐れのある牛の病気です。病原体は、（　プリオン　）という（　たんぱく質　）です。

□／□　牛の特定危険部位に指定されているのは、舌と頬肉を除く（　頭部　）、（　脊髄　）、（　背柱　）、（　回腸遠位部　）です。ほかの部位には（　異常プリオンたんぱく質　）が存在しないため、牛乳や（　乳製品　）は安全とされています。

□／□　牛の特定危険部位が使用されている可能性があるのは、（　牛ブイヨン　）、（　牛脂　）、ゼラチンなどで、使用している部位が消費者には分かりづらい食品があります。

□／□　牛肉の安全性への信頼確保を目的に施行された（　牛肉トレーサビリティ法　）は、10桁の（　個体識別番号　）が印字された耳標が牛につけられ、それぞれに記録された（　生産流通履歴情報　）を検索して知ることができる牛肉の安心管理システムです。

□／□　（　鳥インフルエンザ　）とは、A型インフルエンザウイルスが鳥類に感染して起こる（　鳥類の感染症　）で、（　家畜伝染病　）の1つに指定されています。

第4章

Step2

「食品の安全と環境汚染」の要点チェック

□／□ H5N1亜型ウイルスによる（ **高病原性鳥インフルエンザ** ）は、養鶏産業へ猛威をふるっています。

□／□ （ **A型豚インフルエンザ** ）とは、A型インフルエンザウイルスが豚に感染して起こる豚の感染症です。（ **豚** ）から（ **ヒト** ）へ、さらに（ **ヒト** ）から（ **ヒト** ）へ感染が確認され、（ **新型インフルエンザ** ）として警戒が強められています。

□／□ 環境ホルモンとは、合成化学物質が（ **環境中** ）に放出されるなどして（ **体内** ）に侵入し、（ **ホルモン** ）の正常な作用を撹乱させて生体に障害や有害な影響を引き起こす（ **外因性** ）の化学物質のことです。

□／□ 環境ホルモンが及ぼすとされるヒトへの影響は、（ **精子数** ）の減少や、（ **妊娠率** ）の低下、（ **男性生殖器** ）の発達障害、精巣がん・（ **女性の乳がん** ）増加などです。

□／□ （ **ダイオキシン** ）とは、200種類以上の有機塩素化合物の総称で、特徴は（ **無味無臭** ）の固体で、（ **水** ）には溶けず（ **脂肪** ）などに溶けやすい性質で、（ **ゴミ** ）を燃やしたり（ **農薬** ）を製造したりするだけで意図せず（ **簡単に生成** ）されます。

□／□ 「人類が作った最強の猛毒物質」といわれるほどの（ **ダイオキシン** ）の威力は、（ **青酸カリ** ）の（ **1千** ）倍です。

□／□ （ **ダイオキシン** ）の約（ **9割** ）は、身の回りのゴミや産業廃棄物を（ **焼却** ）するときに発生するといわれています。その際、（ **不完全燃焼** ）によっての発生率が高くなるため、適正に処理できる（ **焼却施設** ）が必要です。

4-5 HACCPシステム

頻出度 ★★★★

☕ HACCPとは？

HACCP（「ハサップ」または「ハセップ」）とは、**危害分析重要管理点**という意味を持った略称で、1960年代に宇宙開発のアポロ計画の際にNASA（アメリカ航空宇宙局）で宇宙食の安全性を確保するために生み出された手法です。

この方法は、国連食糧農業機関（FAO）と世界保健機関（WHO）の合同機関の食品規格（CODEX）委員会が各国に発表、推奨し、世界的に認められています。

原料の入荷・製造・出荷すべての工程で**あらゆる危害の予測**をして、危害を防止し、異常が起こった場合には速やかに対策をとり、解決ができるように、**常に監視、記録をして改善処理をしていく合理的な食品管理システム**です。

▼HACCP

HA (Hazard Analysis)	危害分析（微生物・異物など） 食品の製造工程すべてにおいてあらゆる危害の要因について調査・分析
CCP (Critical Control Point)	重要管理点（殺菌・包装工程など） 食品の製造工程で、より安全を確保するために重要に管理

※近年、**危害分析**から**ハザード分析**と呼び名が変更されつつある

従来の一般的な衛生管理方法は、ファイナルチェック方式と呼ばれています。最終製品のサンプリングによる検査判定のため、未然に不良製品を防ぐことが困難なものでした。

HACCPによる管理方法は、プロセスチェック方式と呼ばれています。生産、流通、調理、喫食のすべての工程ごとの記録により管理するものです。

HACCPの導入は義務付けされているわけではありませんが、ほとんどの先進国、そして日本国内でもHACCP手法を自主的に取り組む企業が増えてきました。

日本では、営業者による食品の安全確保に向けた管理を促す仕組みとして、食品衛生法上、HACCPの概念を取り入れた「**総合衛生管理製造過程承認制度**」という制度を定めています。

なお、HACCP方式では、次のような**7原則**が行われます。

【原則1】　危害要因を分析する

【原則2】　重要管理点 (CCP) を設定する

【原則3】　管理基準を設定する

【原則4】　CCPの測定 (モニタリング) 方法を設定する

【原則5】　異常が発生した場合の改善措置を設定する

【原則6】　検証方法を設定する

【原則7】　記録をつけ、維持・管理する

● **HACCP導入の意義**

HACCPでは、マニュアル化によって、これまでの経験を科学的に裏付けることにつながります。HACCPの導入により得られる効果は以下の通りです。

・マニュアル化により、作業が標準化する

・管理事項が明確になり、食品の安全が向上する

・品質がさらに向上し、製品の競争力が強化される

・衛生管理の意識が上がるよう、組織全体の意識が一体化する

今後さらに、衛生管理基準の改定などにより、製品の安全性追求・持続が可能です。

※食品衛生法ではHACCPの考え方を取り入れ、食品メーカーに対してHACCP導入の義務化を検討し、HACCPによる衛生管理の制度化が着々と本格化している。

☕ 家庭でできるHACCP

企業だけではなく、家庭内でもできるHACCPがあります。日々の暮らしの中で、常に意識をしながら食品を管理することで、さらに食に関する危害を防ぐことができるでしょう。

▼家庭で行うHACCP

食品の購入	・肉、魚、野菜、果物などは、鮮度のよいものを購入する ・期限表示をよく確認する ・水分や肉や魚のドリップが溢れる可能性がある食品は、ビニール袋などにそれぞれ入れる ・温度管理が必要なものは最後に購入し、早く帰宅する
保存	・購入後、持ち帰った食品はそれぞれ冷蔵庫、冷凍庫へすぐ入れる ・冷蔵室は10℃以下、冷凍室は−15℃以下に保つ ・冷蔵庫、冷凍庫は詰め込みすぎない（70%程度を目安に） ・水分や肉や魚のドリップが溢れる可能性がある食品は、ビニール袋などにそれぞれ入れて保存し、取り扱い前後の手洗いを行う ・早く使いきり、冷蔵庫、期限表示などを過信しない
下準備	・手をよく洗う ・調理台は常に片付いた状態にしておく ・清潔なタオル、布巾、調理器具を用意 ・肉や魚のドリップが、他の食材などにつかないよう注意 ・解凍は、冷蔵庫の中で自然解凍させるか電子レンジを使用。流水解凍は気密性のある容器などに入れて行う ・使用後のタオル、布巾、調理器具は、洗剤と流水でよく洗った後、熱湯消毒などを行う
調理	・肉など熱を通す食材はよく加熱する（食材の中心温度が75℃以上1分以上を目安に） ・調理を中断する際は、食品を冷蔵庫に入れて中断し、再開時は加熱するものはしっかり中央まで加熱する
食事	・必ず手洗いをしてから食べる ・温かい料理は温かいうちに、冷たい料理は冷たくして食べ、料理を長時間放置しない ・10分放置すると細菌が2倍に増殖する食品もあるので、長い時間放置しないようにする
片付け	・食器は、清潔な布巾でふく ・使い終わったスポンジやたわしも、洗剤と流水で洗い、よく乾かす ・調理器具やまな板は、熱湯消毒や漂白剤を使って消毒する
余った食品	・小分けして冷蔵・冷凍保存する ・食べるときは十分に加熱する ・1度解凍したものは再冷凍しない

※ノロウイルス予防対策は、食品の中心温度が**85〜90℃以上で90秒以上の加熱**が目安となる。

第4章

🍎

Step1

基本解説

試験予想Check！

HACCPの意味と目的については、よく覚えておきましょう。また、家庭でできるHACCPの内容も要チェックです。

チェック欄
1回目 2回目

☐/☐ HACCPとは、（ **危害分析重要管理点** ）という意味を持った略称で、（ **宇宙食** ）の安全性を確保するために生み出された手法です。

☐/☐ HACCPは、原料の（ **入荷** ）、（ **製造** ）、（ **出荷** ）すべての工程で（ **あらゆる危害の予測** ）をして、いつでも速やかな対処ができるように常に（ **監視** ）、（ **記録** ）されている（ **食品管理システム** ）です。

☐/☐ HACCP方式では、（ **7原則** ）が行われます。

☐/☐ 家庭で行うHACCPには、食品購入、（ **食品保存** ）、（ **下準備** ）、（ **調理** ）、食事、（ **片付け** ）、余った食品の保存などにおいて、それぞれにおける注意事項があります。

☐/☐ 食品購入時に、（ **温度管理** ）が必要なものは、（ **最後に購入** ）して早く帰宅し、冷蔵庫または冷凍庫に保存します。

☐/☐ 冷蔵庫、冷凍庫は詰め込み過ぎず（ **70%** ）程度を目安にし、肉や魚の保存時には、水分や（ **ドリップ** ）が他の食品につかないように、それぞれビニール袋などに入れて保存します。

☐/☐ 食品は（ **小分けにして** ）冷蔵・冷凍保存し、一度解凍したものは（ **再冷凍** ）しないことが食中毒の予防につながります。また調理後は、料理を（ **長時間放置** ）しないようにします。

Step3 演習問題と解説

4-1 食中毒について

例題(1) 食中毒についての記述として、不適当なものを選びなさい。該当するものがない場合は、6を選びなさい。

1. 腹痛、下痢、発熱などの症状を引き起こす急性の健康障害のことをいう
2. 高温多湿を好む細菌が増殖しやすくなるため、細菌性食中毒は6〜10月に多発する
3. ヒトからヒトへ感染する食中毒があり、ノロウイルスがそれにあたる
4. 細菌は水分を好むので、調理器具などを洗ったら水分をふき取りできるだけ早く乾燥させる
5. 人間と同じく、たんぱく質や糖類が菌の栄養素になる
6. 該当なし

正解 6

例題(1)の解説

すべて食中毒に関する説明です。食中毒は暑い季節(6〜10月)に多発します。ウイルス性の食中毒は、冬に発生します。予防するには、二次汚染にも十分注意が必要です。

試験対策のポイント

どの時期にどんな食中毒が起こるか、細菌の好む条件は何かなど、しっかり把握しておきましょう。

食中毒に関する組み合わせとして、不適当なものを選びなさい。該当するものがない場合は、6を選びなさい。

1. 動物性自然毒 ― テトロドトキシン
2. 植物性自然毒 ― ソラニン
3. ウイルス性 ― カンピロバクター
4. 化学性 ― 水銀
5. カビ毒 ― マイコトキシン
6. 該当なし

正 解 3

例題(2)の解説

1. フグ毒です。
2. じゃがいもの芽にある毒です。
3. カンピロバクターは細菌性です。ウイルス性はノロウイルスなどです。
4. 水銀の他、ヒ素やシアン化合物も化学性です。

試験対策のポイント
食中毒の分類名と具体的な物質名など、組み合わせて覚えておきましょう。

例題(3) 細菌名とおもな特徴の組み合わせについて、不適当なものを選びなさい。該当するものがない場合は、6を選びなさい。

1. 黄色ブドウ球菌 ― 人の鼻や粘膜に付着している
2. ボツリヌス菌 ― 症状が重く死に至る場合もある
3. サルモネラ菌 ― 卵の殻に付着している

4. ノロウイルス　　　　—　　　ソーセージやハムで増殖する

5. カンピロバクター　—　　　鶏や豚の腸管に存在する

6. 該当なし

正解 4

 例題③の解説

ノロウイルスは二枚貝に付着したウイルスが原因です。冬季に多発し、ヒトからヒトへ感染します。二次汚染（他の食品への付着）も要注意です。調理者は十分な手洗いが必要です。

試 験対策のポイント

細菌名と特徴などの組み合わせ問題が頻出されています。原因となる食品や感染源について、よく覚えておきましょう。

4-2　食中毒の予防

例題(4) 「5S」「7S」についての説明として、適当なものを選びなさい。該当するものがない場合は、6を選びなさい。

1. 5Sとは、精神・サービス・試練・信用・躾

2. 5Sは食中毒の予防に直結するわけではない

3. 5Sとは、信用・信頼・真剣・接遇・尊敬

4. 7Sとは5Sに洗浄と信用を加えたものである

5. 5Sとは、整理・整頓・清掃・清潔・躾

6. 該当なし

正解 5

例題(4)の解説

1. 5Sの説明としては異なっています。
2. 食中毒の予防に直結する重要なポイントです。
3. 5Sの説明としては異なっています。
4. 信用ではなく殺菌です。7Sは、整理と整頓をしっかりと行い、清掃、洗浄、殺菌を実践し、躾として習慣づけていくことで、清潔な状態を維持していくといったものです。
5. 5つのポイントを常に心がけることで、食中毒を防ぎます。

試験対策のポイント

7つの言葉を覚えるだけでなく、それぞれどのような目的で行うのかを理解しておきましょう。

例題(5) 食中毒の予防として、不適当なものを選びなさい。該当するものがない場合は、6を選びなさい。

1. 調理前に必ず手を洗う
2. 衛生管理に関する教育や指導をうける
3. 調理器具を食材別に分ける
4. 調理前には軽く手を洗い、作り終わったらよく手を洗う
5. つけない・増やさない・殺す
6. 該当なし

正 解 4

例題⑤の解説

手には菌がたくさん付着している恐れが高いので、調理前、調理中、調理後、すべてにおいて手をよく洗いましょう。また、調理後、まな板や包丁の熱湯消毒なども必要です。肉用、野菜用とまな板や包丁を分けることも予防につながります。

試 験対策のポイント

食中毒や二次汚染の予防に関する問題には注意しましょう。対処法についても、覚えておいてください。

例題⑥ 食中毒の予防に関する記述として、適当なものを選びなさい。該当するものがない場合は、6を選びなさい。

1. 細菌の増殖は、一般的に30℃以下で鈍るといわれている
2. 調理後のまな板は、使い終わったら速やかに流水で洗う
3. 包丁は、ぬれた布巾にくるんで、それ以上水分がつかないように保管する
4. 冷蔵庫に保管すれば、食品を低温で保存できるため安全である
5. 細菌の死滅にもっとも効果的なのは冷却で、3℃以下を保つことが望ましい
6. 該当なし

正解 6

例題⑥の解説

1. 細菌の増殖は一般的に10℃以下で鈍るといわれています。
2. 流水では十分に洗浄できません。洗剤を使い、汚れと洗剤をよく洗い流し、熱湯消毒をしたのち、速やかに乾かしましょう。
3. 菌は水分を好むため、ぬれた布巾にくるむと逆効果になります。
4. 冷蔵庫を過信せず、食材は早めに使い切りましょう。
5. 細菌の死滅には、加熱がもっとも効果的だといわれています。

4-3 食品の変質と防止

例題（7） 食品の化学変化における「腐敗」に関する記述として、適当なものを選びなさい。該当するものがない場合は、6を選びなさい。

1. 食品の色、味、香りなどを失ったため、食用に適さなくなった現象のこと

2. たんぱく質を主成分とする食品が、微生物の繁殖にともなう酵素の働きにより分解され、食用に適さなくなる現象のこと

3. 炭水化物が、繁殖した微生物の酵素や熱、光、水分などによって酸化あるいは分解される現象のこと

4. 食品中の炭水化物やたんぱく質が微生物の作用によって分解されて、他の化合物に変わる現象で、人に有用な食物を作ること

5. 温度や湿度、時間などのさまざまな外的環境によって食品の風味や旨味を増す現象のこと

6. 該当なし

正解 2

例題（7）の解説

1. 変質の説明です。変質を防ぐポイントとしては、次のようなことがあげられます。

　・食品は丁寧に扱い、物理的損傷をなくすように注意する。

　・温度・湿度に注意して取り扱いの環境を調整する。

　・加熱・冷凍・冷蔵などで微生物の活動を抑える。

　・包装を工夫して、空気・湿度・光などを遮断する。

2. 腐敗は、食品のたんぱく質が微生物によって分解され、異臭を放ったり味が刺激の強いものとなり、食用に適さなくなる、いわゆる腐った状態のことをいいます。

3. 酸敗の説明です。

4. 発酵の説明です。

5. 熟成の説明です。

試 験対策のポイント

腐敗・変敗・酸敗・発酵は、微生物自体がつくる酵素によって食品の成分が分解される現象で、食用に適さなくなった状態は変質といい、発酵だけは加工食品をつくるなど有用な作用です。それぞれの言葉の意味を確認しておきましょう。

4-4 食品の安全と環境汚染

例題(8) BSEの説明として、不適当なものを選びなさい。該当するものがない場合は、6を選びなさい。

1. 病原体はたんぱく質である

2. 日本ではBSE感染した牛は確認されていない

3. 特定危険部位に指定された箇所を食べるとヒトに感染する恐れがある

4. 特定危険部位以外ならば食べても安全であるが、牛脂やゼラチンにも危険部位が入っている可能性があるため、注意が必要

5. 日本では、生後48ヶ月を超えた牛の検査、輸入の取り決めを厳重に行っている

6. 該当なし

正 解 2

例題(8)の解説

1. プリオンというたんぱく質が、異常プリオンに変質することで起こります。
2. 2001年に、日本国内で初めてBSE感染した牛が確認されました。
4. そのほかの部位には異常プリオンが存在しないため、牛乳や乳製品は安全だといわれています。

試験対策のポイント

病原体であるプリオンというたんぱく質の名前は、特に覚えておきましょう。

例題(9) 牛肉トレーサビリティの説明として、適当なものを選びなさい。該当するものがない場合は、6を選びなさい。

1. 別名「牛肉インターネット」といわれている
2. トレーサビリティとは「安全保障」という意味である
3. 生産流通履歴情報を知ることができる管理システムのこと
4. 牛乳にも活用されている
5. 12桁の個体識別番号が印字された耳標が牛につけられ、生産・加工・流通の記録を検索できるシステムである
6. 該当なし

正解 3

例題(9)の解説

1. いわれていません。正式名称は、「牛の個体識別のための情報の管理及び伝達に関する特別措置法」といいます。
2. 「追跡可能」という意味です。
4. 牛肉の管理システムなので、牛乳には適用されません。
5. 10桁の個体識別番号です。

試 験対策のポイント

牛肉トレーサビリティの目的や効果について、理解しておきましょう。

例題(10) 環境ホルモンの説明として、適当なものを選びなさい。該当するものがない場合は、6を選びなさい。

1. 精子数の減少や不妊などの影響を引き起こす
2. 生体に障害や有害な影響を引き起こす内因性の化学物質のことである
3. 環境ホルモンとは、その名の通りホルモンのことである
4. ダイオキシンは1つの化学物質の名前である
5. 環境ホルモンは日常生活で生成されることはない
6. 該当なし

正解 1

例題(10)の解説

1. その他にも、精巣がん、女性の乳がん増加などが問題となっています。
2. 外因性の化学物質のことです。
3. ホルモンのようにふるまう物質であり、実際はホルモンではありません。
4. ダイオキシンは、200種類以上の有機塩素化合物の総称です。
5. 食品容器やごみの焼却時など、あらゆる場面で簡単に生成されます。

4-5　HACCPシステム

例題（11） HACCPの記述として、不適当なものを選びなさい。該当するものがない場合は、6を選びなさい。

1. 危害分析重要管理点という意味を持つ
2. 食品規格（CODEX）委員会が各国に発表、推奨している
3. 合理的な食品管理システムである
4. 1960年の農業開発の際に生み出された手法である
5. HACCPシステムの導入には、7原則が行われる
6. 該当なし

正解 4

例題（11）の解説

4. 宇宙開発のアポロ計画の際に生み出された手法です。7原則とは、原則1は危害分析、原則2は重要管理点の認定、原則3は管理基準の設定、原則4は重要管理点の監視、原則5は改善装置、原則6は検証、原則7は記録と保管です。

試 験対策のポイント

HACCPが何をきっかけに生み出され、どんな目的で行われているのかについて押さえておきましょう。

例題（12） 家庭でできるHACCPについて、不適当なものを選びなさい。該当するものがない場合は、6を選びなさい。

1. 熱を通す食材はよく加熱する
2. 食材を購入したらすみやかに帰宅し、それぞれ冷蔵庫、冷凍庫へ入れる
3. 温かい料理は温かいうちに、冷たい料理は冷たくして食べる
4. 1度解凍したものは再冷凍しない
5. 冷蔵庫、冷凍庫は詰め込みすぎない
6. 該当なし

Step3

演習問題と解説

正解 6

例題（12）の解説

すべて大切な危害防止の方法です。

2. 特に夏場は、車の中などに食材を長時間放置しない、冷凍食品は、買い物の最後に購入するようにすることなども大切です。

試 験対策のポイント

企業でも家庭でも、気をつけることは同じです。危害を防止するにはどうすればいいのかを考えましょう。

問 題

（1）病原菌が体内に入り感染してから症状が出るまでのことをなんというか、漢字4文字で答えなさい。

（2）微生物をほとんど死滅させて、ほぼ無菌状態にすることをなんというか、漢字2文字で答えなさい。

（3）清酒などのアルコールやみそ、ヨーグルトなどの加工食品を作る際に利用され、人が微生物の作用をコントロールして有益な食品を作る方法をなんというか、漢字2文字で答えなさい。

（4）危害分析重要管理点の略称で、食品の安全性や品質の確保を目的につくられた食品管理システムのことをなんというか、アルファベットで答えなさい。

（5）病原性大腸菌の一種で、ベロ毒というたんぱく質によって非常に強い感染力で集団食中毒を引き起こしやすい食中毒菌をなんというか、漢字8文字で答えなさい。

解 答 ・ 解 説

(1)　正解　潜伏期間

解説＆記述対策ポイント

食中毒の関連用語として大切な用語ですから、しっかり覚えておきましょう。過去にも出題されています。潜伏期間が短い細菌には、黄色ブドウ球菌（1〜3時間）、長いものにはカンピロバクター（2〜7日）などがあります。

(2)　正解　滅菌

解説＆記述対策ポイント

滅菌の方法としては、高圧（蒸気）があげられます。他に、消毒、除菌、殺菌の意味も、関連の用語（消毒剤、方法など）とともに確認しておきましょう。

(3)　正解　発酵

解説＆記述対策ポイント

発酵食品の具体例（かつお節、チーズなど）もあわせて覚えましょう。また有益微生物という言葉も覚えておいてください。

(4)　正解　HACCP

解説＆記述対策ポイント

HACCP（ハサップ）とは、アメリカのアポロ計画で宇宙食を製造するときに開発された食品の衛生管理方式のことです。カタカナ名も覚えましょう。

(5)　正解　腸管出血性大腸菌

解説＆記述対策ポイント

過去に集団食中毒事件を何度か引き起こした細菌ですから、今後も出題される可能性が大いにあります。生体内毒素型であることやO157、ベロ毒素という毒素の名前とともに覚えておきましょう。

記述試験の傾向と対策は？

テキストに載せている食中毒菌の名前は、その特徴とともに一通り覚えておきましょう。その他では、食品の変質についての用語である腐敗、酸敗という用語もよく出題されています。過去に出題された狂牛病関連用語（BSE、プリオン、特定危険部位）、トレーサビリティ、環境ホルモン関係（ダイオキシン）は再び出題が予想されます。また、鳥、豚インフルエンザなども注意が必要です。ニュースや新聞記事などに目を通しておきましょう。

第 5 章

食マーケット

5-1　食生活の変化　★★★
食事の形態とこれからの食事、食生活の変化やその問題について学びます。

5-2　ミールソリューション　★★★★★
食卓を提案するミールソリューションと、広がるホームミールリプレースメントについて学びます。

5-3　流通と経営戦略　★★★★★
流通の目的と機能、物流の現状を学び、合わせて、日本型商慣行についても学びます。

5-4　小売業の販売形態　★★★★
小売業における販売形態や経営形態、小売り業界の再編成について学びます。

5-5　飲食業のマネジメント　★★★
メニュー計画とともに、食材原価率、売上原価率、損益分岐点について学習します。

※★マーク（1つ〜5つ）の数が多い程、試験頻出度が高くなります。★マークが多くついているものは特に、繰り返し熟読し覚えるようにしてください。

5-1 食生活の変化

頻出度 ★★★

Step1 基本解説

食事形態の3区分

　本来、食事は家庭内で調理し、家庭内で食べるものでしたが、社会やライフスタイルの変化にともない食生活も変化しました。現在の食事は、**内食**、**中食**、**外食**の3つに区分されます。

● **内食（うちしょく）**

「家庭内食」が略されてできた言葉で、家庭内で食材を料理して、食事をすること。

● **中食（なかしょく）**

家庭外でつくられた料理を、家庭内や職場に持ち込んで食べること。

（スーパーやコンビニのお弁当・お総菜、ピザの宅配、ケータリングなど）

● **外食**

家庭外でつくられた料理を、家庭外で食べること。

（レストラン、喫茶店、ファストフード、居酒屋など）

▼内食➡外食➡中食の移り変わり

～1960年代	「内食」が主流
1970年代～	外食産業が発展。「内食」＋「外食」へ
1980年代末～	飲食店のテイクアウトやコンビニエンスストアが増加 「内食」＋「外食」＋「中食」へ

　単身世帯の増加や女性の雇用者の増加にともない、「外食」「中食」における消費が増えてきました。特に、「中食」は次のような理由から増加傾向にあります。

・核家族化、孤食や個食化が進んだ

・家庭での料理時間の短縮化・簡略化、食費の削減など、社会やライフスタイルの変化

・電子レンジやオーブン、大型冷蔵庫など、電気機器の普及

☕ これからの食事

● 女性の社会進出

　今後も**女性の社会進出**は増えていき、結婚や出産をしない人や、結婚や出産をした人でも仕事を続ける女性が多くなるでしょう。それによって**食の外部化**が進み、より短時間に、簡単にといった利便性を求め「中食」を利用したり、「外食」に依存できる経済力もついてくるため、「中食」「外食」の需要は増えていくと考えられます。

● 高齢化社会

　日本は年々、**少子高齢化社会**へと向かっています。それによって、高齢者の単身世帯が増えていきます。高齢者の買い物や調理作業は負担が大きく、しかし外食に依存することもできないので、持ち帰りのお総菜やお弁当や配食サービスなどの中食の需要も高くなってきます。また、介護をする人にとって大変な「介護食」や「治療食」の配食サービスや介護食品なども需要は増えていくと考えられます。

● 世帯人数の減少

　核家族化が進んでいることで、1世帯の人数が減ってきています。また、近年では、共働きで子供を意識的に、持たない夫婦も増えてきています。このようなライフスタイルを**DINKS（ディンクス）**と呼びます。Double Income No Kids（共働き収入、子供なし）の頭文字をとってつくられた言葉です。

　このDINKSや、単身者、独居高齢者、単身赴任者などの増加により、これからさらに1世帯の人数は減っていくと予想されます。少人数になっても、食の外部化は変わらず増加する傾向にあり、今後も外食や中食のニーズは増えていくと思われます。

● 余暇時間の増大

完全週休2日制の普及、労働時間の短縮、家事労働の軽減などにより、**余暇時間が増えて**きました。外に出る機会が増えるとともに、外での食事も多くなってきていることから、今後も中食・外食における消費の拡大が見られます。また、余暇時間に目を向けた中食・外食産業の発展が考えられます。

食生活の変化と問題

● 核家族化、女性の社会進出（両親共働き）による孤食の増加と食育の場の減少

食事は、**家族のコミュニケーションや団欒の場**です。また、食に関するマナーやあいさつなど、**教育の場**でもあります。家族での食事の機会が減ることで、体や心の成長における問題が、さらには社会に関わるさまざまな問題も生じてきます。

● 食の外部化

「外食」や「中食」の需要が増えることで、企業がより利益の向上を求めて、国産原料よりも価格の安い輸入原料に依存していきます。それにより、**食品の安全や情報がより重要**となります。また、個人で食べるものを個人で選択しなければならないので、自己管理能力が求められるようになります。さらに、**個食が進む**可能性も考えられるでしょう。

▼「外食」や「中食」の需要が増える

🍵 食の欧米化、多様化 ‥‥‥‥‥‥‥‥

● 栄養バランスの偏り

　肉類、卵、牛乳・乳製品、油脂類の摂取が増加し、米、イモ類、豆類の摂取量が減少しました。そのため、脂質の過剰摂取になり、肥満や生活習慣病を引き起こす原因となっています。

● 国内自給率の低下

　日本食離れによって、海外の食品を多く食べるようになり、日本で長年作られてきた食品の消費の低下が見られます。また、食の外部化にともない、原価の安い**輸入原料**に頼ることで、さらに日本の**自給率低下**が進んでいきます。

● 伝統的な食文化・食習慣離れ

　食に関する考え方の1つとして**身土不二**という言葉があり、昔の人々が大切にしてきたことですが、食の欧米化・多様化により、その考えが失われつつあります。日本の伝統的な食文化・食習慣を大切にすることで、健全な心と体を養い、さらには国際理解にもつながります。

　以上のように、食に対する意識の変化から様々な問題が生じています。ここにあるもの以外にも、多くの問題があるのが現状です。

　よって、今後は食生活アドバイザーのような役割が、より重要となってくることでしょう。

試験予想Check！

> 食生活の変化に関する問題は、選択問題または語句問題で必ず1題以上は出題されています。特に、食事形態や食生活の変化によって起こっている問題にからんだ出題が多く見られます。
> 本節で書かれている「食生活の変化と問題」以外でも、出題される可能性があるでしょう。「現在、なぜ食育が必要とされているのか？」についても押さえておいてください。

第5章

Step1

基本解説

チェック欄
1回目 **2回目**

□/□ 現在の食事形態は、家庭内で食材を料理して食事をとる（ **内食** ）、家庭外でつくられたものを家庭内や職場に持ち込んで食べる（ **中食** ）、家庭外でつくられたものを家庭外で食べる（ **外食** ）の3つに分けられます。

□/□ 近年では、共働きで子供を意識的に持たない夫婦やスタイルである（ **DINKS** ）が増え、単身者や独居高齢者などの増加によって、さらに1世帯の人数は減っていくと予想されます。そのため、（ **外食** ）や（ **中食** ）のニーズは増えていくと思われます。

□/□ これからの日本の食事は、（ **女性の社会進出** ）や少子高齢化社会、（ **余暇時間の増加** ）によって、今後ますます（ **中食** ）・（ **外食** ）の需要が高まってくると考えられます。

□/□ 食事は家族の（ **コミュニケーション** ）や（ **団欒** ）の場であり、（ **教育** ）の場でもあります。しかし、（ **孤食** ）の増加にともない、食事の役割を果たせなくなってきています。

□/□ （ **食の外部化** ）によって、食品に関する（ **安全** ）や（ **情報** ）が今まで以上に厳しく、重要なものとなってきています。また、食の外部化は（ **個食** ）が進む可能性もあるので、個人の自己管理能力が求められるようになります。

□/□ 食の欧米化・多様化は、（ **栄養バランスの偏り** ）、（ **国内自給率の低下** ）、（ **伝統的な食文化離れ** ）など、さまざまな問題を引き起こしています。

5-2 ミールソリューション

頻出度 ★★★★★

Step1 基本解説

☕ ミールソリューションとは

ミールソリューション（Meal Solution、略して MS）とは、**消費者が抱える食事に関する問題について、解決策を提案するという手法**であり、1990年代半ばにアメリカのスーパーマーケット業界が外食産業に奪われたお客様を取り戻すために提唱した**マーケティング戦略の1つ**です。

スーパーマーケットやデパチカ（デパートの地下売り場）などでは、これまでのように、単に『食品を売る』だけでなく、問題に解決策を提供するというミールソリューションの考え方に合わせ『食卓を提案する』というスタイルに変化しつつあり、食材を中心とした従来の店内レイアウトではなく、総菜が売り場の中心となる食卓提案型の店舗が急増しています。

☕ ミールソリューション拡大の理由

アメリカでは、女性の社会進出によって、家事をする時間や食事作りにかける時間が大幅に減少しました。しかし、仕事をしていても家族と一緒に家庭で質の高い食事をしたい、という願望を持っている人も多く、その「時間が取れないという現実とのギャップ」を埋めて問題を解決すること、それがミールソリューションのコンセプトなのです。

日本でも、**女性の社会進出や少子高齢化、核家族化**により、食事に対する総合的な解決策が必要になってきています。「調理の時間がない」という他に、「作り方がよくわからない」「何を作っていいか分からない」「健康的で安全で、手をかけた食事がしたい」などという調理への疎遠や、さまざまな欲求を消費者が抱えるようになったことで、ミールソリューションはどんどん広がっています。

また、高まる環境問題や経済的な理由、その他、自然志向、本物志向、健康志向な

どの質の追求からも、ミールソリューションの必要性が高まっています。

ミールソリューションによる売り場の変化

ミールソリューションの広がりによって、日本の食品売り場も変化してきています。

従来のスーパーマーケットでは、生鮮食品（鮮魚、精肉、青果）を中心とした売り場構成でしたが、近年、働く女性や高齢者世帯の増加により、総菜売り場の充実・総菜売り場面積の拡大などが見られます。

多様化するライフスタイル、顧客が抱える悩みに対して、どのような解決策を提供できるかが、今後の課題となっているのです。

▼MSのいろいろ

デパチカ	デパートの地下食品売り場のことです。主に、総菜・弁当・スイーツなどを取り扱い、有名テナントの出店や物産展などがデパートの集客効果をもたらしています。最近では調理を実演しメニューを提案するコーナーなども設けられています。
ホテイチ	ホテル内のレストランで提供されている料理、パン、スイーツなどをテイクアウト販売する売り場のことです。通常はホテルの1Fにあることが多く、ホテイチと呼ばれます。より高級で高品質なものを求める客層をターゲットに、2002年頃から出現しています。
エキナカ	駅の改札の中にあるので、エキナカといいます。これまで、駅では売店・立ち食いそば屋などが軒をつらねる程度でしたが、「集う駅」というコンセプトにより、デパートのようなショッピングスペースになっています。〈例：JR東日本のグランスタ（東京駅）、エキュート（品川駅・大宮駅・立川駅）など〉
デリカテッセン	持ち帰り用の洋風の総菜・サンドイッチなどの食品を中心に販売する飲食店のことです。ドイツ語の「delikat（おいしい）」と「Essen（食べる）」が結びついて生まれた言葉で、「デリ」と略されることもあります。
エチカ	地下鉄の商業施設である地下街のことです。（例：Echika表参道（表参道駅））

※デパチカで買い物をする目的の消費者が、上階でも買い物をする効果のことを**噴水効果**という。

売り場側は、お客様一人ひとりが満足してくれる商品作りを考えています。満足度は、性別や年齢などによっても異なり、個人情報や購入の履歴を把握できると、

ニーズに合った商品を提供しやすくなります。さらに、買い手側一人ひとりの好みに合わせて個別の仕様で仕上げた商品やサービスの提供もできるようになります。

　顧客一人ひとりの好みや価値観、状況の違いを把握・認識し、それぞれのニーズに合わせて異なったアプローチをしていく**ワントゥワンマーケティング**(One to One Marketing)やIT（情報技術）の活用によって、顧客の個人情報や好み、販売履歴などが管理できるようになってきています。

☕ ホームミールリプレースメント

　ホームミールリプレースメント（Home Meal Replacement、略して HMR）とは、**「家庭の食事に代わるもの」**という意味で、家庭で作られている食事(HomeMeal)をスーパーマーケット等が代わりに作って提供するというものです。盛り付けるだけ、温めるだけで、家庭で作ったものと同じように食卓に出せる商品を指し、本来家庭で作られている食事を外食産業などが代わりに作り提供する、というものです。

　これは、ミールソリューションの手法の1つとして位置づけられています。

▼HMRの種類

Ready-To-Eat	盛り付けるだけですぐに食べられるもの	例：寿司、サンドイッチ、おにぎり、各種サラダなど
Ready-To-Heat	温めるだけで食べられるもの	例：チルドの総菜、冷凍加工品など
Ready-To-Cook	必要な食材が揃えられ、調理して食べるもの	例：味付けされた食材など、調理の下ごしらえがしてあるもの
Ready-To-Prepare	必要な食材などが一式、詰め合わせされているもの	例：鍋物セットなど

● ライフスタイルの変化による食の変化

　かつては、多くの家庭では家族揃って食事をしていましたが、ライフスタイルの変化により家族が揃う機会が少なくなり、各自が都合の良い時間に好きなものを食べたり、単身世帯が増えてきたことから、1人で食事をするスタイルが多く見られるようになりました。

　1人だけで食事をする孤独な食事のことを、**孤食**といいます。核家族化や両親の共働きが増えていることから、孤食をする子供が増加しています。引きこもって自分の部屋で1人で食事をする場合も、これにあたります。

　子供の場合、家族との時間の中で心と体が育つ場面が多く、孤食ではそれが身に付きづらく、不規則な食事時間、食べ残し、栄養の偏り、食事マナーが身につかない、などの問題が見落とされがちです。また、食欲の減退や寂しさなど、心の状態に影響を及ぼすことも指摘されています。

　家族が揃う食卓でも、個々が異なる時間に食事をしたり、それぞれ異なるメニューの食事をとるような場合を、**個食**といいます。楽しみながらする食事は、栄養の吸収率もアップさせる効果があり、心と身体の健康にとても大事なものです。

● ホームミールリプレースメントの拡大

　自炊率の低下、個食化の進行、女性の社会進出、経済的理由による外食頻度の減少、利便性の高い商品の出現を理由に、ホームミールリプレースメントは拡大してきました。近年は、**トータルコーディネート型**の食品販売として進化しています。

● 簡単調理商品の充実

①総菜

　消費者の利便性を追及した食品が強化され、盛り付けるだけや加熱だけの簡単な調理で食卓に出すことのできる商品の充実化が進んでいます。

②冷凍食品

　電子レンジやオーブンで容器ごと加熱して食べられる商品が、数多く登場しています。さらに、単品だけでなく、主食と副菜を1つの容器に収め同時に加熱できるものもあります。単に調理が簡単というだけでなく、栄養価、味も追求されており、保存料を使用する必要のない冷凍食品は安全性の面からも評価が高まってきています。

- **家庭用冷凍食品**

    食品メーカーの主力商品は、栄養や味の研究も進み、価格もリーズナブルなものが開発されています。家庭での料理、お弁当のおかずに役立っています。

- **業務用冷凍食品**

    外食産業の標準化、単純化も冷凍食品が支えています。調理の過程において、冷凍した食品を使用することで、店舗での作業量は大幅に簡略化されてます。

③中食市場

　コンビニエンスストアのお弁当などが、従来の主力商品でした。近年では、外食チェーンが車に乗ったまま購入できる**ドライブスルー方式**を取り入れたりと、さまざまな業態が中食市場に注目しており、中食市場の拡大傾向は今後も続きそうです。

　このことにより、ファミリーレストラン、スーパーマーケット、コンビニエンスストアなど、垣根を越えた競争がさらに激しくなることが予想されます。

第5章

Step1

基本解説

試験予想Check！

ミールソリューションは、アメリカのスーパーマーケット業界が外食産業に対抗するために提唱したマーケティング手法の1つであり、消費者が抱える食事に関するさまざまな問題に解決策を提案していこうというものです。食生活アドバイザーの重要な役割であるといっても過言ではないミールソリューションに関する問題は、過去必ずといっていいほど出題されていますので、各用語の持つ意味を正確に理解し、日本の食生活の推移など、常に最新情報をチェックしておくよう心がけましょう。

□/□ アメリカのスーパーマーケット業界が外食産業に奪われたお客様を取り戻すために提唱した（ **マーケティング戦略** ）で、消費者が抱える食事に関する様々な問題について（ **解決策を提案** ）することを（ **ミールソリューション** ）といいます。

□/□ （ **ホームミールリプレースメント** ）(HMR) とは、（ **家庭の食事に代わるもの** ）で、盛り付けるだけや簡単に調理をするだけで手軽に食卓に出すことができる商品を提供するというミールソリューションの手法の1つです。近年は、HMRの拡大により（ **トータルコーディネート** ）型の食品販売として進化しています。

□/□ （ **エキナカ** ）とは、駅の改札口の内側に立地する店舗のことをいい、「集う駅」というコンセプトで新しい店舗展開が次々と生まれています。また地下鉄の商業施設である地下街のことを（ **エチカ** ）といいます。

□/□ 顧客一人ひとりの好み、価値観などを把握し、それぞれのニーズに合わせて異なったアプローチをしていくことを、（ **ワントゥワンマーケティング** ）といいます。ITの活用により、顧客の個人情報や（ **販売履歴** ）などの管理が可能です。

5-3 流通と経営戦略

頻出度 ★★★★★

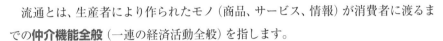

☕ 流通の目的と機能

　流通とは、生産者により作られたモノ（商品、サービス、情報）が消費者に渡るまでの**仲介機能全般**（一連の経済活動全般）を指します。

　生産者とは、メーカーだけでなく、農業、林業、水産業、鉱業従事者なども指し、消費者とは、一般の消費者をはじめ、一般企業、官公庁、自治体、再生産のための原材料を購入するメーカーも含みます。

　消費者にモノを売る**小売業者**（百貨店、スーパーマーケット、コンビニエンスストア、専門店、個人商店など）に、モノを仕入れて小売業者に卸す**卸売業者**（商社、卸売市場、食品問屋、酒類卸業など）、またモノを運んだり、梱包したりといった**物流業者**から成り、モノが消費者に届けられるまでのしくみを**流通機構**と呼んでいます。また、生産者と消費者の中間に位置する小売業者と卸売業者を、流通業者と呼びます。

　なお、卸売業者は、生産者に近いほうから一次卸、二次卸といい、「卸売」を「問屋」ともいうため、一次問屋、二次問屋と呼ぶこともあり、流通の4つの機能（P.282「流通の持つ4つの機能」）をすべて持ちます。

　また、流通を川の流れにたとえ、生産者側を「**川上**」、卸売業者や小売業者側を「**川中**」、消費者側を「**川下**」と呼び、**川下戦略**とは消費者への販売戦略のことを指します。

　商品が消費者に届くまでには、**時間、場所、人**という**3つの隔たり**が生産者と消費者の間にありますが、流通にはこの隔たりをつなぐ役割があります。

▼流通が埋める3つの隔たり（ギャップ）

> 人的……生産した人と消費する人が違う
> 時間的…生産された時間と消費される時間が違う

> 空間的…生産された場所と消費される場所が違う

　一方で、その土地で生産されたものがカラダに一番よいという意味の**身土不二**という考え、その土地でとれたものはその土地特有の調理・保存方法で食べるのが望ましいという意味の**土産土法**、**地産地消**、**域内消費**、その土地のものですべてをまかなっていこうという「地域自給」などは、「流通」という考え方とは対極にあります。

　さらに、流通を省くことで余計なコストをかけないという考え方もあります。流通経路を短くすることで、鮮度が保て、食品添加物などの使用が少なく、コストも低くなるという考え方です。

　また、その地域ならではの農産物や水産物を使って調理することにより、食文化や食習慣を育むことができるという点も忘れてはならない大切な考え方です。

☕ 流通の持つ4つの機能 ·

　流通には、次の4つの機能があります。

> **商流機能**…商品の売買をする取引機能
> **物流機能**…商品の輸送・保管・荷役（にやく）・仕分け・梱包などを行う
> 金融機能…商品の代金を回収し、代金の立て替えをする
> 情報機能…商品の「売れ筋・死に筋」情報や、マーケット情報、新商品情報などを提供する

☕ 流通経路 ·

　商品が生産者から消費者に渡る道筋を、流通経路（**チャネル**）といいます。流通経路を大別すると、次の2つになります。

> **直接流通**…生産者が消費者に直接販売する（産地直送、訪問販売、通信販売など）
> **間接流通**…卸売市場や卸業者を経由して小売業者へ行き、そこから消費者に販売する

☕ 進む卸しの変化 ·

流通の経路は、次のようなルートが一般的です。

> 生産者 ➡ 一次卸 ➡ 二次卸 ➡（三次卸）➡ 小売店 ➡ 消費者

しかし、近年では**卸の中抜き**と呼ばれ、これまでの卸業者や商社の機能そのものが問われるようになりました。これは、生産者と消費者の間に業者が介在することで、コストが高くなり、情報が伝わりにくいといった理由があるからです。

以前の日本では、大量生産・大量消費が主流でした。しかし、これは大量廃棄を促し、資源のムダ使いや廃棄物の増加などが問題視されています。事業者や消費者からは、廃棄物のリサイクルへの関心も高まってきました。環境問題に対処する上でも、コスト削減のために流通機構の見直しが進んでいます。

▼流通のしくみ

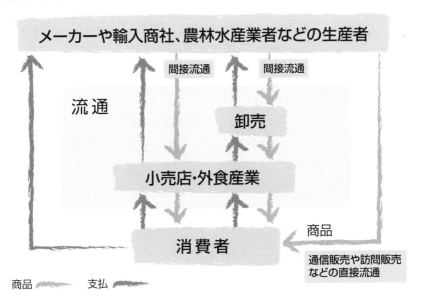

多様化する物流システム

物流は、メーカーから大量に調達した商品を管理し、小分け、包装、加工して、小売店へ配送する機能です。

特に、効率を重視した、配送によるコストやロスを解消するために、メーカー各社の商品を混載して小売業者まで一緒に配送する**共同配送**や、小売業が店頭での在庫を極力抑えて経営効率を上げるための配送である**多頻度小口流通**※が必要とされています。

※多頻度小口流通
コンビニエンスストアのように店舗面積が狭いなどの理由で、商品在庫を多く抱えられない店舗に対し、流通頻度を増やして適当な商品を適当な数量だけ配送するシステム。

また、共同配送をするために、一定地域ごとに指定の卸売業者を決めて、ほかの卸売り業者の納入商品についてもそこで集約するシステムに、「**窓口問屋制**」というものもあります。

指定された卸売業者は、物流センターの役割をし、商品を集荷して保管する（倉庫機能）だけでなく、商品の包装や荷造り、検品や仕分け、値付けなどの、小売業者の作業の一部（流通加工の機能）も果たします。

物流を戦略的にとらえるロジスティックスへ

消費者のニーズが、より食マーケットに影響を与えるようになってきています。どのように、食マーケットの変化が物流、小売りの変化に影響しているのでしょうか。

● 消費者起点流通

小売業者が力をつけてきたことなど、近年はマーケットに大きな変化が起きています。

これまでは、価格決定権はメーカーや業界などがその主導権を持っていましたが、POSシステムの進歩と発達によって、瞬時に**売れ筋商品・死に筋商品**の情報が得られるようになり、販売者側が消費者ニーズを的確に把握できるようになりました。消費者の要望が、よりマーケットに影響を与えるようになってきたということです。

これまでの「生産したから保管する」「注文があったから出荷する」という流通から、「売れるものを、売れるときに、売れる数だけ納品する」という流通形態に変化しています。このような消費者を中心とした流通形態を、**消費者起点流通**といいます。

● ニーズに応じた物流

需要があるのに販売機会を逸してしまうことを、**チャンスロス**といいます。このチャンスロスを防ぐためには、**欠品**（発注ミスや納品ミス、補充忘れなどが原因で売り場にあるべき商品がない状態）があってはいけません。しかし、欠品をおそれて過剰に在庫を抱えると、保管スペースや鮮度の問題が出てきます。

そこで、在庫を最小限に減らし、**「欲しいものを、欲しいときに、欲しい数だけ納品してもらう」**という物流のしくみが求められるようになりました。これが「**ジャストインタイム物流**」です。これは、自動車メーカーのトヨタが生産管理システムに取り入れた**かんばん方式**といわれるシステムからきたものです。「ムリ・ムダ・ムラ」を排除するために確立した独特の生産方式で、「必要なときに必要な量だけつくる」という考え方です。このシステムでは、「多品種・少量・多頻度」な物流が可能となります。

● 物流を一歩進めたロジスティックス

ロジスティックスという言葉は、軍事用語の兵站（へいたん）からきています。兵站とは、補給物資や兵隊を最前線までいかに輸送するかというものです。

流通の世界では、顧客サービスを起点に、在庫管理、仕入れ、調達、配送などをトータルに考え、情報をコントロールすることにより、物流を効率的かつ総合的に行っていこうという流れがあります。この物流システムをロジスティックスと呼び、企業経営上でも重要な位置付けで考えられています。ロジスティックスは、マーケティング戦略、マーチャンダイジング戦略[※]とともに、重要な戦略となっています。

※マーチャンダイジング戦略
　消費者のニーズに適した商品を、適切な量、価格、タイミングで、販売するための経営戦略

● さらにグリーンロジスティックスへ

消費者のニーズはますます多様化してきていることから、物流のサービス機能そ

のものも変化し多様化してきています。それが、**SCM（サプライチェーンマネジメント）**や、グリーンロジスティックスと呼ばれるものを生み出しました。

　SCMとは、Supply Chain Managementの略で、自社だけではなく、仕入先や取引先も含めて、原材料の調達から生産・流通へと、商品が消費者へ渡るまでの全体をコントロールしていこうというものです。つまり、**供給連鎖**（Supply Chain）のことで、各流通段階での不要な在庫をなくし、効率化を図っていこうというものなのです。

　さらに、輸配送における渋滞やCO_2発生の問題、流通過程における包装材料の廃棄問題や生ゴミ処理の問題など、調達から輸配送や廃棄までをトータルに考えていこうという、環境に配慮した物流**グリーンロジスティックス**（静脈物流）も生まれました。

見直される日本型商慣行

　日本には、メーカー、卸業者、小売業者の利益を保護するための、独特の**商慣行**があります。しかし、消費者にとっては不利益になるケースが多く、また取引の形態が複雑でわかりにくいため、外国の企業からも透明性や公平性の点から見直しを求められたりするなど、市場開放に向けて規制緩和が進んでいます。

　また、メーカー主導での流通システムである代理店制度や特約店制度※も、一般的に行われてきました。

※代理店制度や特約店制度
　販売店（卸売業者や小売業者）までを組織化し、自社商品を独占的に販売させるもの

▼日本独特の商慣行

一店一帳合制	小売店が商品を仕入れるとき、特定の卸業者以外からは仕入れられないという制度
リベート	メーカーが、自社商品の売上高に応じて卸業者や小売業者に正当な販売差益以外に支払う謝礼金のこと。割戻金、報奨金などとも呼ばれている
委託販売	メーカーや卸業者などが、小売店に商品を渡して販売してもらうこと。小売店は商品を販売し終わるまで代金を払わないという制度
返品制度	売れ残った場合、その商品をメーカーや卸業者に返品することができるという制度

商品添付制度	小売店向けの販売促進として、注文の数量に上乗せして商品を納品する制度。一般的に、上乗せ分についてはサービス（無償）とする
派遣店員制度	百貨店や大型小売店に、自社商品の販売の手伝いのために派遣する制度のこと
メーカー希望小売価格	メーカーや、その代理店などが、自社製品に対してあらかじめ設定した販売参考小売価格（販売希望小売価格）
制度価格	メーカーが、卸売業者や小売業者に対してあらかじめ設定した販売価格のこと
建値（たてね）制度	価格の安定化を図るため、メーカーが一定の取引量に対し、適正価格を設定し、これを基準にして商品売買を行う制度
販売協力金	小売業者が卸売業者やメーカーに対して、イベント料、宣伝費などとして要求するおカネのこと。売り場の改装、催事、広告などの費用は、卸売業者やメーカーが負担する
抱き合わせ販売	売れていない商品を売れ筋商品につけて販売すること。両方を買わないと、商品を販売しないというもの
押付販売	百貨店や大手小売業者が、取引業者に対し優越的な地位を利用して、納入業者に商品を販売する（買わせる）こと

※「抱き合わせ販売」と「押付販売」は、独占禁止法で禁止されている。
※「建値制度」は「制度価格」の安定化を図るために、メーカーが一定の取引数量に対して設定した価格である。

☕ 流通の課題

　産地直送などの卸の中抜きが進んでいること、多頻度小口物流が要求されたり、流通時の温度が異なる商品が増えたことで物流システムの対応に限界がきていること、そのほか、IT（情報技術）が発展し、情報入手が容易となってきているため、流通業者からの情報の価値がさがっていることなどから、流通のあり方が問われています。

試験予想Check！

流通に関する問題は、ほぼ毎回出題されています。私たちが口にする食物は、生産されてから、いろいろな経路をたどって私たちの手に届いています。この生産者と私たち生活者（消費者）間の距離を埋める役割が、流通です。流通の仕組みと変化については、勉強しておいてください。
また、見直しが進む日本的な商慣行についても、その独特な用語「建値制度」「抱き合わせ販売」「押付販売」などは確認しておきましょう。

☐／☐ 消費者にモノを売る百貨店やスーパーマーケット、コンビニエンスストアなどを（　**小売業者**　）といい、モノを仕入れて小売業者に卸す商社や卸売市場、食品問屋、酒類卸業者を（　**卸売業者**　）といいます。

☐／☐ （　**商流**　）とは商的流通の略で取引経路のことであり、取引にともなうおカネの流れで、モノの流れとは必ずしも一致しません。（　**物流**　）とは、物的流通のことであり、モノそのものの流れです。

☐／☐ 商品が生産者から消費者に渡る道筋である流通経路のことを、（　**チャネル**　）といいます。

☐／☐ 生産者と消費者が直接取引することを、（　**直接流通**　）といいます。例えば、産地直送や通信販売などがあります。

☐／☐ 卸売市場や卸売業者を経由して、生産者から消費者に販売する形態のことを（　**間接流通**　）といいます。

☐／☐ 近年、生産者と消費者の間に業者が介在することで、コストが高くなったり、情報が伝わりにくいということで（　**卸の中抜き**　）と呼ばれる流通機能の変化が起きています。

☐／☐ 売れるものを、売れるときに、売れるだけ納品する、という消費者を中心とした流通形態を（　**消費者起点流通**　）といいます。

☐／☐ 配送によるコストやロスを解消するために、メーカー各社の商品を混載して小売業者まで一緒に配送する（　**共同配送**　）や、小売業が店頭

での在庫を極力抑えて経営効率を上げるための配送である（　**多頻度小口流通**　）が必要とされています。

☐／☐　需要があるのに、販売機会を逸してしまうことを（　**チャンスロス**　）といいます。

☐／☐　（　**欠品**　）とは、発注ミスや納品ミス、補充忘れなどが原因で売り場にあるべき商品がない状態のことです。

☐／☐　（　**かんばん方式**　）とは、トヨタ自動車が「ムリ・ムダ・ムラ」を排除するために確立した独特の生産方式で、（　**ジャストインタイム**　）とも呼ばれています。

☐／☐　顧客サービスを起点に、在庫管理、仕入れ、調達、輸配送などをトータルに考え、（　**情報をコントロール**　）することで物流を（　**効率的**　）かつ（　**総合的**　）に行っていこうという（　**物流システム**　）のことを、（　**ロジスティックス**　）と呼び、マーケティング戦略、（　**マーチャンダイジング**　）戦略とともに重要な戦略となっています。

☐／☐　（　**サプライチェーン**　）つまり（　**供給連鎖**　）とは、自社だけではなく、仕入先や取引先も含めて、原材料の調達から生産・流通へと、商品が消費者へ渡るまでの全体のことを指します。

☐／☐　輸配送時の渋滞やCO_2発生や包装材料の廃棄、生ゴミ処理の問題など、環境に配慮した物流を（　**グリーンロジスティックス**　）といいます。

☐／☐　小売店が商品を仕入れるとき、特定の卸業者以外からは仕入れられないという制度のことを（　**一店一帳合制**　）といいます。

□／□　（　**リベート**　）とは、メーカーが、自社商品の売上高に応じて卸業者や小売業者に正当な販売差益以外に支払う謝礼金のことです。

□／□　メーカーや卸業者などが、小売店に商品を渡して販売してもらい、小売店は商品を販売し終わるまで代金を払わないという制度のことを、（　**委託販売**　）といいます。

□／□　売れ残った場合、その商品をメーカーや卸業者に返品することができるという制度のことを、（　**返品制度**　）といいます。

□／□　小売店向けの販売促進として、注文の数量に上乗せして商品を納品する制度を（　**商品添付制度**　）といい、一般的に上乗せ分は無償です。

□／□　百貨店や大型小売店に、自社商品の販売の手伝いのために派遣する制度のことを、（　**派遣店員制度**　）といいます。小売店側は人件費を抑えることができます。

□／□　（　**建値制度**　）とは、価格の安定化を図るため、メーカーが一定の取引量に対し、適正価格を設定し、これを基準にして商品売買を行う制度のことです。

□／□　（　**販売協力金**　）とは、小売業者が卸売業者やメーカーに対して、イベント料・宣伝費などとして要求するおカネのことです。

□／□　売れていない商品を売れ筋商品につけて販売すること、両方を買わないと商品を販売しないということを、（　**抱き合わせ販売**　）といいます。

5-4 小売業の販売形態

頻出度 ★★★★

Step1 基本解説

☕ 小売業の「業種」と「業態」

「小売」とは消費者に商品を販売することで、「**小売業者（小売店）**」とは、生産者または**卸売業者**から商品を仕入れ、消費者に商品を販売する業者や店のことをいいます。

「**業種**」とは、八百屋、魚屋、肉屋、酒屋など「**何を売るか**」といった取扱商品で分類する用語で、「**業態**」とはスーパーマーケット、ディスカウントストアなど、「**どんな売り方をするか**」といった営業形態で分類する用語です。

消費者側からすると、自分のライフスタイルやニーズに合った店舗を求めるようになり、売る側からすると「何を、誰に、どのように売るか」といったことが課題となり、小売の形態も多様化しています。

また、インターネットを使った通信販売やオークションなど、新しい形の小売も出てきています。

☕ ブランドで売っていた百貨店

「百貨を売る」という時代は、過去のものとなっています。

経営破綻した老舗百貨店では、百貨店自体のブランドを売り物にしたことや、顧客と店員による対面販売のサービスが高いコストを生み出し、経営を圧迫していました。また、委託販売、派遣店員などの制度によりかかる経費を、商品価格に上乗せせざるを得ず、価格競争から取り残される結果となったことなどが、経営不振の原因と考えられます。

☕ 消費者のスーパーマーケット離れ

第一次流通革命の主役として、小売業のリーダー的存在であったスーパーマー

ケットは、大量生産・大量消費による低価格を武器に出店増加や大型化などを図っ
てきましたが、出店競争の激化、出店コストの増大や価格競争などにより状況が一
転しています。

　コンビニエンスストアやディスカウントストアなど、他の小売業態に顧客をとら
れ、消費者のスーパーマーケット離れが始まり、経営環境が厳しい状況になってき
ているところが増えています。

☕ 拡大する仮想商店街

　インターネット通信販売を利用した仮想商店街への出店は年々増え、携帯電話で
の通信販売サイトも、若年層中心に利用者が急増しています。そして、実店舗が商
圏を制約されるのに対し、インターネットでは無限に拡大できる可能性があります。
その成長力は、現在ではカタログ販売を追い抜き、百貨店や信販会社との連携も生
み出しています。

☕ 普及する電子マネー

　従来貨幣で行っていた決済を、データ通信を用いてカードや携帯電話を端末とし
て買い物をしたり、交通機関を利用したりできるサービスが、**電子マネー**です。かざ
す（スキャンする）ことで買い物ができる電子マネーは、小口現金支払いの煩わしさ
のない便利さが消費者に受け入れられ、電子マネーカードはこれまでに何千万枚と
発行されています。さらに、鉄道系、流通系などの参入によって、利用可能店舗は増
え続けています。

　主なものに、Edy（ソニー）、nanaco（セブン＆アイ）、鉄道系のSuica（JR東日本）、
ICOCA（JR西日本）などがあります。

☕ 商品陳列と販売戦略

　商品陳列は、購買の意思決定に導くために重要なものです。陳列する場所や並べ
方によって、お客様の目を引いたり、商品に関心を持ってもらえたりなど、上手に行
うと有益に働きます。

▼代表的な陳列方法

陳列名称	陳列内容
バーチカル陳列 (垂直陳列)	同一商品や関連商品を、最上段から最下段まで縦に陳列する
ホリゾンタル陳列 (水平陳列)	同一商品や関連商品を、棚板に横に並べる
エンド陳列 (両端陳列)	売れ筋商品や一押し商品を、棚の両端(エンド)に陳列する。効果的な演出や展開を可能にする売場配列。POP※を付けたり、実演販売を行うこともある
アイランド陳列 (島陳列)	目玉商品、季節商品、催事商品などを、店舗内の通路の中央部分(島)に平台などを使って陳列する
先入先出陳列	先に仕入れたものを、先に販売する。特に、日配品※などを、消費期限の日付が古いものが前もしくは上、日付の新しいものが後ろまたは下にくるように陳列する
ジャンブル陳列 (投げ込み陳列)	カゴやワゴンに商品を投げ込んだままの陳列
関連陳列	「ついで買い」効果を高めるために、関連した商品を隣接陳列する

※POP：購買時点の広告として商品またはその近くに付けられるもの。店員の手書きのものなども見られる。
※日配品：牛乳、乳飲料、豆腐、納豆など、温度管理が必要な食品で、冷蔵状態での流通が必要なもの。

小売業の分類

小売店は、店舗の有無や販売形態によって、次のように分類されます。

▼有店舗小売業

販売形態	特　徴
スーパーマーケット	食料品全般と生活雑貨を扱い、セルフサービス形式で大量販売を原則とする。チェーンストア経営による店舗が多い。近年は、ディスカウントストア、コンビニエンスストアなどの他の業態に顧客を奪われたり、価格競争の激化などを理由に苦戦を強いられている
コンビニエンスストア	食料品、生活雑貨、公共料金支払い代行など、年中無休・長時間営業で便利さを売りにする。フランチャイズ形式が導入されている
ホームセンター	日曜大工用品、ガーデニング用品、ホビー用品など生活関連雑貨を豊富に取り揃えた郊外型の小売店
ドラッグストア	医薬品、化粧品、日用品など健康と美容をコンセプトとした豊富な品揃えを、低価格で販売するのが主流

ディスカウントストア	衣類、電化製品、家庭用品などを扱い、低コスト経営にこだわり、他店より少額でも低価格で販売する
アウトドアショップ	アウトドアで使用するスポーツ用品、キャンプ用品、自転車、衣料品など幅広い商品を取り扱っている
デパートメントストア（百貨店）	食料品、化粧品、衣料品、電化製品、家庭用品など豊富な商品を取り揃えている。店舗ごとに仕入れを行う独立店舗経営である
消費生活協同組合（生協・コープ）	食料品、生活雑貨、衣類、保険事業、住宅事業などを扱い、組合員が共同で購買を行う。安全・安心な商品の供給を目的としている
農業協同組合（農協）	食料品、生活雑貨、肥料、農薬、給油所、保険事業などを扱い、農業経営の安定、向上を目的としている
専門店	書籍、衣料品、スポーツ用品、靴、カバンなど、商品を絞り込み専門的に扱う
アウトレットストア	衣料品、靴、カバンなど、メーカーや卸売業者が自社製品の在庫を処分する店舗

▼無店舗小売業

販売形態		特 徴
訪問販売		化粧品、医薬品、保険などを、販売員が家庭や職場を訪問して商品を販売する
自動販売機		飲料水、タバコ、インスタント食品など、屋内外の機械を使い無人で販売する
通信販売	カタログ	衣料品、食料品、サプリメント、生活雑貨などを掲載したカタログから注文してもらい、販売する
	インターネット	書籍、健康食品、地域名産品、食料品、美容・健康補助用品、生活雑貨など多種多様な商品を扱い、インターネットを活用した商品売買。今後ますます増大する店舗形態だといえる

コンビニエンスストアの展開

これまで着実に店舗を増やしてきたコンビニエンスストアですが、その理由として以下のような特徴があります。また、近年の動きについても知っておきましょう。

● コンビニエンスストアの特徴

最大の特徴は、フランチャイズチェーンが多数を占めていることです。そのほか、一般的な特徴として次のようなものが挙げられます。

① 売り場面積が100m²前後（30坪前後）

② 24時間、年中無休営業（出店先施設の営業時間による）

③ 半径500mを商圏とする

④ 食用品や日用雑貨など3,000品目を取り扱う。近年は生鮮食品も充実

⑤ 宅配便の取り次ぎ、各種チケットの販売、公共料金支払いなども取り扱う

⑥ 金融機関ATMを設置している

⑦ 情報システムを使った商品管理をしている

⑧ 多頻度小口物流システムを導入している

● 近年の動き

コンビニエンスストアも店舗数が増え、飽和状態になりつつあります。そのため、**淘汰やフランチャイズチェーンの再編成**も進んでおり、生き残りをかけた様々な戦略を手掛けています。また、コンビニエンスストアの立地や集客力に注目をした他の業界が、コンビニエンスストア内でのサービス展開を模索する動きもあります。

☕ ディスカウントストアから派生した様々な形態 ・・・・

ディスカウントストアは、さまざまなスタイルを取り入れています。大量仕入、大量販売、質流れ品の調達や販売などといったスタイルもあれば、企画・生産・調達・販売までの合理的に経路を持ち、トータルコストを下げているディスカウントストアもあります。

主なスタイルには、以下のようなものがあります。また、近頃では、並行輸入で海外ブランドを安く仕入れて販売する、オフプライスの小売店が登場しています。

● カテゴリーキラー

家電製品、紳士服、玩具など特定分野の商品を扱い、豊富な品揃えと低価格で販

売し、総合的な品揃えの大型店の売り場を閉鎖に追い込むほどのディスカウントストアです。

● ハイパーマーケット

　超大型スーパーマーケットで、安価な商品を置き、多くが郊外に店舗を構えています。

● パワーセンター

　スーパーマーケットや大型専門店（カテゴリーキラー）が、同一の建物や敷地内に店を構えた新しいタイプの大型ショッピングセンターです。郊外型で、大手スーパーマーケットや大手小売店が経営母体となっていることが多いです。

● ホールセールクラブ

　ホールセールは、卸売りの意。小売、法人、個人を問わない**会員制**の倉庫型店舗です。会員から年会費を徴収し、会員のみに破格値で商品を販売します。取り扱い品目を絞り込み、運営コストを極力おさえて薄利多売を行うのが特徴で、代表的なものとして、アメリカで最大手のCostoco（コストコ）があります。低価格で運営することで、利益を生み出しています。

チェーンストアの分類

　何らかの形でつながりを持ち、鎖のようにつながった小売店のことをチェーンストアと呼びます。本部と店舗によって構成されますが、資本や経営方法などの形態により、次のような分類ができます。

● フランチャイズチェーン

　フランチャイザー（本部）が**フランチャイジー**（加盟店）を募集して、その加盟店に一定地域内で商標や商号を使用することを認め、本部は経営指導や商品供給などを行います。加盟店は加盟料（**イニシャルフィ**）や経営指導料（**ロイヤリティ**）などを、本部に支払うシステムです。コンビニエンスストアやレンタルビデオ店などで、このシステムが取り入れられています。

フランチャイズチェーンは、小売業や外食産業をはじめ、フィットネスクラブや学習塾、不動産販売など様々な業界に広がっています。

　加盟店は統一された店舗運営を行うことから、店舗設備、品揃え、価格などにおいては、本部の統制下にあります。

▼フランチャイズシステム

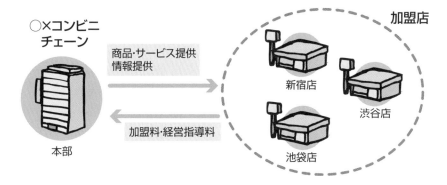

● ボランタリーチェーン

　独立した中小の小売店がチェーン化し、共同で仕入れ、販売促進、社員教育、商品開発などを行います。個別の仕入れや商品開発では限界があり、チェーン化することで大手に対抗力をつけようというものです。

　　【例】地域密着型食品スーパー（ミニスーパー）、眼鏡店、寝具店、文房具店
　　　　など

　加盟店自らチェーン本部に協力し、経営組織の中心に携わることは可能ですが、それぞれ個別に独立した中小の小売店や卸売店なため、団結力や統制力はフランチャイズチェーンに比べて低いです。

● レギュラーチェーン

　単一の資本で多店舗展開する小売店で、大手のスーパーマーケットなどはこの形態に含まれます。一般にチェーンストアと呼ばれるものは、このレギュラーチェーン

を指します。

☕ スーパーバイザーとマーチャンダイザー ・・・・・・・・

　販売する商品の仕入れの判断を行う担当を、**スーパーバイザー**といいます。コンビニエンスストアなどでフランチャイズチェーンの加盟店を巡回し、品揃え、発注、陳列方法、在庫管理、販売員の指導など、店舗経営全体の指導や支援を行います。

　また、商品を企画・開発する担当を**マーチャンダイザー**といいます。市場調査を行い、「どんな商品をどのように販売すれば良いか」を考えて企画し、原材料の調達をはじめ、流通方法や販売促進方法も編み出します。商品が消費者の前に現れるまで一貫して担当するため、企画・開発力が問われる仕事です。

☕ 小売業界の再編成 ・・・・・・・・

● スーパーマーケットの再編成

　スーパーマーケットの売上げはここ十数年、年々下降しています。コンビニエンスストアなどが発展したことや、少子高齢化で消費が伸び悩んでいるなどが、下降の理由です。そのため、スーパーマーケットの再編成として、グループ化されてきています。

　【例】
　　・イオン、ダイエー、マックスバリュ、マルエツ、ベルクなど→イオング
　　　ループ
　　・セブン・イレブン、イトーヨーカドー、ヨークマート、ヨークベニマル、
　　　ザ・ガーデン自由が丘など→セブン＆アイ・ホールディングス

● デパートメントストア（百貨店）の再編成

　百貨店も同様に苦戦を強いられています。平成20年秋の金融危機以降の消費低迷により、さらに状況は悪化しており、各社生き残りをかけて、続々と再編に着手しています。

【例】

・ 三越＋伊勢丹→三越伊勢丹→三越伊勢丹ホールディングス

・ 阪急百貨店＋阪神百貨店→阪急阪神百貨店→エイチ・ツー・オーリデイ
　 リング

・ 高島屋

・ 大丸＋松坂屋→大丸松坂屋百貨店→J. フロント リテイリング

・ そごう＋西武百貨店＋ロビンソン百貨店
　　　　→そごう・西武

　 そごう・西武＋ミレニアムリテイリング

　　　　→ミレニアムリテイリング

　　　　→セブン＆アイ・ホールディングス

第5章

Step1

基本解説

試験予想Check！

消費者のライフスタイルやニーズの変化・多様化によって、小売業の形態も大きく
変わってきています。これまでの小売の形態の流れと、今後の傾向については確認し
ておきましょう。また、さまざまな販売形態の名称も、押さえておきたいキーワード
です。

□／□ 八百屋、魚屋、肉屋、酒屋など、「何を売るか」といった取扱商品で分類するのが（ **業種** ）です。

□／□ （ **業態** ）は、「どんな売り方をするか」といった営業形態で分類する用語です。

□／□ データ通信を用い、カードや携帯電話を端末として買物をしたり乗り物を利用したりするサービスを、（ **電子マネー** ）といいます。

□／□ コンビニエンスストアでは、（ **宅配便** ）の取り次ぎ、各種チケットの販売、（ **公共料金** ）支払いなどができ、（ **24** ）時間営業、年中無休の店舗が多いのが特徴です。

□／□ ある特定の分野の商品を扱う小売業態で、総合的な品揃えの大型店の売り場を閉鎖に追い込むほどの勢いを持つディスカウントストアを、（ **カテゴリーキラー** ）といいます。

□／□ 郊外型の超大型スーパーマーケットを、（ **ハイパーマーケット** ）といいます。

□／□ スーパーマーケットやカテゴリーキラーと呼ばれる大型専門店が同一の敷地内に店を構えた大型ショッピングセンターを、（ **パワーセンター** ）といいます。

□／□ （ **ホールセールクラブ** ）とは、会員制の倉庫型のディスカウントストアで、低価格で運営することで利益を生み出しています。

□／□ （　フランチャイズチェーン　）では、本部が加盟店を募集し、その加盟店に一定地域内での商標や商号の使用を認め、経営指導や商品供給を行います。

□／□ フランチャイズチェーンの加盟店は本部に対して、加盟料として（　イニシャルフィ　）と経営指導料としての（　ロイヤリティ　）を支払います。

□／□ 独立した中小の小売店がチェーン化し、共同で仕入れ、販売促進、社員教育、商品開発などを行うのは（　ボランタリーチェーン　）です。

□／□ 単一の資本で多店舗展開する大手のスーパーマーケットなどの形態は、（　レギュラーチェーン　）に含まれます。

□／□ 販売する商品の仕入れの判断を行う担当を（　スーパーバイザー　）といい、品揃え、発注、陳列、販売員の指導など、店舗経営全体の指導や支援を行います。

□／□ 商品を企画・開発する担当を（　マーチャンダイザー　）といい、市場調査や企画のほか、原材料の調達や流通方法、販売促進方法も編み出します。

□／□ スーパーマーケットの売上げはここ十数年、年々下降しています。また、百貨店も同様に苦戦を強いられています。そのため、小売業界は（　再編成　）がされ続けています。

飲食業のマネジメント

Step1 基本解説

飲食業マネジメントのポイント

飲食業のマネジメントで必要なポイントは、①営業活動戦略（QSC＋A）、②従業員教育と人事管理、③商品（メニュー）の企画・開発、④経理と計数管理、の4点があげられます。

営業活動戦略（QSC＋A）とは

営業活動戦略（**QSC＋A**）では、店の基本的な戦略を考えたうえで、具体的にどういう戦術がいいのかを考えます。つまり、どのように顧客を増やし、売上や利益を上げていくかについての計画を立てます。

そして、「利益が上がる店」にするための営業活動には、次の4つの視点があります。

- Quality「**品質**」…料理の味、新鮮さ、速さなど
- Service「**サービス**」…接客サービス、店内メニュー、販売推進活動を指す。業態に合わせて、セルフサービス、フルサービスと分かれる
- Cleanliness「**清潔**」…店舗内の清掃、衛生管理。食中毒防止のために重要
- Atmosphere「**雰囲気**」…内装、照明、BGMなどの雰囲気のこと

従業員教育と人事管理

飲食店の営業力で大きな影響となるのが、「人」です。**店の「顔」**ともなり、お客様を獲得するための、1つの戦略となっています。そしてそのためには、次の3つの要素が重要となります。

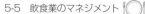

・人事管理 … 適正な人材、人件費とシフトスケジュール管理

・訓練 … 接客サービスの基本と心構えの習得

・躾 … お客様に接する時の言葉使いや態度

第5章
Step1
基本解説

☕ 商品（メニュー）の企画と開発

　新しい商品（メニュー）企画は、年中行事や季節、休暇期間を考慮し、お客様が欲しい時にタイミングよく商品を提供することが売上に大きく影響します。そのためにも、定期的に市場調査や消費者の声を聞き商品開発につなげます。

☕ メニューメイキング

　メニューとは、その店の看板ともなる献立表のことです。ひと目見て、商品と価格が分かるものであり、それだけにメニューの構成や見せ方には工夫が必要です。

・**メニュー計画**…何を、誰に、いつ、どのように、どのくらい売るのかターゲットを絞り込んでから、商品構成や価格設定を考える

　例：ターゲットが会社員の昼食需要の場合

　　①昼休みという限られた時間であるため、回転をよくする

　　②値ごろ感のあるメニューを提供する

　　③固定客化になるようにし、次の来店につなげる

・**メニュー価格の設定**…価格の高い店は大商圏主義、交通の便や駐車場の整備が必要。価格の安い店は来店頻度を上げるために、人気のある定番商品が必要

・**メニュー変更**…メニュー変更とは、メニューの組み合わせや内容を変更すること。メニュー変更は、マーケティングの戦略であり、確かな「ABC分析」が必要

☕ 経理と計数管理

　経理とは、帳票と店舗の状況を把握して、利益がどうなっているのかを数値で管理することです。

計数管理とは、日々の営業活動の数字を管理することで、経理として把握し、売上や利益アップの戦略として利用します。

☕ 市場競争を勝ち抜くために ･････････････････

飲食業では、お客様によりよい商品を最適な販売経路や価格で提供するために、マーケティング目標を定め、それを達成するための活動が重要です。市場競争に勝つためのポイントは、次の4つ（4P）です。

- **Product（商品計画）**…お客様の購買目的などを十分に調査し、ライフスタイルに合った商品を企画・生産し、提供する仕組みづくりを行う
- **Place（流通戦略）**…どのような場所（立地）で、どのように店を利用してもらうか、といったニーズがポイント
- **Price（価格戦略）**…お客様ひとりの予算で、どんなメニューをどんな組み合わせで食事されているか考え、価格設定を行う
- **Promotion（販売促進）**…商品開発した商品を店に導入し、お客様が注文しやすいように誘導すること。また、新商品の顧客満足度の確認も重要となる

☕ 利益の計画 ････････････････････････････

利益計画とは、「営業活動の中でどれだけ利益を上げるか」について計画することです。売上にかかる原価と経費を必要最小限に抑えることが、利益を上げるには必要です。ですが、目標を設定した後で、修正が必要になることもあります。

売上目標は、期待値で設定しないことが重要です。確実に見込める売上か、それよりやや少なめに設定します。

利益＝売上－売上原価※－必要経費

※売上原価：売上価格に対する分の仕入れ価格

☕ ABC分析とは

　商品を、売上や利益などの割合でランク付けする方法です。たとえば、売上が大きい順で並べて**累計構成比**を算出し、構成比の高い順に、A、B、Cと3段階に分類し判断します。

第5章

Step1

基本解説

▼累計構成比の出し方

> ① 1品当たりの売上高を出す（1品当たりの単価　×　注文数）
> ② 1品当たりの占有比率を出す（1品当たりの売上高　÷　総売上高）

▼ABCの部門分けの仕方

> 1品当たりの占有比率の高い順に並べ、下記のように割合によって部門を決める。
>
> A部門…全体の売上高の75％までを占めるメニュー
> B部門…全体の売上高の20％を占めるメニュー
> C部門…残りの売上高の5％のメニュー、**メニュー変更の対象と考える**

● メニュー原価の考え方

　飲食店の損益には、食材原価と人件費が大きく影響します。

　食材をF（フード）とし、人件費をL（レイバー）とします。一般には、食材原価と人件費（**FLコスト**※）は**売上の55〜60％**程度が理想です。内訳は、**食材原価率30〜35％**、**人件費率20〜25％**となります。それらの率を下げれば利益は上がりますが、値ごろ感や割安感など経営戦略との関係も考慮する必要があります。

※FLコスト：Fは食材（フード）、Lは従業員（レイバー）を指す。

売上高の算出法 ·

● 飲食店における売上高の構造

> **売上高**＝客数×客単価 　　（客単価＝売上高÷客数）

● 粗利益の算出法

> **粗利益**＝販売価格－仕入れ価格
> 　　　　　（販売価格＝売上高、仕入れ価格＝売上原価）
> **粗利益率**＝粗利益÷販売価格×100
> 　　　　　　（粗利益率は、粗利益が、販売価格の何割を占めるかの割合）
> **販売価格**＝仕入価格÷（1－粗利益率）
> 　　　　　　（粗利益率を確保するための販売価格を求める式）

● 純利益の算出法

> **純利益**＝粗利益－間接原価
> 　　　　　　　（人件費、家賃、水道光熱費、消耗品、原価償却費など）

● 売上原価率の算出法

> **売上原価率**（%）＝売上原価÷売上高×100

※売上原価率とは、売上高の中に占める売上原価の割合のこと。

飲食店における黒字と赤字

　経営者は、店の赤字を出さないために「**損益分岐点**」を考慮した経営をしなければなりません。損益分岐点とは、**目標とする利益を確保するために、どれくらいの売上が必要か**、または**売上を得るためにどれだけの経費をかけていいのか**を数値で表し、客観的に判断する計数管理のことです。

> ・**変動費率**＝変動費÷売上高
>
> ・**損益分岐点**＝固定費÷（1－変動費率）
>
> （変動費＝材料費、水道光熱費など、固定費＝人件費、家賃、減価償却費、支払利息など）

※変動費とは、資本設備を一定としたときに、生産量の変化によって変動する費用のことで、固定費は、人件費、家賃など生産量の変化に関係なく発生する費用のことをいう。
※売上を伸ばすのには、客数の確保と**アイドルタイム**（客が少ない時間）を減らすことも必要。

試験予想Check！

飲食業のマネジメント問題は過去に、営業活動戦略（QSC＋A）、市場競争に勝つための4つのポイント、原価率、粗利益率、仕入原価と販売価格の関係やアイドルタイムについて出題されています。営業活動戦略（QSC＋A）、損益分岐点やアイドルタイムとは何か、という点については押さえておきましょう。また、メニュー原価の算出法の問題にも注意が必要です。

□／□　営業活動戦略（QSC＋A）とは、Quality（　**品質**　）、Service（　**サービス**　）、Cleanliness（　**清潔**　）、Atmosphere（　**雰囲気**　）の4つをいいます。

□／□　市場競争を勝ち抜くためのポイントは、Product（　**商品計画**　）、Place（　**流通戦略**　）、Price（　**価格戦略**　）、Promotion（　**販売促進**　）の4つです。

□／□　売上にかかる（　**原価**　）と（　**経費**　）を必要最小限に抑えることが、利益を上げるには必要で、売上目標は、（　**期待値**　）で設定せず、確実に見込める売上か、それよりやや（　**少なめ**　）に設定します。

□／□　商品を売上や利益などの割合でランク付けする方法を（　**ABC分析**　）といい、商品の売上や利益のランクがABC分析でC部門のメニューは、（　**メニュー変更**　）の対象と考えます。

□／□　（　**純利益**　）は、「粗利益−間接原価（人件費、家賃、水道光熱費、消耗品、原価償却費など）」で求められ、（　**粗利益**　）は、「販売価格−仕入れ価格」で求められます。

□／□　（　**売上高**　）は「客数×客単価」で求められ、（　**売上原価率（%）**　）は、「売上原価÷売上高×100」で求められます。

□／□　（　**損益分岐点**　）は、目標とする利益を確保するために、どれだけの経費をかけていいのかなどを数値で表し、客観的に判断する計数管理のことです。

Step3 演習問題と解説

5-1　食生活の変化

例題（1） 食生活に関する記述として、不適当なものを選びなさい。該当するものがない場合は、6を選びなさい。

1. 単独世帯の増加や、女性の雇用者の増加およびDINKSの増加などの社会の変化で、食の簡便化や外部化が進んでいる。また、家族で食事をする機会も減り、1人でご飯を食べる「孤食」も増えている

2. 20～30代の朝食の欠食率が高く、近年では子どもの朝食の欠食も増加傾向にある。朝食の欠食は、エネルギー不足による集中力や意欲の低下、体調不良も起こりうる。さらに、肥満や生活習慣病にもつながる

3. 消費者の食品に対する安全性への関心が高まる中、消費者の食に関する知識不足も問題になっている。子どもの頃からの食の教育が大切であることから、家庭・学校・地域での連携とともに食育を行っていく必要がある

4. 間食や夜食は、仕事や勉強、運動などの疲れがとれたり、食事で足りなかった栄養を補給する役割をもっているので、食べる時間と食べるものを考えて摂ると良い

5. 食生活は社会的、文化的なものが大きく影響され、さらに人々の生活の質にも関わっている。そのような中で、いかに心と体の健康状態を保つことができるか、さらに文化の継承、社会問題の解決をしていくかが大切である

6. 該当なし

正解 6

例題（1）の解説

食生活は本来の文化に加え、社会の影響を大きく受けます。現代は技術の発展、経済の発展が著しく見られ、日本人の食生活も大きく変化しました。急な変化にともない、さまざまな問題も出てきています。

1. から3.は、食生活の変化による問題です。

2. 朝食の欠食率が増えている主な理由としては、「不規則な生活」「寝る時間が遅い」「遅い時間に夕食をとる」といったことがあげられます。

4. 昔からの食文化の「おやつ」にあたるものですが、食べる時間と食べるものが変わってきたことにより、肥満や、食事が摂れなくなったりするなどの問題があります。

> ### 試 験対策のポイント
>
> 食生活アドバイザーにとって、食生活とは何か、現代の食生活はどのような状況か、食生活の変化によって起こっている問題は何かを、幅広く理解することが大切です。また、社会生活は常に変化していくものなので、敏感でなければなりません。ニュースや新聞などで、情報をたくさん集めておきましょう。

5-2　ミールソリューション

例題（2） ミールソリューションの説明として、不適当なものを選びなさい。該当するものがない場合は、6を選びなさい。

1. スーパーマーケットなどでは、ミールソリューションの考え方に合わせ、「食材を売る」というスタイルから「食卓を提案する」というスタイルに変化しつつある

2. アメリカのスーパーマーケット業界が、外食産業に奪われた顧客を取り戻すために提唱したマーケティング戦略である

3. 消費者が抱える食事に関する様々な悩みに、解決策を提案していくこと

4. 簡単な調理や盛り付けるだけで食卓に出せる、「家庭の食事に代わるもの」を提供しようというマーケティング手法である

5. 女性の社会進出だけでなく、少子高齢化の増加により、食事に関する総合的な解決策は一段と必要になってきた

6. 該当なし

正解 4

例題(2)の解説

4. ホームミールリプレースメント（家庭の食事に代わるもの）のことです。加工食品メーカーも、簡単な調理で食べられる食品（冷凍食品やチルド食品など）の開発や提供に力を入れています。

試験対策のポイント

ミールソリューションとホームミールリプレースメントは、同じことではありません。ホームミールリプレースメントはあくまでも、ミールソリューションの手法の1つです。また、さまざまなMSの具体例（エキナカ、デリカテッセンなど）についても押さえておきましょう。

例題(3) ホームミールリプレースメントの説明として、適当なものを選びなさい。該当するものがない場合には、6を選びなさい。

1. 外食産業が取り入れているドライブスルー方式での食品提供は対象外である
2. 食事を作る時間が少なくなり、家族揃ってできるだけ食事をとるようにするため、宅配で料理を頼み家庭で食事をしようという考え方のこと
3. 簡単な調理、あるいは盛り付けるだけで家庭と同じような食事を食卓に出すことのできる、総菜などを中心とした食材を外食産業が提供すること
4. 家庭での食生活に気を使うことにより、健康管理に役立てていこうというもの
5. その土地で生産されたものを、その土地で消費するということ。すなわち家庭で使う食材はその土地のものを使うのが良いとされている
6. 該当なし

正解 3

例題(3)の解説

1. 車に乗ったまま購入できるドライブスルー方式も、総菜などと同様に、調理済の食品を提供する形の1つです。
3. 女性たちの多くは、仕事をしていても家庭で質の高い食事をしたいという願望があり、食材や味にこだわった良質の食事を提供することが求められています。
5. 地産地消のことです。

試 験対策のポイント

どのようにホームミールリプレースメントが必要とされてきているのか、その背景などについて理解しておくことが大切です。

5-3 流通と経営戦略

例題(4)
流通に関する記述として、適当なものを選びなさい。該当するものがない場合は、6を選びなさい。

1. 間接流通には、卸売業者を経由するもの、市場を経由するもの、生産者から消費者へ取引されるものなどがあり、主に生鮮食品の取引はこの形態である
2. 近年、小売業の現場ではメーカー別、商品別ではなく、生活提案型の売り場づくりを推進するようになってきたが、依然として流通市場におけるメーカーの支配力は強いものがある
3. 生産者と小売業者の間に介在する複数の卸売業者は、小売業者に近い方から一次卸、二次卸と呼んでいる
4. 最終消費者に直接販売するのが小売業であり、生産者の商品を集めて小売業者に販売するのが卸売業者である
5. 一般的に流通業者といった場合は、倉庫業、輸配送業、卸売業といった物流業者のことを総称している
6. 該当なし

正解 4

例題(4)の解説

1. 生産者から消費者へ直接商品やサービスが提供される形態は、直接流通です。商品の特性による違いはありません。直接流通には、通信販売やインターネットを利用した購入が含まれます。

2. 近年、メーカーの力は弱まりつつあり、メーカー同士、卸売同士、小売業同士などの再編成が進んでいます。

3. 生産者に近い方から一次卸、二次卸と呼びます。

4. 流通でいう消費者とは、商品の使用者を指し、一般消費者だけではなく、業務用の企業、法人や官公庁、自治体なども含まれます。

5. 流通業者には、小売業者も含まれます。

試験対策のポイント

流通の流れやその機能について、しっかりと押さえておきましょう。現在は、コスト削減や環境への配慮、またIT技術の発達によって、新たな流通革命が進んでいます。基本的な流通の仕組みを押さえた上で、新聞記事などで「物流」についてのニュースに関心を持ち理解を深めていってください。

例題(5) 「ジャストインタイム物流」に関する記述として、不適当なものを選びなさい。

1. 「ムリ・ムダ・ムラ」を排除するために確立した独特の生産方式で、「必要なときに、必要なモノを、必要な量だけ」供給するしくみ

2. 注文してから商品が届くまでの時間(リードタイム)は、短くなる傾向にある

3. 日本の大手電機メーカーが部品調達効率化のために開発した「かんばん方式」という仕組みを、食品流通に応用したものである

4. 外食産業や食品小売業にとっては、原材料の在庫負担が少なくなることや、いつでも新鮮な商品を提供できるというメリットがある

5. 力のある小売業者が、力のない納入業者にジャストインタイム物流を要請するということは、在庫コストを押しつけるなどの問題点も指摘されている

6. 該当なし

正解 3

例題（5）の解説

3. 大手電機メーカーではなく、トヨタ自動車が確立した独特の生産方式です。

試 験対策のポイント

流通について学ぶということは、モノ（商品）が生産されてから、どのようにして消費者の手に渡るかという、世の中のしくみを勉強することです。現在は、IT技術の発達によって新たな流通革命が起きています。

例題（6）

「ロジスティックス」に関する記述として、適当なものを選びなさい。

1. 環境に配慮することを目的に、具体的には、エコトラックの導入やバイオ燃料の使用、包装・梱包資材の削減やリサイクルの推進を行う物流システムをいう

2. 正式には、「生産流通履歴情報把握システム」といい、産地、加工、流通のしかたの履歴が閲覧できるシステムである

3. 商品やサービスのライフサイクルの全過程（特に供給・配送・保全）を最適化するための総合的活動であり、マーケティング戦略、マーチャンダイジング戦略とともに、重要な戦略となっている

4. 食料が、生産地から食卓までどれくらいの距離を経て運ばれたかを示す指標である

5. 従来紙幣で行っていた決済を、データ通信を用いてカードや携帯電話を端末として

買い物をしたり、交通機関を利用したりできるサービスである

6. 該当なし

正解 3

例題(6)の解説

1. グリーンロジスティックスのことです。

2. トレーサビリティのことです。

4. フードマイレージのことです。

5. 電子マネーのことです。

試験対策のポイント

流通の機能に関しては、特にグリーンロジスティックスに関する出題が目立ちます。ロジスティックスと合わせて、必ず確認しておきましょう。

例題(7) 日本独特な商慣行の1つである、小売業者が卸売業者やメーカーに対して、売り場の改装費や催事、広告などの費用を要求するおカネのことを何というか、適当なものを選びなさい。該当するものがない場合は、6を選びなさい。

1. 商品添付代　　2. 販売協力金

3. 建値制度　　　4. オープンプライス

5. リベート　　　6. 該当なし

正解 2

例題⑦の解説

1. 小売店向けの販売促進として、注文の数量に上乗せして商品を納品する制度を、商品添付制度といいます。上乗せ分は無償です。

3. 価格の安定化を図るため、メーカーが一定の取引量に対し、適正価格を設定することです。

4. メーカーは卸値だけを提示して、流通段階の業者が自らの判断で自由に価格決定を行う方式です。

5. メーカーが、自社商品の売上高に応じて卸売業者や小売業者に正当な販売差益以外に支払う謝礼金のことで、割戻金ともいいます。

試験対策のポイント

商品添付制度、販売協力金、建値制度、リベートなどの用語と、その意味についてはしっかりおさえておきましょう。

5-4　小売業の販売形態

例題（8）　フランチャイズチェーンに関する記述として、適当なものを選びなさい。該当するものがない場合は、6を選びなさい。

1. 資本が独立した店舗が集まってチェーンを組織したもの。仕入れなどは共同で行う

2. 加盟店は、本部に対して加盟料であるロイヤリティを支払う

3. コンビニエンスストアやレンタルビデオ店などで、このシステムが多く取り入れられている

4. 加盟店と本部は資本的には独立しているため、店舗設備、品揃え、価格の決定などは個別に行っている

5. 単一資本の全国の中小スーパーマーケットなどが中心となって、多くの加盟店で組織されている特徴がある

6. 該当なし

正解 3

例題(8)の解説

1. ボランタリーチェーンの説明です。
2. 加盟店は本部に加盟料である「イニシャルフィ」を支払います。ロイヤリティとは、売上あるいは利益のうち決められた割合で支払う「経営指導料」のことです。
3. フランチャイズチェーン加盟店のメリットは、少資本でも未経験でも本部からの指導ノウハウの提供により新規出店が可能となることがあげられます。
4. 統一の店舗運営を行うのがフランチャイズチェーンです。店舗設備、品揃え、価格の指示など本部の統制があります。
5. レギュラーチェーンの説明です。

試 験対策のポイント

フランチャイズチェーン、ボランタリーチェーン、レギュラーチェーンの違いや、その特徴をしっかり押さえておきましょう。また、ロイヤリティ、イニシャルフィといった用語についても多く出題されますので、確認をしておく必要があります。

例題(9) 小売の形態の1つであるホールセールクラブについての記述として、適当なものを選びなさい。該当するものがない場合は、6を選びなさい。

1. 倉庫型のディスカウントストアの1つの形態で、会員制である。個人でも会員になれば購入することができる
2. 家電や紳士服など、特定の商品分野を扱い、豊富な品揃えと低価格で販売し、総合的な品揃えの大型店のその売り場を閉鎖に追い込むほどの力を持つ

3. フランスを中心に発達した超大型スーパーマーケットで、多くが郊外に店舗を構える

4. 複数のカテゴリーキラーが同一の敷地内に店を構えた、新しいタイプのディスカウントストアのこと

5. メーカーや卸売業者、小売業者が自社商品の過剰在庫を処分するための販売形態

6. 該当なし

正解 1

例題⑨の解説

2. カテゴリーキラーの説明です。

3. ハイパーマーケットの説明です。

4. パワーセンターの説明です。

5. アウトレットストアの説明です。

試験対策のポイント

ディスカウントストアから派生した小売業の形態であるカテゴリーキラー、ハイパーマーケット、パワーセンター、ホールセールクラブ、アウトレットストア、ホームセンター、ドラッグストアなど、それぞれの特徴をしっかり押さえておきましょう。

5-5 飲食業のマネジメント

例題(10) より良い商品を最適な販売経路や価格で提供するために、目標を定めそれが達するように活動します。市場競争に勝つための4つのPとは何か、適当なものを選びなさい。該当するものがない場合は、6を選びなさい。

1. Price（価格）Packing（包装）Place（流通）Professional（専門性）

2. Principle（原則）Policy（方針）Potential（可能性）Profit（利益）

3. Product（商品計画）Place（流通）Price（価格）Promotion（販売促進）

4. Product（商品計画）Profit（利益）Performance（実績）Promotion（販売促進）

5. Policy（方針）Project（プロジェクト）Perfection（完全）Professional（専門性）

6. 該当なし

正解 3

例題⑩の解説

3.は、マーケティングの基本である「4P」です。日々のマーケティング戦略を分析する上で重要な項目です。お客様のニーズに合わせた商品企画や価格設定、商品を販売するために場所、流通経路、時間帯などを考える（流通戦略）、開発した商品の宣伝、評判を上げるための活動を行う（販売促進）、これらのことが重要です。

試験対策のポイント

この問題は出題傾向にあり、今後も出題される可能性があります。基本的なことですので、しっかり覚えておきましょう。営業活動戦略のQ（品質）S（サービス）C（清潔）＋A（雰囲気）も、合わせて覚えておきましょう。

例題⑪ つぎの飲食業のマネジメント用語に関する記述として、適当なものを選びなさい。該当するものがない場合は、6を選びなさい。

1. 「アイドルタイム」とは、客数が多い時間帯のことである

2. 「ABC分析」とは、商品をランク付けする方法で、全体の売上高の50％までを占めるメニューをA部門、全体の売上高の30％を占めるメニューをB部門、残りの売上高の3％のメニューをC部門として、メニュー変更の対象とするものである

3. QSCとは、品質とサービスと清潔のことである

4. 売上原価率は、売上高を売上原価で割り100を乗じたものである

5. 「値ごろ感」とは、販売する側にとって、品質や機能に見合った価格のことである

6. 該当なし

正解 3

例題(11)の解説

1. アイドルタイムとは、客数が少ない時間帯のことです。

2. P.305のABC分析を参照して、覚えておきましょう。

3. QはQuality （品質）、SはService （奉仕：サービス）、CはCleanliness（清潔） のことです。

4. 売上原価率の計算式は、「売上原価率(%)＝売上原価÷売上高×100」です。

5. 「値ごろ感」は販売側ではなく、消費者が品質や機能に見合った価格であると思える価格のことです。

試 験対策のポイント

外食産業におけるキーワードとして、時間帯を考えることは大切です。アイドルタイム以外の他の時間名称についても、合わせて知っておきましょう。

問　題

(1) 外で調理済みのお総菜、弁当を購入したり、飲食店のテイクアウトを利用したりして家、学校、職場などに持ち込んで食べる食事形態のことを何というか、平仮名（ひらがな）で答えなさい。

(2) 個人が持つ食事に関する様々な問題について、解決策を提供していくことは、食生活アドバイザーの重要な役割であるといえます。もともとはアメリカのスーパーマーケット業界が提唱したマーケティング戦略ですが、このことを何というか、カタカナで答えなさい。

(3) 本部が加盟店を募り契約し、加盟店に商品の供給を行ったり、経営指導を行ったりするフランチャイズシステムというものがありますが、加盟店から本部へ支払う加盟料のことを何というか、カタカナで答えなさい。

(4) 地球の環境問題に配慮した物流が昨今、求められていますが、商品の消費により出たゴミなどを回収するところまでも物流に含まれるようになってきました。物質の調達から配送、回収、廃棄までトータルに考える物流システムのことを何というか、カタカナで答えなさい。

(5) 528円で仕入れた商品を販売し、20％の利益を得るためには、販売価格をいくらに設定すればよいか答えなさい。
条件：消費税は含まないとし、小数点が出た場合、円未満は切り捨てとする

解答・解説

(1)　正解　なかしょく

解説&記述対策ポイント

中食の他に内食、外食、個食、孤食、欠食、偏食などの言葉についてもしっかりと
意味を覚えておきましょう。

(2)　正解　ミールソリューション

解説&記述対策ポイント

ミールソリューションの問題は頻出です。どんな場面でミールソリューションが
求められるかなど、食に関する情報やキーワードを常に意識しておきましょう。
また、ホームミールリプレースメントについても、合わせて覚えておきましょう。

(3)　正解　イニシャルフィ

解説&記述対策ポイント

加盟料はイニシャルフィで、経営指導料はロイヤリティといいます。また、フラ
ンチャイズシステムのほうが出題されるおそれもあります。

(4)　正解　グリーンロジスティックス

解説&記述対策ポイント

地球の環境問題に関連した記述問題は今後も要注意です。物流システムのサプラ
イチェーンマネジメントも覚えておきましょう。

(5)　正解　660円

解説&記述対策ポイント

仕入価格に対し、粗利益率を維持するための販売価格は「販売価格＝仕入価格÷
（1－粗利益率）」で求められます。仕入価格528円に対し、粗利益率を20％確
保するための販売価格は、「528円÷（1－0.2）＝660円」です。

記述試験の傾向と対策は？

予想問題以外では、ジャストインタイム物流や日本の商慣行の用語が過去に出題されています（一店一帳合制、建値制度は頻出）。また、商品配列に関する用語（先入れ先出しなど）も出題されています。その他、ディスカウントストア関連の用語（カテゴリーキラー、ホールセールクラブなど）、チェーンストアの関連用語（ボランタリーチェーンなど）、飲食業マネジメント関連用語（QSC＋A、ABC分析）などは要注意です。

第6章

社会生活

6-1　暮らしと経済　★★★★
商品の価格には、景気がとても影響します。円高、円安の意味や経緯を知るとともに、各種税金についての知識を学びます。

6-2　暮らしと契約　★★★
生活の中で結んでいるさまざまな契約について、トラブルに巻き込まれないよう、リスクを避けるための方法を学びます。

6-3　食に関する法規　★★★★
食品の安全と安心を確保するための法律や制度について、目的と内容について学びます。

6-4　世界と日本の食料事情　★★★
食料自給率の求め方を知り、世界の食料自給率の推移と現状を学びます。

6-5　暮らしとゴミ対策（循環型社会）　★★★★
食品に関する環境問題とともに、リサイクルについて学びます。

6-6　暮らしとIT社会　★★★
暮らしの中のITの代表的なものであるECなど、流通に変化をもたらしているITの活用について学びます。

6-7　暮らしと社会福祉　★★★
高齢化社会における課題とともに、福祉の役割や使われる福祉用語について学びます。

※★マーク（1つ～5つ）の数が多い程、試験頻出度が高くなります。★マークが多くついているものは特に、繰り返し熟読し覚えるようにしてください。

6-1 暮らしと経済

頻出度 ★★★★

Step1 基本解説

💭 消費者の変化で進む価格破壊

　消費者のモノに対する価値観が多様になる中、「生活の質はできるだけ落としたくない、なるべく良いモノを安く買いたい」という消費者の意識が定着してきており、次のような傾向が見られます。

> ・**価格重視**…「良いものをできるだけ安く買いたい」という消費者の意識
> ・**値ごろ感**…品質や機能に見合った消費者が納得する価格
> ・**価格破壊**…スーパーマーケットなどは、消費者のニーズに合わせるためにプライベートブランド（PB）※の開発や安売りの対応等を行い、さらにディスカウントストアに参入した結果、多くの商品を幅広く安売りするようになった
> ・**製販同盟**…大量販売ではなく、製造業者と販売業者が一体化し、売れ筋商品をつくり、在庫の無駄をなくす取り組みが登場した
> ・**インターネット販売**…出店費用や人件費などの節約。今後、ますます増加する傾向にある

※プライベートブランド（PB）
　Private Brandの略で、小売業者や卸売業者が独自に企画・開発する商品を示す。また、全国的な知名度を持つ、有名メーカーの有力商品を、ナショナルブランド（NB：National Brand）という。

💭 規制緩和で自己責任時代が加速する

　日本の経済活動の4分の1は、何らかの形で官公庁による規制を受けているといわれています。規制により、既存の業者を保護して国民生活にデメリットとなっている規制も少なくありません。更には、今なお続いている**再販売価格維持制度（再販制度）**は、メーカーの価格統制という形で市場の「自由競争」を妨げています。

> **再販制度の6品目**：新聞、雑誌、書籍、音楽テープ、レコード、CD

☕ 価格と物価 ·········

　市場に出回っている**"物"の価格**を、総合的かつ平均的に見たものを「**物価**」といいます。"物"の品目は無数にあり、価格も刻々と変動したり、また"物"の値段は需要と供給の関係などでも変わっていったりするため、物価を算出するのは容易ではありません。そこで、「**ある時点からある時点に、価格が全体としてどのくらい推移したか**」を示すようにします。すなわち、ある時点を基準とした「指数」（**物価指数**）で表します。

　物価指数は、その国の経済動向や水準を判断する材料として用いられています。暮らしの中で代表的なものは、**消費者物価指数**[1]と**企業物価指数**[2]です。

第6章

Step1

基本解説

[1] 総務省統計局が作成し、毎月発表している。消費生活に及ぼす影響を見る、暮らしの良し悪しを測る代表的な経済指標。専門調査委員が百貨店やスーパーマーケット、一般商店などの店頭に出向いて商品の価格を調べ、これをもとに、それぞれの商品ウェートを掛け合わせ、加重平均で算出する。
[2] 日本銀行調査統計局が企業物価を作成し、毎月、発表している。企業間で取引される卸売段階での商品価格の水準を示す景気の動向がわかる指標。以前は、「卸売物価指数」というものだった。
[※] 国内総生産を表す**GDP**というものがあるが、これは Gross Domestic Product の略で、1年間に国内で生み出された利益の合計を表す。また**マネーストック**（以前はマネーサプライと呼ばれていた）は、金融機関以外の一般企業・地方公共団体、個人が保有する通貨の量のこと。

☕ インフレとデフレ ·········

　物価が持続的に上昇していく状態を、**インフレーション**（インフレ）といいます（消費者物価や企業物価などの一般的物価が持続的に上昇していく状態）。

　逆に、物価が持続的に下落していく状態を、**デフレーション**（デフレ）といいます。

　インフレではお金の価値が下がり、デフレではお金の価値が上がることになります。

インフレ ➡ 1個100円だった果物が200円に　**物価上昇**
（100円の価値が 1/2 に下がる）
デフレ ➡ 1個100円だった果物が50円に　**物価低下**
（100円の価値が 2 倍に上がる）

　デフレは金額だけ見ると、物を安く買えてよいことのように感じますが、実際には不景気と結びついています。物の金額が安くなっているということは、売る側としては売上が減少して経営が悪化します。それにより、人件費を削ったり、リストラしたりすることで、失業者が増大する恐れもあります。

　そして、長引く不景気とデフレ状態が複合的になった経済状況を、**デフレスパイラル**といっています。

　なお、経済活動が停滞（スタグネーション：stagnation）して不況になりながらも、物価が持続的に上昇（インフレーション：inflation）する状態を、**スタグフレーション**といいます。

　通常、景気が停滞すると、消費者の需要が落ち込み、物価は落ち着くといわれていますが、1970年代の第一次オイルショック後、主要先進国にて金融引き締め政策取った際、景気が沈静化しても、物価の状況に変化が生じないケースが見られました。生活は、デフレーションのときよりも一層苦しくなります。このような状態が、スタグフレーションです。

※デフレ時では、賃下げや雇用調整などといった「リストラクチャリング（リストラ）」が起こる可能性がある。リストラクチャリング本来の意味は「事業再編成」。

景気について

　経済の状態や様子のことを、景気といいます。景気は生き物と同じように、活動的になったり、動きが鈍くなったりします。「景気が過熱する」「景気が冷え込む」といった表現や、以下のような言葉で表されます。

> ・景気の谷…一番景気が落ち込んでいるとき
> ・景気の山…景気が良くピークのとき
> ・景気の拡大局面…景気の谷から山に向かっている状態
> ・景気の後退局面…景気が山から谷に向かう状態

円高と円安のメカニズムと現象

　輸入や輸出の多い日本では、円の価値が変わることにより、私たちの生活はさまざまな影響を受けます。

● 円高

　輸出が増えると、国内に流入する商品代金の外貨を、企業は円に交換します。**円高**とは、円に対する需要が供給を上回る結果、円の価値が相対的に高まることです。

　輸入業者は有利となり、輸出しにくい状態になります。輸出業者は工場を海外に移すことで国内の雇用が減少し、同時に国内の産業が衰退していく**産業の空洞化**につながることがあります。

● 円安

　輸入が増えると、商品代金を支払うため、円を外貨に換える動きが活発になります。**円安**とは、円に対する需要が供給を下回る結果、円の価値が相対的に安くなることです。

　輸出業者が有利となり、輸入の物価が上がったり、**貿易摩擦**が起こる可能性につながることがあります。

● 通貨の変動要因

　極端な円高や円安が進むと、産業の空洞化、雇用、貿易摩擦、株価などに影響を及ぼし、通貨価値の変動に拍車をかけます。また、通貨は、原油価格、機関投資家の思惑など、さまざまな要因で変動します。

例

円高 ➡ 1ドル110円が100円になる	輸入品を買うのは	割安
円安 ➡ 1ドル110円が120円になる	輸入品を買うのは	割高

☕ 国内産業を守るセーフガード ・・・・・・・・・・

　セーフガード（緊急輸入制限措置）とは、特定品目の輸入が増大して、国内産業に重大な損害を与えた、または与える恐れがある場合に、その品目に対して、関税の引き上げまたは輸入数量の制限を行うものです。WTO（世界貿易機関）のセーフガードに関する協定でも明文化されている**GATT**※の特例に基づく、国際的に認められた措置です。

※GATT
　関税や各種輸出入規制などに関する貿易障壁を取り除き、多国間で自由貿易を維持・拡大するために締結された国際協定。

措置の方法…関税引き上げ、または輸入数量制限

▼輸入に関する用語

並行輸入：海外商品において、国内の総代理店とは別の輸入業者が、第三国にある同じメーカーの代理店から輸入したり販売したりすることです。

輸入割当：輸入数量の増加により国内産業が損害を被るのを防ぐために、特定品目の輸入数量を割り当てることです。

関税割当：一定の数量の枠内に限って、無税または税率を低くすることで、輸入品を安価で供給できるようにすることです。この枠を超える輸入分については、税率を高くすることにより、国内生産者の保護も図っています。

特恵関税：先進国が途上国から輸入する場合に限り、一般の関税率よりも税率を低くすることです。

所得と税金

　収入とは、**入ってきたお金の総額**のことです。手取り金額ではなく、経費などを差し引く前の支給総額のことを指しています。

　所得とは、収入から必要経費などを差し引いたもののことで、この所得に対して**所得税**がかかります。この違いを知らなかったり、控除制度を利用しなかったりすると、損をすることがあります。

　所得税は、所得に比例して段階的に税率が引き上げられる、**累進課税制度**が採用されています。

☕ 可処分所得

実際に手元に残り、**消費にまわされるお金**のことです。

　例えば、会社勤務の場合、収入である「給与」から所得税、住民税、社会保険料（健康保険料、年金保険料、雇用保険料）などを差し引いた残りの金額が可処分所得です。

☕ 国税と地方税

第6章

Step1

基本解説

　国に納める税金を**国税**、都道府県や市区町村に納める税金を**地方税**といいます。

● 国税

　所得税、法人税、消費税、酒税、揮発油税、相続税、贈与税、印紙税など。

● 地方税

　地方公共団体が課税する税金。都道府県税と市区町村税に分けられる。

①都道府県税

　都道府県民税、事業税、自動車税、地方消費税、不動産取得税など。

②市区町村税

　市町村民税、固定資産税、都市計画税、軽自動車税、たばこ税、入湯税など。

☕ 直接税と間接税

　直接税は、税金を納める人と税金を負担する人が同一となります。対して、間接税は実際に税金を納める義務のある人（小売店など）と、その税金を実質的に負担する人（消費者など）が異なります。

> **直接税**…所得税、法人税、住民税、事業税、相続税、贈与税、固定資産税など
> **間接税**…消費税、酒税、たばこ税、関税、石油・ガス税、印紙税など

消費税

● 総額表示方式

消費税は間接税であり、モノやサービスの販売価格に対して消費税分を事業者が納税しますが、実際、税の分を負担しているのは購入者である消費者です。

以前は、「税抜価格表示」と「税込価格表示」が混在していました。しかし、2004年4月1日から「値札」や「広告」など、価格表示する場合には、消費税を含んだ支払い総額の表示を義務づける**総額表示方式**となりました。

● 非課税取引

社会政策的な配慮から消費税を課さないものや、取引の性格として消費税を課すことがなじまないものを、**非課税取引**といいます。

▼非課税取引の種類

①有価証券など（株券や国債、金銭債権など）の譲渡

②預貯金の利子および保険料を対価とする役務の提供

③土地の貸付および譲渡

④支払手段（約束手形、小切手など）の譲渡

⑤プリペイドカード、商品券などの物品切手などの譲渡

⑥郵便事業株式会社、郵便局株式会社などが行う郵便切手類の譲渡。地方公共団体などが行う証紙の譲渡、印紙の売渡し場所における印紙の譲渡

⑦国などが行う一定の事務（登録・登記、証明書の交付など）にかかる役務の提供

⑧外国為替業務にかかる役務の提供

⑨介護保険サービスの提供

⑩社会福祉事業などによるサービスの提供

⑪社会保険医療の給付

⑫助産

⑬一定の身体障害者用物品の譲渡や貸付

⑭火葬料や埋葬料を対価とする役務の提供

⑮学校教育（入学金、施設設備費、授業料、在学証明手数料など）

⑯教科用図書の譲渡

⑰住宅の貸付

☕ 公的年金と企業年金制度 ・・・・・・・・・・・・・・

　年金は、少子高齢化や長引く低金利時代の影響で、財源不足となっています。その結果、公的年金では、拠出金額の引き上げや給付年齢の引き上げが行われました。

　従来、日本の年金は、国や金融機関が運用を行い、決まった額を受け取る**確定給付型年金**でしたが、アメリカの**確定拠出年金制度**（401 K）をならって自らが年金掛け金の運用方法を選択・指示し、運用の成績で年金の受取額が異なる**日本版401K**という、**自己責任型の年金制度**が導入されました。

- 従来の確定給付型年金

　　掛け金➡金融機関が独自に運用➡60歳以上から年金給付➡確定の給付金の受取

　なお、給付額が不足した場合は、「掛け金」から追加拠出します。

- 日本版401K

　　掛け金➡金融機関で個別に運用（個人ごとに運用の指示）➡60歳以上から給付

可能（運用方法や運用商品によって異なる）➡運用成績に沿った給付金の受取

☕ 身近な税金の用語 ・・・・・・・・・・・・・・・・

- **源泉徴収**…従業員に給与や報酬を支払う際、所得税などを差し引いて、税金として企業が納付すること。

- **年末調整**…源泉徴収は仮定の数字を用いて算出するため、差し引いた所得税などについて、1月1日〜12月31日の1年分の清算を行うこと。

- **還付申告**…還付を受ける（納めすぎた税金を戻してもらう）ために、納税義務者が申告すること。

- **確定申告**…申告納税制度をとる、所得税や法人税などについて、課税標準および税額を確定するために、納税義務者が申告すること。

- **申告納税**…税務署に提出する納税申告書を、納税者自らが記入して税金を納付すること。

試験予想Check！

社会生活問題は過去に、再販売価格維持制度、円高・円安、産業の空洞化、セーフガード（緊急輸入制限措置）、消費税について出題されています。また、消費税の非課税取引にはどんなものがあるのかについては押さえておきましょう。円高と円安による現象の違いについても、注意が必要です。

Step2 「暮らしと経済」の要点チェック

チェック欄
1回目 2回目

□/□ 消費者の意識の変化等には、「良いものをできるだけ安く買いたい」という（ **価格重視** ）、「質に見合った価格のもの」がいいという（ **値ごろ感** ）があります。また、多くの商品を幅広く安売りするようになった結果が、（ **価格破壊** ）であり、製造業者と販売業者が一体化して売れ筋商品をつくる（ **製販同盟** ）が登場しました。

□/□ 新聞、雑誌、書籍、音楽テープ、レコード、CDの6品目に対する（ **再販売価格維持** ）制度は、今なおメーカーの価格統制という形で市場の自由競争を妨げ続けています。

□/□ 景気を表す言葉として、一番景気が落ち込んでいるときを（ **景気の谷** ）といい、景気が良くピークのときを（ **景気の山** ）といいます。また、景気の谷から山に向かっている状態を（ **景気の拡大局面** ）といい、景気が山から谷に向かう状態を（ **景気の後退局面** ）といいます。

□/□ 輸出が増えると、国内に流入する商品代金の外貨を企業は円に交換します。円に対する需要が供給を（ **上回り** ）、相対的に価値が高まることが円高です。（ **輸入業者** ）は有利ですが、雇用の減少や（ **産業の空洞化** ）につながることがあります。

□/□ 輸入が増えると、円を外貨に換える動きが（ **活発** ）になり、円に対する需要が供給を（ **下回り** ）、円の価値が相対的に安くなることが円安です。（ **輸出業者** ）は有利ですが、（ **輸入の物価** ）が上がったり、（ **貿易摩擦** ）が起こる可能性につながることがあります。

第6章

Step2
「暮らしと経済」の要点チェック

□/□ （　**通貨の変動要因**　）には、（　**産業の空洞化**　）、雇用、貿易摩擦、株価、原油価格、機関投資家の思惑などがあります。

□/□ （　**セーフガード**　）とは、特定品目の輸入が増大して、国内産業に重大な損害、またはその恐れが発生した場合に、その品目に対して、関税の（　**引き上げ**　）または（　**輸入数量**　）の制限を行う（　**GATT**　）の特例に基づく、国際的に認められた措置です。

□/□ （　**国税**　）には、所得税、法人税、（　**消費税**　）、酒税、揮発油税、（　**相続税**　）、贈与税、印紙税などがあります。

□/□ （　**地方税**　）には、道府県民税、事業税、自動車税、地方消費税、不動産取得税などの（　**都道府県税**　）と、市町村民税、固定資産税、都市計画税、軽自動車税、たばこ税、入湯税などの（　**市区町村税**　）があります。

□/□ 税金には、所得税、法人税、住民税、事業税、相続税、贈与税、固定資産税などの（　**直接税**　）と、消費税、酒税、たばこ税、関税、石油・ガス税、印紙税などの（　**間接税**　）があります。

□/□ 2004年4月1日から、「値札」や「広告」など価格表示する場合には、消費税を含んだ支払い総額の表示を義務づける（　**総額表示方式**　）となりました。

□/□ 企業年金では新しく、確定拠出年金法に基づく（　**日本版401K**　）制度が導入され、年金の掛け金の運用方法や運用商品を選択できると共に、（　**自己責任型制度**　）となっています。

6-2 暮らしと契約

Step1 基本解説

☕ 日常の出来事から契約は成立している

私たちの日常生活には、**売買契約**（買い物をするとき）、**運送契約**（電車やバスに乗ること）、**雇用契約**（会社に勤務すること）、**金銭消費貸借契約**（お金を借りること）、**賃借契約**（DVDやCDをレンタルするとき）など、さまざまな契約があります。

例えば、「これを買います」と消費者が意思表明すれば、契約書を交わさずとも売買契約が成立します。よって、インターネットによる通信販売など、現物を見て確認できない商品を購入する場合は、内容など入念にチェックする必要があります。また、販売員やカタログの説明を判断基準にして購入する場合は、話術や誇大広告の説明などに惑わされがちです。後で後悔しないように、またトラブルを未然に防ぐためにも、**「いくらで、どのような内容か、条件はどんなものか？」**などについては詳細に確認しておくことが大切です。

☕ 契約の取り消し

事業者の強引な販売や脅迫めいた販売により理不尽な契約を結んでしまった、といった契約時のトラブルを回避するための法律には、次のようなものがあります。

● 民法

脅迫や詐欺などによる契約や、未成年者による法定代理人による同意のない契約は、取り消すことができます。ただし、未成年者が成人とウソをついた場合や、婚姻している場合は取り消せません。

● 消費者契約法

消費者と事業者間で結ばれるすべての契約（労働契約以外）において取り消すことができるのは、次の場合です。

・契約内容と記されている事実と異なることが告げられた場合

・将来の変動が不確実なものを確実なものと告げられた場合

・自宅や職場に長時間居座り、帰って欲しいと意思表示したにもかかわらず、仕方なく契約した場合

・店舗で消費者が帰りたいと意思表示したにもかかわらず、仕方なく契約した場合

● 特定商取引法（特定商取引に関する法律）

無店舗販売を主とした、特殊で悪質な販売行為を規制し、消費者保護の目的で1976年に訪問販売法（訪問販売などに関する法律）が制定されました。トラブルが生じやすい特定取引を対象に、被害の実情に合わせて規制対象を拡大、2000年大改正を機に、**特定商取引法**（特定商取引に関する法律）と改名されました。

特定商取引法の対象となる取引は、以下の通りです。

・訪問販売（キャッチセールスなど）

・通信販売（インターネットオークションを含む通信手段による取引）

・連鎖販売取引（マルチ商法）

・電話勧誘販売（後日の郵送申し込みを含む電話勧誘での申し込み取引）

・業務提携誘引販売取引（内職商法）

・特定継続的役務提供（エステティック、語学教室、家庭教師派遣、学習塾、パソコン教室、結婚相手紹介サービスの6業種）

※訪問購入：購入業者が一般消費者の自宅などへ突然訪問し、強引に物品を買い取る取引のことをいう。

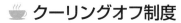 クーリングオフ制度

クーリングオフ制度とは、一定の期間内であれば、業者との間で締結した契約を消費者が**一方的に解約できる権利**であり、被害者救済を目的としたものです。

一定期間とは、契約書を交付された日を含めて**8日以内**です。マルチ商法であれば**20日以内**など、内容によって期間が異なります。契約のキャンセル方法は、キャンセルを通知する文書を一方的に送りつければ良く、その**発送日が契約解除の日**として認められます。

● クーリングオフができる場合

クーリングオフができる場合として、次のようなケースがあります。

> (1) 訪問販売、割賦販売、マルチ商法など法律に規定のある場合
> (2) 業界が自主的に規定している場合
> (3) 業者が個別に契約内容に取り入れている場合

● クーリングオフの適用ができない場合

前記の条件を満たしていても、次のような場合にはクーリングオフの適用はできません。

> ・クーリングオフができる期間が経過してしまった場合
> ・3,000円未満の商品等を現金で購入した場合
> ・訪問販売等であっても、使用・消費した消耗品 (化粧品、洗剤など)
> ・乗用車など、クーリングオフの対象でない商品の場合

通信販売にはクーリングオフ制度が適用されません。商品の返品や交換の対応は、事業者独自の方法が定められていますので、注文する前にしっかり確認することが大切です。(インターネットでの販売も通信販売に該当します)

なお、通信販売の信用判断基準として、**社団法人日本通信販売協会 (JADMA)** と日本商工会議所が運営、認定する**オンラインマーク**の有無があります。

▼JADMAマーク

▼オンラインマーク

社団法人日本通信販売協会会員

☕ 悪質商法に注意する ・・・・・・・・・・・・・・・・・・

　悪質商法とは、言葉巧みに消費者を勧誘し、高額な商品やサービスを売りつける販売方法の総称であり、消費者を誘う方法にはさまざまな種類があります。トラブルや犯罪に巻き込まれる前に「おかしいな、変だな」と思えるように、どんな商法があるのか、どのようにしてだまされてしまうのか、などについての情報を事前に得ておくことが大切です。絶対引っかからない！と思っていても、かなり巧妙な手口を使う犯罪グループなども出てきていますので、賢い消費者でいられるよう注意が必要です。

● アポイントメント商法

　「あなたが選ばれました」などと電話をかけ、営業所などに呼び出して、言葉たくみに高価な商品を売りつける商法。アポイントメント商法には、「**恋人商法**(デート商法)」というものもあります。異性の魅力を用いて最初は電話などで会話して警戒心を解き、お付き合いをほのめかしたり結婚などを引き合いに出して、高額商品を売ったり契約させたりする方法です。

● マルチ商法(ネットワークビジネス)

　商品やサービスの購入契約をした会員に、さらにその買い手や会員をさがさせる商法。自分よりも下位の会員を増やしていかない限り、利益が得られない構造になっています。強引な勧誘をする結果、人間関係が壊れたり、売れなかった商品を自分で抱え込んでしまうなどの問題が多くあります。

● キャッチセールス

　街頭で声をかけて、営業所や喫茶店に連れて行き、化粧品、絵画など高額な商品を

しつこく勧誘して契約させようとする商法。「モニターになると商品が安くなる」「モニター料といった名目で収入を得られる」といった勧誘を行う**モニター商法**などもあります。

● ネガティブオプション（**送りつけ商法**）

自宅に注文もしていない商品が代金引換郵便で届いたり、請求書が入っていたりする。「受け取った以上はしょうがない」というあきらめ、勘違いで代金を支払ってしまうことを狙った商法（ダイエット食品、雑誌、ビデオソフトなど）です。

● 点検商法

家に訪問し、屋根やシロアリなどの無料点検と称して上がりこみ、「このままでは大変なことになる」などといって不安にさせ、リフォーム代や工事代金を請求する商法。

● SF商法（催眠商法）

会場に人を集めて、日常品をタダ同然で配って雰囲気を盛り上げたあとに、最終目的の高額な商品を売りつける商法。早く買わないと損をするという気にさせる、人の心理を利用したものです。

最初にこの商法を始めた団体「新製品普及会」の名にちなみ、SF商法と呼ばれています。

● 振り込め詐欺

家族を装い電話をかけ、「交通事故を起こしたからその示談金としてお金をすぐに振り込んでほしい」といい指定の口座に振り込ませるという商法。

架空請求詐欺、**融資保証詐欺**、**オレオレ詐欺**なども、お金を至急に口座に振り込めという共通点から、総称して「振り込め詐欺」と呼ばれています。

● **霊感商法**

悩みごとの相談にのって弱みを見つけると、「あなたの家には悪霊が取り憑いている」などといって、高額な古美術品などを売りつけたり、霊をお祓いするといって高額な支払い料金を請求します。

● **内職商法**

「自宅で高収入」「サイドビジネスに最適」などと募集をし、申し込むと高額商品を買わされたり、高額な代理店契約をさせられたり、材料代を支払わせられたりします。

● **かたり商法**

「消防署から来ました」などと、作業服を着て職員を装って家を訪問し、商品を購入させる商法。水を変色したように見せかけて、「こんな水を飲んでいたら健康に悪いです」といって高額な浄水器を取り付ける**実験商法**もあります。

● **フィッシング詐欺**

金融機関のWebサイトなどを装い、カードの暗証番号などを入力させて、それを犯罪に悪用するものです。

※その他、**原野商法**（値上がりの見込みもないような山林や原野を時価の何十倍もの高値で不当に買わせるもの）、**クリーニング商法**（電話で布団やエアコンのフィルターのクリーニングなどを勧めて来訪し、掃除後に高額な作業代金の請求やクリーニング器具を買わせるもの）があります。

試験予想Check！

「ネガティブオプション」や「クーリングオフ」に関した単独問題が、過去に出題されています。また、「振り込め詐欺」が社会問題となっていますが、近年、手口が巧妙になり、振り込ませない手法も増えています。さまざまな商法についての問題は今後も出題される傾向が強いでしょう。

□／□ 一定期間内であれば業者との間で締結した契約を（ **一方的** ）に解約できる権利のことを、（ **クーリングオフ** ）制度といいます。ただし、乗用車など自分でお店に出向いて購入したものには、適用できません。

□／□ （ **アポイントメント** ）商法とは、「あなたが選ばれました！」などと電話をかけ、喫茶店や営業所などに呼び出して、言葉巧みに高額な商品を売りつける商法です。

□／□ 注文もしていない商品を代金引換で自宅に送りつけ、うっかり支払ってしまうことを狙った商法は、（ **ネガティブオプション** ）ともいわれています。

□／□ 会場で人を集め、日常品を無料で配るなどして雰囲気を盛り上げたあとに高額な商品を売りつける商法は、（ **SF商法** ）または（ **催眠商法** ）と呼ばれ、「早く買わないと損をする！」と思ってしまう人の（ **心理** ）を利用したものです。

□／□ 商品やサービスの購入契約をした会員が、さらに友人や知人を紹介することでリベートを得るという仕組みの商法のことを、（ **マルチ商法** ）といいます。ネットワークビジネスともいわれています。

□／□ 街頭で「アンケートさせてください」と声をかけ消費者に接近し、喫茶店や営業所などに連れて行き、しつこく商品購入を勧誘する商法を（ **キャッチセールス** ）といいます。

第6章

Step2

「暮らしと契約」の要点チェック

□／□ 「手相を見ましょうか？」などと声をかけ、「先祖の霊が成仏していない」と不安におとしいれて、高額な印鑑セットやツボなどを売りつけるのは（　霊感　）商法といいます。

□／□ 「点検に来ました」と家を訪問し、無料でシロアリや屋根などを点検して工事費やリフォーム代を請求する方法を、（　点検　）商法、または実験商法といいます。また、「消防署のほうから来ました」といって消火器を売りつけるなど、偽りの身分を語ることで商品を売りつける方法を、（　かたり　）商法といいます。

□／□ 家族、警察や弁護士を装い電話をかけ、「交通事故を起こしたからその示談金としてお金をすぐに振り込んでほしい」といい指定の口座に振り込ませる、（　架空請求詐欺　）、（　融資保証詐欺　）なども「お金を至急、口座に振り込め」という共通点から総称して振り込め詐欺と呼んでいました。

□／□ 犯罪で悪用することを主な目的に、正規金融機関などのメールやWebサイトを装い、入力されたクレジットカード番号や暗証番号などの情報を詐取する手口を（　フィッシング詐欺　）といいます。

6-3 食に関する法規

頻出度 ★★★★

Step1 基本解説

食糧管理法から食糧法へ改正

米や麦などの主食となる食品に対して、1942年に**食糧管理法**が施行されました。これは、太平洋戦争に勝つために食糧を国民に平等に分け与えようとした制度ですが、戦後に米の過剰生産を迎えると、生産者から政府が買い上げているお米の価格が、市場価格とかけ離れるといった問題がおき、1995年11月に**食糧法**（主要食糧の需要及び価格の安定に関する法律）に移行しました。

食糧法は、食糧管理体制を政府管轄から民間流通へ移行を図ったもので、政府米の価格決定に市場原理を導入し、米のミニマムアクセス※についても法制化されました。生産者から政府への売り渡し義務も大幅に減らされ、主要穀物の流通と販売方法が複数認められるようになりました。

※ミニマムアクセス
　どの貿易品目でも最低限の輸入枠を設定すべきであるという考え方

食品表示法

食品表示に関するルールはこれまで、JAS法、食品衛生法、健康増進法の3つの法律で定められていましたが、よりわかりやすい制度とするために、食品表示に関する規定をまとめて「食品表示法」が定められ、平成27年4月1日に施行されました。従来の表示ルールを一元化することで、消費者と食品の製造・流通にかかわる事業者の双方にとってわかりやすく使いやすい基準にする目的で施行されました。

農林物資の規格化等に関する法律（JAS法）

Japanese Agricultural Standardの略で、「**日本農林規格**」、正式には「**農林物資の規格化及び品質表示の適正化に関する法律**」という意味を持っています。

JAS法の主な目的は、**消費者への情報開示**で、飲食料品などが一定の品質や特別な生産方法でつくられていることを保証している任意の**JAS規格制度**があります。JAS法の食品表示に関する規定は、食品表示法に移管されました。なお、違反した業者には「指示」「公表」「命令」の段階を経て、罰金が科せられます。

☕ 食品衛生法

この法律は、すべての**飲食物**（薬事法に規定する医薬品・医薬部外品を除く）**の衛生上の危害を防止**して、公衆衛生面の向上を定めたものです。食品事業者などは、飲食物に限らず、食品添加物・残留農薬・調理器具・容器包装などのすべての安全性を確保し、また安全性の確保のために知識や技術を身につけ、必要な措置を実施するように努めなければなりません。

食品衛生法では、主に乳幼児が口に触れたり、口に入れたりする可能性があり健康を損なうおそれがある玩具も、食品と同じように規格や製造に関わる基準を設け規制しています。

☕ 健康増進法

健康増進法とは、**国民の栄養改善や健康維持・増進と、現代病予防**を目的として制定された法律です。健康の増進は、国民一人ひとりの取り組みに対して、国や地方公共団体、企業などは、その取り組みの努力を支援するというものです。

※受動喫煙防止の内容についても、健康増進法により定められている

☕ 景品表示法

景品表示法は、正式には「**不当景品類及び不当表示防止法**」といいます。消費者なら、誰もがより良い商品やサービスを求めます。ところが、実際より良く見せかける表示が行われたり、過大な景品付き販売が行われると、それらにつられて消費者が実際には質の良くない商品やサービスを買ってしまい、不利益を被るおそれがあります。

景品表示法は、商品やサービスの品質、内容、価格等を偽って表示を行うことを厳しく規制するとともに、過大な景品類の提供を防ぐために景品類の最高額を制限

することにより、消費者の皆さんがより良い商品やサービスを自主的かつ道理的に選べる環境を守ります。

☕ 計量法

計量法の目的は、①**計量の基準を定め**、②**適正な計量の実施を確保**することで、経済の発展及び文化の向上を図ることです。そのために、各種制度を規定しています。

計量法が規定する制度は、「国際的な計量単位に整合した計量単位の導入（国際単位系：SI）」「商品の販売にかかる計量」「取引証明に使用する特定計量器」「計量証明事業」「計量士による検査」があります。

☕ 食品安全基本法

食品安全基本法とは、**食品の安全性の確保に関する施策を総合的に推進**するための法律です。責任と役割を明らかにするとともに、基本的な方針を定めます。食品の**トレーサビリティ**などが求められ、法律的にも社会的にも、食品製造に対する消費者の安全・安心への関心が高くなったことを受けた法律だといえます。

現在、トレーサビリティ法には、**牛肉トレーサビリティ法**（4章参照）と米トレーサビリティ法があります。

● 米トレーサビリティ法

米トレーサビリティ法は、正式には「米穀等の取引等に係る情報の記録及び産地情報の伝達に関する法律」といいます。事故米穀の不正流通事件や産地偽造問題が多発したことなどを契機に、2010年10月から、米や対象となる米加工品（対象米穀等）などを扱う事業者は、**取引の記録の作成と保存**が義務付けられました。

さらに、2011年7月からは、生産者などが出荷した対象米穀等を出荷または販売する場合には、**産地情報の伝達**が義務付けられました。

米トレーサビリティ法は、大きく2つの内容で構成されています。
(1) トレーサビリティの確保のため、事業者は米穀等（米や米加工品）を取引した際

第6章

Step1

基本解説

など、品名・数量・入荷年月日・取引先などの内容について、記録を作成し、保存すること。

(2) 消費者が産地情報を入手できるように、法律の対象となる製品に使われた米（米穀等から非食用のものを除いたもの）を取引する際に、その米穀自体や原料に用いられている米穀の産地を相手に伝達すること。

▼米トレーサビリティシステム情報例

名称	精米		
原料玄米	産地	品種	産年
	単一原料米 静岡県　コシヒカリ　24年度		
内容量	5kg		
精米年月日	2012年 10月 10日		
販売者	○○○○○株式会社 静岡県 △△市○○○○○ TEL 000-000-0000		

米トレーサビリティ法の対象食品

- 米穀（籾、玄米、精米、砕米）
- 米粉や米粉調製品、米麹、米菓生地等の中間原材料
- 米飯、餅
- 団子
- 米菓
- 清酒
- 単式蒸留焼酎
- みりん

☕ PL法

Product Liabilityの略で、「**製造物責任法**」という意味を持っています。

これは、**食品製造物の欠陥によって人の命や体・財産に被害が生じた場合に、被害者を保護**するとともに、**製造者**などに**損害賠償の責任**について定めたものです。

PL法の**対象食品は加工された食品**で、農産物・水産物・畜産物などの未加工の**生鮮食品は対象とならず**、対象者は企業や個人を問いません。また、販売者の商品の保管方法が不十分で、販売者側に過失があった場合には、販売者は製造者などに対して責任を負担しなければなりません。

※干物などのように、単に乾燥、切断、冷凍、冷蔵したものも対象外（不動産、電気、ソフトウェア、無形のサービスなども対象外）

☕ ISO（国際標準化機構）のマネジメント

ISO（International Organization for Standardization）とは、工業標準の策定を目的とする各国の標準化機関の連合体のことであり、国際標準化機構と訳されます。

次の3つが代表的な国際規格として知られています。

● ISO9001（品質マネジメントシステム）

製品やサービスの品質を通じて顧客や市場によいものを提供することを目的としています。また、**コンプライアンス**や**コーポレートガバナンス**の業務効率の改善や組織体制の強化にも活用されています。

● ISO14001（環境マネジメントシステム）

会社を取り巻く地域の方々のために、環境に悪影響を与えないようにすることです。社会のニーズにより**サステナビリティ**、環境と経営の観点からの取り組みとなっています。サステナビリティとは、「**持続可能性**」という意味です。企業における環境活動、取引関係や雇用などの経済的側面、従業員の対応や社会貢献活動など、社会的側面の企業活動が継続性のあるように勧めることをいいます。

● ISO22000（食品安全マネジメントシステム）

HACCP の食品衛生管理手法をもとに、安全な食品を消費者に届けることを目的としています。

☕ コンプライアンスとコーポレートガバナンス

コンプライアンスとは、事業活動において法令・社会規範・倫理を遵守する（**法令遵守**）ために、行動指針の策定とその遵守のための内部統制システムの構築に取り組むことです。またコーポレートガバナンスは、**企業統治**と訳され、企業を健全に運営するためのしくみです。経営者に権限が集中することによる弊害を監視・阻止すること、組織ぐるみの違法行為を監視・阻止することなどがあります。

試験予想Check！

PL法や食品衛生法に関する問題がよく出題されています。コーポレートガバナンス、サステナビリティも要注意です。

右段欄外：

□／□ 生産・加工・物流の分野において、法律的にも社会的にも食品製造に対する消費者の「食の安全と安心」への関心が高まった結果として、（ **トレーサビリティ** ）などが求められる（ **食品安全基本法** ）があります。

□／□ 「製造物責任法」という意味を持ち、食品製造物の欠陥によって人の命や身体・財産に被害が生じた場合に被害者を（ **保護** ）し、製造者などに（ **損害賠償の責任** ）について定めたものを（ **PL法** ）といいます。

□／□ すべての飲食物の（ **衛生上の危害** ）を防止して、（ **公衆衛生面の向上** ）を定めたものを（ **食品衛生法** ）といいます。この法律は、飲食物だけに限らず、（ **添加物** ）・（ **調理器具** ）・（ **容器包装** ）などすべての安全性を確保しなければなりません。

□／□ ISO（国際標準化機構）のマネジメントには、製品やサービスの高品質提供の他に（ **コンプライアンス** ）や（ **コーポレートガバナンス** ）としてのISO9001（ **品質マネジメントシステム** ）があります。

□／□ 健康の増進は、国民一人ひとりの取り組みに対して、国や地方公共団体、企業などがその取り組みの努力を支援するという法を（ **健康増進法** ）といいます。また、商品やサービスの品質、内容、価格等を偽って表示を行うことを規制して、皆さんがより良い商品やサービスを自主的かつ合理的に選べる環境を守るためにある法のことを、（ **景品表示法** ）といいます。

6-4 世界と日本の食料事情

頻出度 ★★★

Step1 基本解説

☕ 世界の食料事情

　世界の食料事情を見ると、先進国では飽食で食料を浪費しており、一方発展途上国では飢えに苦しみ、栄養不足の状況にあります。このことにより、先進国ではエネルギーや動物性脂肪の過剰摂取による生活習慣病が問題となり、また多くの発展途上国ではエネルギー不足によって起こるマラスムス※や、動物性たんぱく質の不足によって起こるクワシオコール※という病気が問題になるというように、世界の食料事情は二極化しています。

※マラスムス：特に小児に見られる栄養失調症の1つで、極度にやせ細った状態になる。
※クワシオコール：乳幼児に見られる重度の栄養失調症の1つで、むくみ、腹水、下痢、発育障害、
　　毛髪・皮膚の色素が抜けるなどが起きる。

☕ 食料需給表

　食料需給表は**フードバランスシート**ともいわれ、国内で供給される食料（輸入品も含む）の生産から最終消費に至るまでの総量を明らかにしたもので、FAO（国際連合食糧農業機関）が定めた「食料需給表作成の手引き」に準拠して農林水産省が毎年作成しています。国民1人1日当たりの供給純食料、供給栄養量（エネルギー、たんぱく質、脂質、炭水化物）が示されており、食料自給率算出の基礎ともなります。世界中で、FAOの手引きに準拠してほぼ同様の方法で食料需給表が作成されるため、国際比較をすることができます。

☕ 食料自給率の推移

　一見、豊かに見える私たちの食生活は、実際は海外から食料を大量に輸入することによって成り立っています。食の問題を考えていくにあたり、まずは日本の現状を知っていきましょう。

　食料の**国内での生産量と国内での消費量**との関係を数値化したものを、**食料自給率**といいます。農林水産省が発行しており、国内の食料消費が、国内の農業生産でどの程度賄えているかを示す指標のことです。

　一般的には、**供給熱量食料自給率（カロリーベース自給率※）**で計算します。

> 供給熱量食料自給率(%)＝国産供給熱量÷供給熱量×100

※カロリーベース自給率：畜産物（牛肉、豚肉、鶏肉、卵、牛乳など）は、それぞれの飼料自給率を掛けて計算する。

　自給率には、この他に、主食の米や麦などの穀物を見る**穀物自給率**や、食品の重さそのものを用いて計算した**重量ベース自給率**などがあります。また価格を用いて計算する**生産額ベース食料自給率**は、比較的低カロリーであるものの、健康を維持・増進する上で重要な役割を果たす野菜や果物などの生産活動をより的確に反映するためのものです。

　日本の供給熱量食料自給率は、1965年の73％から大きく低下し、2000年には40％となり、近年も40％前後で推移しています。農林水産省の「食料需給表（平成29年度）」によると、2016 年度の供給熱量食料自給率は38％、飼料用を含む重量ベースの穀物自給率は28％となっています。

　農林水産省によると、私たちの食卓に並んでいる食材の約**80%**は輸入されたものです。何も輸入せずに国内生産されたものだけを消費する場合、日本は第二次世界大戦の敗戦前後の食糧難時代を上回る飢餓状態に陥ると推測されています。

※食料自給率の基本的な考え方は、「国内生産量÷国内消費量×100」。

☕ 食料自給率を向上させるために ・・・・・・・・・・

　食料自給率が高かった時代は、米、野菜、大豆、魚をはじめとした伝統的な食材が中心で、それに牛乳、乳製品、油脂、果実、肉などが加わった、品目が豊富で栄養バランスが保たれた健康的なものでした。しかし近年では、食生活が西洋化し、パンや肉を中心としたものになり、国内で生産が賄えない原材料が多いため、輸入量

が高くなっています。その結果、食料自給率を下げることにつながっています。

2025年度の目標として、カロリーベース45%、生産額ベース73%をかかげています。

▼日本の品目別食料自給率（2016年度）

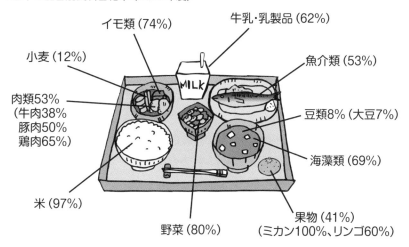

イモ類 (74%)

牛乳・乳製品 (62%)

小麦 (12%)

魚介類 (53%)

肉類53%
（牛肉38%
豚肉50%
鶏肉65%）

豆類8% (大豆7%)

海藻類 (69%)

米 (97%)

野菜 (80%)

果物 (41%)
（ミカン100%、リンゴ60%）

出典：農林水産省（日本の食料自給率）より作成

※**品目別食料自給率**：重量によって、それぞれの品目別に自給率を算出した食料自給率。

この食生活の変化は、食料自給率の低下だけでなく、**栄養バランスの崩壊**にもつながっています。脂肪の過剰摂取、鉄分やカルシウムの不足などになりやすく、生活習慣病や肥満への要因にもなります。これらの問題解決のためにも、日本の伝統的な食生活を農業・漁業のあり方などとともに、総合的な再認識が不可欠です。

フードマイレージ

フードマイレージとは、生産地から食卓までの距離が短い食料を食べた方が輸送にともなう環境への負荷が少ないであろうという仮説を前提として、イギリスの消費者運動家が提唱した概念です。

フードマイレージtkm（トンキロメートル）
＝輸入国からの食料輸入量 (t) × 輸出国からの輸送距離 (km)

第6章

Step1

基本解説

　身土不二、地産地消といった日本の考え方を数量的に裏付けるものであるともいえます。食料自給率とフードマイレージは反比例しているため、自給率向上への取り組みが地球環境への配慮に繋がるともいえます。

☕ LOHAS

　Lifestyles Of Health And Sustainabilityの略で、健康と地球環境が持続可能な社会生活を心がける生活スタイルのことです。1990年代後半に、アメリカで始まったといわれています。

　地球環境の問題、農薬汚染の問題などに危機感をもち、健康的な生き方をめざしたもので、市場としては次の5部門があげられます。

①持続可能な経済（天然資源利用の減少）
②健康的なライフスタイル（食品の選択）
③環境に配慮したライフスタイル（人と自然界の調和や共存を目的とした製品やサービスの実現）
④代替医療（健康増進と予防医学）
⑤自己開発（人の潜在能力の持続可能な開発）

試験予想Check！

さまざまな食品関連企業、団体などで、食料自給率向上に向けた取り組みが行われています。農林水産省のホームページなども参考にしながら、情報をマメにチェックするようにしましょう。

□／□ 世界の食料事情を見ると、先進国では飽食のため動物性脂肪の過剰摂取による（ **生活習慣病** ）が問題となる一方、（ **発展途上国** ）では食料不足が深刻化するという二極化が進んでいます。

□／□ 食料需給表は（ **FAO** ）が定めた「食料需給表作成の手引き」に準拠し、農林水産省が毎年作成しています。

□／□ 食料自給率は、（ **カロリー** ）ベースの他に、主食の米や麦などの穀物を見る（ **穀物自給率** ）などもあります。

□／□ 日本の供給熱量食料自給率は、1965年には（ **73%** ）でしたが、その後下落を続け、2000年には（ **40%** ）になりました。農林水産省によると、私たちの食卓に並んでいる食材の（ **80%** ）は輸入されたものです。

□／□ 食生活の変化は、供給熱量食料自給率の低下だけでなく、（ **栄養バランスの崩壊** ）にもつながっています。脂肪の（ **過剰摂取** ）、鉄分やカルシウムの（ **不足** ）などから、生活習慣病の要因にもなります。

□／□ 生産地から食卓までの距離が短い食料を食べた方が輸送に伴う環境への負荷が少ないであろうという考え方を（ **フードマイレージ** ）といい、「輸入国からの（ **食料輸入量** ）×輸出国からの輸送距離」で計算されます。

第6章

Step2
「世界と日本の食料事情」の要点チェック

6-5 暮らしとゴミ対策（循環型社会）

頻出度 ★★★★

Step1 基本解説

☕ 食品廃棄物

　1年間に国内で排出される食品廃棄物は、約半分が一般家庭からのものです。食品メーカーなどの企業は、ゴミを堆肥や飼料としてリサイクル（再生利用）する努力をしています。また容器は、缶や発泡スチロールなどを使わずに、再使用できる運搬容器にするなど行っています。今後、ゴミの最終処分場の処理場不足などの問題や焼却によるダイオキシン類の発生などを考えると、食品廃棄物の再資源化は早急の課題ともいえます。

● 食品廃棄物

　食べ残し、売り残り、製造・加工過程で発生する残さや調理くず、廃食油などが含まれます。

● 食品廃棄物量

　食品業界における食品廃棄物の業種別内訳は、食品製造業1,616万トン、食品卸売業26万トン、食品小売業127万トン、外食産業199万トン、食品業界全体で1,968万トン（農林水産省の調査　2016年度）。

● 食品関連業者とは

　食品製造・加工業（食品メーカーなど）、食品卸売業・小売業（スーパー、百貨店、コンビニエンスストアなど）、飲食店業（レストラン、食堂、受託給食など）、その他食事の提供を行う業種（旅館、ホテル、結婚式場など）のことです。

☕ 3R

ゴミを減らし、循環型社会を構築していくためのキーワードが**3R**です。

● Reduce（**リデュース**）[**減らす**]

レジ袋や割り箸など、無料のものはもらわない、使わないことです。

● Reuse（**リユース**）[**再使用**]

ビール瓶や牛乳瓶、一升瓶（**リターナブル瓶**）などを洗ってお店に持って行くことです。

Step1

基本解説

第6章

● Recycle（**リサイクル**）[**再資源化**]

牛乳パックはトイレットペーパーに、ペットボトルは合成繊維に、缶は新しい缶や鋼材にというように、いったん原料にもどし、新しいものに作り変えることです。

なお最近では、ゴミになるものを拒否する「Refuse（リフューズ）」、修理して使う「Repair（リペア）」を3Rに加えて、5Rとしたエコ活動も増えています。

● デポジット制度

製品の価格に預かり金（**デポジット**）を上乗せして販売し、消費され不要になった製品（ビール瓶や一升瓶など）が所定の回収システムに返却された場合に、預かり金が返却されます。

● ゼロエミッション

ゼロエミッション(Zero emission)とは、自然界に対する排出ゼロとなる社会システムのことです。

産業により排出される様々な廃棄物・副産物について、他の産業の資源などとして再活用することにより、社会全体として廃棄物をゼロにしようとする考え方のことです。ゼロには「自然界をこれ以上破壊しない」という思いが込められています。

しかし、新たな資源を作るよりもリサイクルの工程にかかるエネルギーの方が大きく、逆に温暖化を促進してしまうなど、真の意味でのゼロエミッションの道は遠く険しいものとなっています。

● Compost（コンポスト）

生ごみや落ち葉などを発酵させて作った堆肥のことです。

食品リサイクル法

消費意識の変化等により、過度の鮮度志向が進み、結果として生産、流通段階では大量の食品が廃棄されました。廃棄物による環境への負荷は大きな社会問題となっています。

そのような状況下において、2001年に、**食品廃棄物の発生を抑制**するとともに、**食品循環資源の有効利用**を推進することを目的とする**食品リサイクル法**（食品循環資源の再生利用等の促進に関する法律）が施行されました。

そのため、食品リサイクル法は**食品関連事業者**の責務となっており、次のような再生利用を責務としてあげています。

> 発生抑制（食品廃棄物の発生を未然に抑制）
> 再生利用（肥料や飼料、油脂、油脂製品、メタンの原料などとして利用）
> 減量（生ゴミ処理機を利用し、廃棄物を脱水、乾燥、発酵、炭化）すること

容器包装リサイクル法

食品の「容器包装廃棄物」は2017年では、家庭ごみに含まれる一般容器包装廃棄物は、容積比で約57%、重量比で約21%になっています。そこで、容器包装廃棄物の減量のために、2000年4月に**容器包装リサイクル法**（容器包装に係る分別収集及び再商品化の促進等に関する法律）が施行されました。しかし、従来からリサイクルされていた製品は除外されました。

リサイクル法対象	ガラスびん、PETボトル、プラスチック製容器包装、紙製容器包装
	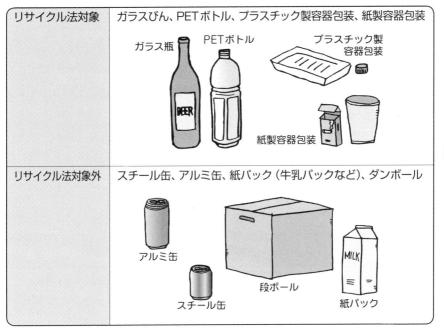
リサイクル法対象外	スチール缶、アルミ缶、紙パック（牛乳パックなど）、ダンボール

▼分別対象にならないもの

・中身が商品でないもの
　ダイレクトメールの封筒、景品の紙袋、家庭使用の容器包装など
・サービスの提供使用の場合
　クリーニング袋、宅急便の容器包装など
・分離の際不要でないもの
　CDケース、楽器・カメラなどのケース、人形のガラスケースなど
・社会通念上の判断のもの
　ラベルやステッカーのように商品全体の半分に満たないもの、握りずしの中
　仕切り（バラン）、容器包装と分離使用のものなど

　ゴミの分別方法や処理方法については、全国で統一されてはおらず、各市区町村ごとに定められていますので、ゴミを処分する場所のルールを確認しておきましょう。

家電リサイクル法（特定家庭用機器再生商品化法）・・・

　以前は、粗大ゴミとなっていたものの中から4品目を決め、消費者、商品を販売する店、製品製造のメーカーが、それぞれ役割分担をし、ゴミとして出すのではなく回収してリサイクルを推進することを目的とする**家電リサイクル法**が2001年4月に施行されました。

　家電の回収量は増えていますが、リサイクル料金の支払いを逃れるために不法投棄の量も増えています。中には、家電リサイクル法を知らずに、対象の家電を粗大ゴミとして捨てている人もいますが、これも不法投棄となるため、正しい知識を身につけてリサイクルへ協力しましょう。

> 家電リサイクル法対象4品目…冷蔵庫、テレビ、エアコン、洗濯機

※現在、テレビはブラウン管、液晶テレビの他にプラズマテレビ、冷凍庫、衣類乾燥機も対象となっている。

PCリサイクル法 ・・・・・・・・・・

　パソコンは、**資源有効利用促進法**により、メーカーによる回収・リサイクルが義務となっており、2001年4月から事業系パソコン（企業や法人など）が、2003年10月から家庭系パソコン（個人や家庭など）が法律に基づいた回収・リサイクルを行っています。

　リサイクルの対象となるパソコンはデスクトップ本体、ノートブックパソコン、ディスプレイです。

試験予想Check！

　暮らしとゴミ対策（循環型社会）は過去に、食品リサイクル法、容器包装リサイクル法、リユース・リデュース、コンポスト、デポジット制度について出題されています。再利用のリサイクルに対して、再使用のリユースや発生抑制のリデュースにはどのようなものがあるのか、押さえておきましょう。また、容器包装リサイクル法上、リサイクル製品の対象と対象外になるものにも注意が必要です。

Step2 暮らしとゴミ対策（循環型社会）の要点チェック

□/□ （ **食品廃棄物** ）とは、食べ残し、売れ残り、製造・加工過程で発生する残さや調理くず、その他（廃食油など）をいいます。

□/□ （ **食品関連業者** ）とは、食品製造・加工業、食品卸売業・小売業、飲食店業、その他食事の提供を行う業者をいいます。

□/□ （ **3R** ）とは、Reduce（ **リデュース** ）・減らす、Reuse（ **リユース** ）・再使用する、Recycle（ **リサイクル** ）・再資源化する、この3つのことをいいます。

□/□ 再使用では、ビール瓶や牛乳瓶、一升瓶のようなものを（ **リターナブル瓶** ）といいます。

□/□ Compost（ **コンポスト** ）とは、生ごみや落ち葉などを発酵させて作って堆肥にすることです。

□/□ （ **デポジット制度** ）とは、製品の価格に預かり金（デポジット）を上乗せして販売し、消費され不要になった製品が所定の回収システムに返却された場合に、預かり金が返却されるという制度です。

□/□ （ **ゼロエミッション** ）とは、自然界に対する排出ゼロとなる社会システムのことです。

□/□ 食品リサイクル法は、2001年に（ **食品廃棄物** ）の発生を抑制するとともに（ **食品循環資源** ）の有効利用を推進することを目的として施行され、（ **食品関連事業者** ）の責務となっています。

□/□ 食品リサイクル法では、食品廃棄物の（ **発生抑制** ）と、食品循環資源を肥料や飼料、油脂、油脂製品、メタンの原材料として利用する（ **再生利用** ）、更に生ゴミ処理機で廃棄物を（ **減量** ）することがあげられています。

□/□ 2000年4月に施行された「容器包装に係る分別収集及び再商品化の促進等に関する法律」は、（ **容器包装リサイクル法** ）と呼ばれ、容器包装廃棄物の軽減を目的としています。

□/□ 従来からリサイクルされていた、アルミ缶、スチール缶、段ボール、紙パックは、（ **リサイクル法対象外** ）とされ、ガラス瓶、PETボトル、プラスチック製容器包装、紙製容器包装が（ **リサイクル法対象** ）となりました。

□/□ 中身が商品でないもの、サービスの提供使用の場合、分別の際不要でないもの、社会通念上の判断のものは、包装容器には（ **分別対象にならないもの** ）となります。

□/□ （ **家電リサイクル法対象4品目** ）には、冷蔵庫、テレビ、エアコン、洗濯機があり、回収してリサイクルしますが、リサイクル料金の支払いを逃れるために（ **不法投棄** ）が増えているという問題があります。

□/□ パソコンは、（ **資源有効利用促進法** ）により、メーカーによる回収・リサイクルが義務となっており、2001年4月から事業系パソコンが、2003年10月から家庭系パソコンがその対象となっています。

6-6 暮らしとIT社会

頻出度 ★★★

🍵 流通に変化をもたらすECとマーケティング ・・・・・・・

● EC（Electronic Commerce）

　情報交換をネットワーク上で行う商取引であり、**電子商取引**のことです。電子商取引は、ネットワーク上の情報の他に、通常の商取引と同じ「モノ」「カネ」「情報」の流れが統合されたシステムです。インターネット上では、「**仮想商店街**」＝「バーチャルショップ」として活躍しています。

　また、消費者が自由に参加できること、企業の手間が削減できること、中間流通業者を省くことといった業務の効率化の実現など、社会全体のコスト削減や市場のグローバル化が進んでいます。

● SPA（Speciality store of Private label Apparel）

　アパレル製造小売専門店と訳されます。自社製造・販売のことで、生産から販売までを一貫して行うマーケティングです。**SPA**の手法で消費者の要望に対応した品揃えと魅力的な価格で人気を得ている代表例として、アパレル業界の「ギャップ」、「ユニクロ」、「コムサデモード」があります。

▼SPAのメリットとデメリット

メリット	①生産と販売が直結することで、中間マージンなどのコストを軽減、低価格での製造が可能となる
	②的確に顧客ニーズを掴める
	③売れ行きをチェックすれば、的確な品揃えが可能となる
デメリット	①自らの企画・生産ゆえに、リスクが大きい
	②顧客のニーズを収集し、そこから企画を仕上げるまでの手間と時間がかかる
	③生産から販売まで行うため、幅広いノウハウが必要になる

● FSP（Frequent Shoppers Program）

　小売店が行う**ポイント制度**のことをいいます。買い物をするときにポイントがつき、決められたポイントが貯まると、それに応じたサービスを受けられるというものです。提供するサービスは、値引きであったり、景品と交換であったりとさまざまです。ポイントカードやサービス提供カードなどを顧客に発行し、顧客が買い物をするたびに購買データが蓄積されるため、顧客データベースを活用したマーケティングが行えます。

POSシステムとEOSの連携

● POSシステム（Point of Sales System：**販売時点情報管理システム**）

　商品の販売時に商品の販売情報を記録し、在庫管理やマーケティング資料として用いるシステムです。**POSシステム**のメリットは、在庫や受発注管理ができ、複数の店舗の販売動向の比較、天候や曜日と売上の傾向分析などができます。

● EOSシステム（Electronic Ordering System：**企業間のオンライン受発注システム**）

　小売店（スーパーマーケットやコンビニエンスストアなど）の受発注業務の効率化に活用されており、小売店の端末から本部や卸売店のネットワーク経由による発注を行うことで迅速かつ正確な情報が伝わります。また、発注から納品までの時間（**リードタイム**）の短縮や、的確な発注と在庫管理、更に正確な経営判断ができます。

　また、消費者に受け入れられている商品か、受け入れられていない商品かも即座に分かるようになり、受け入れられていないと判断された商品は、すぐに陳列棚から外されてしまうようになりました。このような商品を死に筋商品、逆によく売れている商品を売れ筋商品といいます。メーカーや販売店はこのように、消費者の動向を追って、なおかつ先を読みながら消費者に受け入れられる商品を開発しているのです。

売れ筋商品…よく売れている商品
死に筋商品…計画した販売高よりも極端に売れず、販売中止となる商品

☕ バーコードの中の情報 ・・・・・・・・・・・・・・・・・

● バーコード

食品を中心とする商品表示されている白と黒のストライプ模様と数字が入っている印刷部分をいいます。バーコードをかざす（スキャン）ことで、光学的に読み取りPOSシステム化され、売上管理、在庫管理、商品管理などができます。

JIS（日本工業規格）化された共通商品コードで、JAN（Japanese Article Number）コードともいいます。**JANコード**は0から9の数字で表現します。情報は「国コード」、「メーカーコード」、「商品アイテムコード」、「チェックデジット」が入っています。

出荷段階でバーコードを印刷できない生鮮食品等に、POSシステムで管理するために、小売業でバーコードを印刷することがありますが、これを「インストアマーキング」といいます。

第6章

Step1

基本解説

▼ JANコードと特徴

4 912345 678909

4512 3412

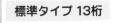

標準タイプ 13桁

49	12345	67890	9
①	②	③	④

短縮タイプ 8桁

45	1234	1	2
①	②	③	④

① 国コード　　　　　　　……「49」または「45」
② メーカーコード　　　　……流通コードセンターに登録・管理されている
③ 商品アイテムコード……各商品につけるもの（申請業者が管理）
④ チェックデジット　　　……不鮮明なバーコードの読み取りミスを検出するための数字

試験予想Check！

暮らしとIT社会は過去に、POSシステムやEOSシステムについて出題されています。また、JANコードの特徴にはどんなものがあるのかについても押さえておきましょう。さらに、POSシステムとEOSシステムの違いについても注意が必要です。

チェック欄
1回目　2回目

☐/☐ （ EC ）とは、情報交換をネットワーク上で行う電子商取引のことで、通常の商取引と同じ（ モノ ）、（ カネ ）と、ネットワーク上の情報の3つの流れが統合されたシステムです。

☐/☐ （ SPA ）とは、自社製造・販売のことで、生産から販売までを一貫して行うというものです。中間マージンのコストの軽減などのメリットがあります。

☐/☐ 小売店が行うポイント制度のことを（ FSP ）といい、ポイントに応じて（ サービス ）を提供する、（ 顧客データベース ）を活用したマーケティングです。

☐/☐ （ POSシステム ）とは、商品の販売時に商品の販売情報を記録し、在庫管理やマーケティング資料として用いるシステムです。

☐/☐ （ EOSシステム ）とは、小売店の受発注業務の効率化に活用されるシステムです。

☐/☐ よく売れている商品を（ 売れ筋商品 ）といい、計画した販売高よりも極端に売れず、販売中止となる商品を（ 死に筋商品 ）といいます。

☐/☐ 商品に印刷された（ バーコード ）は、（ JAN ）コードとも呼ばれ、JIS（日本工業規格）で規格された共通商品コードです。（ 情報 ）には（ 国コード ）、（ メーカーコード ）、商品コード、（ チェックデジット ）が入っています。

6-7 暮らしと社会福祉

Step1 基本解説

☕ 高齢化社会

　今後の日本を考えたとき、高齢者（65歳以上）の人口が増加し、税金の負担の多い20～64歳の人口の割合が減少していきます。そのことを考えると、現状の税制制度では無理が生じてくることがたくさんあります。直間比率（直接税と間接税の比率）の見直しと共に、消費税の引き上げ検討がされています。また、年金、福祉、医療のための費用もますます必要となると予想されます。

※内閣府の高齢社会白書（平成29年版）によると、日本は2016年10月現在、高齢者（65歳以上）の人口は約3,459万人で、総人口に占める割合（高齢化率）は27.3%で世界一となっている。また、75歳以上の後期高齢者は1,691万人で、総人口に占める割合は13.3%である。2065年には、約4人に1人が75歳以上になることが予測されている。

　高齢者や障害のある人の自宅を定期的に訪問して、食事を配膳する「配食サービス事業」というものがあります。栄養のバランスがとれた食事を届けるとともに、利用者の健康状態を確認するなど、地域のネットワークづくりに貢献しています。

　サービスの内容は、「高齢者向けのお弁当を、夕飯用として、週2回配食」や「たんぱく調整食のお弁当を、昼食と夕食で週3日配食」など、配食サービス事業のオーダーはさまざまです。サービスの内容や1食あたりの料金は、地域によって異なります。

☕ 福祉

　福祉とは、社会のすべての人が幸福で安定した生活を営むことと定義されています。そして、社会福祉とは、個人や家族だけでは解決することのできない生活上の問題を解決していくために、社会的に行う取り組みをいいます。

　役割には、住民自身による相扶助や援助活動、住民の生活を支えることを目的にした政策や制度などが含まれます。そして、さまざまな問題や困難を抱える人達の生活を社会的に整え、自立をサポートするための総合的な活動を行います。

● 社会福祉の役割

①生活上の支援や介助を必要とする人（高齢者、未成年者、障害者など）への援助や介助。

②経済的に困窮した人や、住む家がない人などに対し、生活やその質を社会的に支え向上させるためのサービスの提供。

③福祉制度および介護施設・福祉施設の整備。

▼福祉に関する用語

用語	意味
バリアフリー	建物内の段差を除去すること。障害のある人の社会参加を困難にしている社会的・制度的・心理的すべての困難を除去すること
ユニバーサルデザイン	年齢、性別、国籍、言語、知識などの違いに関係なく、すべての人が使いこなすことのできる製品や環境などのデザインを目ざす概念
プライマリケア	身近な医療機関（病院や診療所など）が行う、健康相談や診療など、日常的な保健・医療サービス
緩和ケア	病気の進行度には関わらず（末期だけではなく）患者とその家族が抱える痛みや苦痛を除去し、患者の意向に沿った介護や医療を継続的に提供するプログラム
インフォームドコンセント	医師が患者に治療法などを十分に知らせ、患者から治療の同意を得ること
セカンドオピニオン	医師の診断や治療法について、患者が別の医師の意見を求めること
デイケア	在宅の療養者が心身機能の維持・向上のために日帰りで受ける治療のことで、施設などに通い、入浴・食事などの介護・機能訓練、レクリエーションなどの介護を受けることができる
イブニングケア	快適な就寝のために、夕方から就寝前にかけて行う、ベッドを整える、排泄や洗面の介助などのサービス
ターミナルケア	末期がんなど、治癒困難な患者と家族を対象とする、身体・精神両面の終末期ケア。延命治療が中心ではなく、苦痛と死に対する恐怖の緩和を重視し、自由と尊厳が保障された生活の中で死を迎えられるよう援助する
インテグレーション	社会福祉の対象者の処遇に当たり、対象者が他人と差別なく地域社会と密着した中で生活できるように援助をすること
タウンモビリティ	中心市街地をバリアフリー化して、電動スクーターや車椅子、カートなどを貸し出し、高齢者や障害者に利用しやすい街にしようという事業

チェック欄
1回目 2回目

☐／☐ 高齢者人口が増加し、20〜64歳の人口が減少しているため、税制制度として、（　**直間比率**　）の見直しと共に、消費税の（　**引き上げ**　）検討がされています。また、（　**年金**　）、福祉、（　**医療**　）のための費用も、ますます必要となると予想されます。

☐／☐ 高齢者などの自宅を定期的に訪問して、食事を配膳するサービスを（　**配食サービス**　）といい、栄養のバランスがとれた食事を届けるとともに、利用者の（　**健康状態**　）を確認するなど、地域のネットワークづくりに貢献しています。

☐／☐ 末期癌など回復の見込みがない患者の苦痛を緩和し、臨終を迎えるまでを精神的に支える（　**終末期**　）の介護や医療のことを（　**ターミナルケア**　）といいます。

☐／☐ 医師が患者に治療法などを十分に知らせ、患者から治療の同意を得ることを（　**インフォームドコンセント**　）といい、医師の診断や治療法について、患者が別の医師の意見を求めることを（　**セカンドオピニオン**　）といいます。

☐／☐ 身近な医療機関が行う、健康相談や診療など、日常的な保健・医療サービスに（　**プライマリケア**　）というものがあります。

第6章

Step2

「暮らしと社会福祉」の要点チェック

Step3 演習問題と解説

例題(1) 「円高・円安」による一般的な社会現象について、不適当なものを選びなさい。該当するものがない場合は、6を選びなさい。

1. 円安のときは、輸出業者の株価が下がる要因となる
2. 円高のときは、輸入業者にとっては有利に働くことになる
3. 1ドル100円が150円に上がるのは、円の値打ちが下がったことである
4. 円高のときは、産業の空洞化の可能性が考えられる
5. 円安のときは、貿易摩擦が起こる可能性がある
6. 該当なし

正解 1

例題(1)の解説

2. 輸入業者にとっては有利に働くことになるのは、円高のときです。

3. 100円が150円に上がると円の価値が高くなったように見えますが、逆に下がったことになります。

4. 産業の空洞化の可能性が考えられるのは、円高のときです。

5. 貿易摩擦が起こる可能性があるのは、円安のときです。

試 験対策のポイント

「円高・円安」については、よく出題されています。円高のとき、円安のとき、それぞれの社会現象に合わせて覚えておきましょう。

例題（2） 消費税に関する記述として、適当なものを選びなさい。該当するものがない場合は、6を選びなさい。

1. 賃貸住宅の家賃は、消費税の対象外（非課税）取引となっていない

2. 以前は、「税抜価格表示」と「税込価格表示」が混在していたが、2004年4月1日から価格表示する場合には、消費税を含んだ支払い総額の表示を義務づける「総額表示方式」となった

3. 社会政策的な配慮から消費税を課すものや、取引の性格として消費税を課すことがなじむものを、非課税取引という

4. 消費税は直接税である。すなわち、実際に税金を納める義務のある人と、その税金を実際に負担する人が同じ場合の税金である

5. 消費税は公平に支払われなければならないが、低所得者にとっては、高所得者に比べて負担が大きいのを考慮して食品の消費税が低くなっている

6. 該当なし

正解 2

例題（2）の解説

1. 賃貸住宅の家賃は、消費税の対象外（非課税）取引となっています。

3. 社会政策的な配慮から消費税を課さないものや、取引の性格として消費税を課すことがなじまないものが、非課税取引です。

4. 消費税は間接税であり、実際に税金を納める義務のある人と、その税金を実質的に負担する人が異なる税金です。

5. 消費税は、低所得者にとっては負担が大きく、食品などの生活の負担を軽減するために食品の消費税を低くする考えも他の国ではありますが、日本は一律になっています。

試験対策のポイント

消費税の問題はよく出題されています。消費税の対象外（非課税）取引、基準期間における年間課税売上高、直接税と間接税などについて覚えておきましょう。

税金に関する記述のうち、不適当なものを選びなさい。
該当するものがない場合は、6を選びなさい。

1. 所得税には原則として、すべての所得を合算する総合課税と例外的に分離課税があり、確定申告が必要で超過累進課税によって計算される

2. 消費税は、製造業者や商人が担税指定者となるが、実際には課税分が最終消費者に転嫁されることを前提として、物品・サービスなどの「消費」行為そのものを客体として課税するものである。その税率は、一律に徴収される税金である

3. 相続税は親、配偶者など、親族が死亡したことにより財産を承継した場合や、遺言によって財産を譲り受けたことによって生じる税金である

4. 源泉徴収とは、税務署に提出する納税申告書を、納税者自らが記入して税金を納付することである

5. 酒、たばこは、間接税で、値上がりの対象となる可能性の高いものである

6. 該当なし

正解 4

例題（3）の解説

4. これは申告納税の説明です。源泉徴収は、従業員に給与や報酬を支払う際、所得税などを差し引いて、税金として企業が納付することです。

5. 間接税は他に石油・ガス税、印紙税などがあります。高齢者比率が高くなり、今後、年金や医療費、福祉などのための費用がますます必要となり、消費税の税率引き上げがあるかもしれないといわれています。

試験対策のポイント

出題頻度は低いですが、税金の概略、直接税や間接税、またその内容については覚えておきましょう。

例題（4） 悪質商法であるネガティブオプションに関する記述として、適当なものを選びなさい。該当するものがない場合は、6を選びなさい。

1. 「アンケートの協力をしてくれればプレゼントを差し上げます」などといって会場に人を集めて、日常品をタダ同然で配って雰囲気を盛り上げ、最終目的の高額な商品を売りつける、人の心理を利用し、早く買わないと損をするという気にさせてしまう商法

2. 犯罪で悪用することを主な目的に、正規金融機関などのメールやWebサイトを装い、入力されたクレジットカード番号や暗証番号などの情報を詐取する手口

3. 「消防署のほうから来ました」などといって、消火器を売りつけるなど、偽りの身分をかたる方法

4. 注文もしていないダイエット商品が自宅に届き、うっかり代金引換で支払いをしてしまう

5. 街頭で、手相を見ましょうか？などと声をかけ、先祖の霊が成仏していないと不安におとしいれて、高額な印鑑セットやツボなどを売りつける

6. 該当なし

正解 4

例題（4）の解説

1. SF（催眠）商法
2. フィッシング詐欺
3. かたり商法
4. 送りつけ商法ともいう
5. 霊感商法

6-3 食に関する法規

例題(5) 食や健康に関する法律において、その目的との組み合わせで不適当なものを選びなさい。該当するものがない場合は、6を選びなさい。

1. PL法：人の生命・身体または財産に関わる被害の損害賠償の責任を定めたものである

2. 景品表示法：一般消費者の利益を保護する目的として、不当な景品類の制限および禁止、不当な表示の禁止を規定している

3. 食糧法：主要食糧の需給および価格の安定に関する法律である

4. 食品衛生法：食品の生産・加工・物流においてトレーサビリティなどを活用して、関係者の責任と役割を明らかにし、食品の安全性の確保を推進する

5. 健康増進法：国民の健康維持増進と疾病予防を目的とした法律である

6. 該当なし

正解 4

例題(5)の解説

4. 設問は、食品衛生法の説明ではなく、食品安全基本法についての説明です。食品衛生法は、飲食による衛生上の危害の発生を防止、公衆衛生の向上と国民の健康増進について定めた法律です。

6-4　世界と日本の食料事情

例題（6）　日本の食料自給率に関する記述として、不適当なものを選びなさい。該当するものがない場合は、6を選びなさい。

1. 我が国の食料自給率という場合は、食品の品目別に供給熱量を適用した供給熱量食料自給率の指標による数値である

2. 我が国の食料自給率はここ数年約40％で推移しており、先進国の中でも低い水準である

3. 米と鶏卵の自給率は90％を超えるが、小麦、大豆などは、消費する量のほとんどを輸入に頼っている

4. 食料自給率は、国内生産量を国内消費量で割って、100をかけて算出される

5. 食料需給表は、我が国で供給される食料の生産から最終消費に至るまでの総量を明らかにしたもので、フードバランスシートともいわれ、厚生労働省で作成される

6. 該当なし

正解 5

例題（6）の解説

1. 供給熱量食料自給率は、カロリーベース自給率ともいいます。

2. 2016年度におけるカロリーベース自給率は、38％でした。

5. 農林水産省がFAO（国際連合食糧農業機関）の食料需給表作成の手引きに準拠して、毎年作成しています。

6-5　暮らしとゴミ対策（循環型社会）

例題（7） 容器包装リサイクル法上、リサイクル法対象製品のものとして適当なものを選びなさい。該当するものがない場合は、6を選びなさい。

1. 音楽CDが入っているプラスチックケース
2. 日本人形を飾るガラスケース
3. 楽器やカメラを入れる専用のケース
4. 手紙やダイレクトメールに使用する封筒
5. お菓子などが入っていた紙製容器包装
6. 該当なし

正解 5

例題（7）の解説

1.～4.は、すべて容器包装の対象外です。1.～3.は「分離の際不要でないもの」にあたり、4.は「中身が商品でないもの」にあたります。

例題(8) 環境に対する制度「ゼロエミッション」に関する記述として、適当なものを選びなさい。該当するものがない場合は、6を選びなさい。

1. 製品の販売時に預かり金を徴収し、その製品が店舗などに戻されたときに預かり金に相当するお金が払い戻される制度のこと
2. PETボトルを回収し、破砕しプランターや備品などに使用することで節約を図る制度のこと
3. 工場や職場などで廃棄物をゼロにする目標とした制度のこと
4. 家電4品目（テレビ、冷蔵庫、エアコン、洗濯機）に対して、廃棄時に消費者がリサイクル費用を負担することを定めた制度のこと
5. パソコンはメーカーにより回収し、リサイクルが義務づけられた制度。事業系パソコンは2001年4月から、家庭系パソコンは2003年10月から適用された
6. 該当なし

第6章

Step3

演習問題と解説

正解 3

例題(8)の解説

1. デポジット制度のことです。
2. 容器包装リサイクル法のことです。
4. 家電リサイクル法のことです。
5. 資源有効利用促進法のことです。

試 験対策のポイント

デポジット制度、容器包装リサイクル法、家電リサイクル法、資源有効利用促進法の問題はよく出題されますから、それぞれの対象製品と合わせて覚えておきましょう。

3R(リデュース、リユース、リサイクル) に関する記述として、不適当なものを選びなさい。該当するものがない場合は、6を選びなさい。

1. 環境に対する負担や廃棄物の発生を抑えるために、ムダをできるだけなくすこと、「減らす」は、環境用語の意味のリユースである

2. リサイクルされているスチール缶やアルミ缶は、リサイクル法対象外品である

3. リユースの例は、使用した軍手をできるだけ洗濯して再使用することである

4. PETボトルやびん類は、リサイクル法対象品なので、きちんと分別してリサイクルする

5. リデュースの例は、買い物の際に買い物袋やカゴを使用し、できるだけレジ袋を使用しないことである

6. 該当なし

正解 1

例題(9)の解説

1. リデュースのことです。

5. レジ袋をもらわない場合は、値引きをしてくれるサービスを行うスーパーマーケットもあります。

試験対策のポイント

3R(リデュース、リユース、リサイクル) に関する問題は、頻繁に出されています。特に、廃棄物削減の根本的な活動であるリデュースについての問題が多くなっています。それぞれの違いをつかんでおいてください。

例題 (10)　IT社会に関する記述として、不適当なものを選びなさい。該当するものがない場合は、6を選びなさい。

1. スーパーマーケットやコンビニエンスストアなど小売店の受発注業務の効率化に活用されていて、小売店の端末から本部や卸売店のネットワーク経由により発注されるシステムは、EOSシステムのことである
2. 商品を販売するごとに商品の販売情報を記録して、在庫管理やマーケティング資料として用いられるシステムは、JANシステムのことである
3. 近年、インターネットの普及によりネット販売等の取引高が上昇している。その中において、情報セキュリティの問題やウイルス被害による業務の支障が懸念されている
4. インターネットでは、「仮想商店街」としての機能を持ち、通常の商取引と同じことを電子化し、すばやく情報をネット上で行う電子商取引が行われている
5. 小売店が行うポイント制度のことで、買い物をするとポイントがつき、ポイントが貯まるとそれに応じたサービスを受けられるというものを、FSP (Frequent Shoppers Program) という
6. 該当なし

正解 2

例題(10)の解説

2. 商品を販売するごとに商品の販売情報を記録して、在庫管理やマーケティング資料として用いられるシステムは、POSシステムといいます。また、バーコードであるJAN (Japanese Article Number) コードというものがあります。

試験対策のポイント

IT社会の問題はそれほど頻繁には出題されていませんが、今後は出題される可能性は十分にありますから、どんなシステムや問題があるのかを覚えておきましょう。

例題（11） 福祉に関する用語として、不適当なものを選びなさい。該当するものがない場合は、6を選びなさい。

1. ユニバーサルデザインとは、年齢、性別、国籍、言語、知識などの違いに関係なく、すべての人が使いこなすことのできる製品や環境などのデザインを目ざす概念をいう

2. デイケアとは、在宅の療養者が心身機能の維持・向上のために日帰りで受ける治療のことをいう

3. バリアフリーとは、建物内の段差を除去することや、障害のある人の社会参加を困難にしている社会的・制度的・心理的すべての困難を除去することを表す

4. タウンモビリティとは、中心市街地をバリアフリー化して、電動スクーターや車椅子、カートなどを貸し出し、高齢者や障害者に利用しやすい街にしようという事業をいう

5. インフォームドコンセントとは、医師の診断や治療法について、患者が別の医師に意見を求めることである

6. 該当なし

正解 5

例題（11）の解説

5.はセカンドオピニオンの説明です。インフォームドコンセントとは、医師か患者に治療法などを十分に知らせ、患者から治療の同意を得ることです。

試験対策のポイント

高齢化が進む昨今、福祉の重要性が高まっています。高齢者や障害をもった方がいる施設だけでなく、福祉用語は一般的な言葉として浸透してきています。重要な言葉は理解しておきましょう。

問 題

(1)「いつ、どこで、どのように生産・加工・流通されたか」という食品の生産と流通の履歴情報を、インターネットなどで検索できるシステムがあるが、これを何というか、カタカナ8文字で答えなさい。

(2) 取締役会に社外のメンバーを入れることや、株主総会において選任された取締役の職務執行の適法性を監視する監査役を置くなど、企業が健全に運営されているか監視する「企業統治」といわれている制度のことを何というか、カタカナで答えなさい。

(3) 現在は情報化社会で、自宅から注文するなど便利さが優先されています。その1つとして、すべての情報交換をネットワーク上で通常の商取引の「モノ」「カネ」「情報」の3つの流れを自由に交換できるようになった、その電子商取引のことを何というか、アルファベット2文字で答えなさい。

(4) 生産地から食卓までの距離が短い食料を食べた方が、輸送にともなう環境への負荷が少ないであろうという仮説を前提として、イギリスの消費者運動家が提唱した概念で「輸入国からの食料輸入量 (t)」×「輸出国からの輸送距離 (km)」で計算できるものを何というか答えなさい。

(5) 輸入品の急増により国内産業に重大な損害が発生する、またはその恐れがあり、国民経済上その必要性が緊急で認められる時に発動できる制度のことを何というか、漢字8文字で答えなさい。

解 答・解 説

(1) 正解 トレーサビリティ

解説&記述対策ポイント

トレーサビリティは、正確には生産流通履歴情報把握システムといいます。

(2) 正解 コーポレートガバナンス

解説&記述対策ポイント

コーポレートガバナンスは、コンプライアンスと共にISOの普及によりクローズアップされてきました。サステナビリティもチェックしておいてください。

(3) 正解 EC

解説&記述対策ポイント

ECは、情報交換をネットワーク上で行う電子商取引のことです。仮想商店街も覚えましょう。

(4) 正解 フードマイレージ

解説&記述対策ポイント

フードマイレージは、頻出問題です。計算式の理解を深めましょう。

(5) 正解 緊急輸入制限措置

解説&記述対策ポイント

カタカナでは「セーフガード」といいます。両方書けるようにしましょう。

記述試験の傾向と対策は？

予想問題以外では、クーリングオフ制度、食の関連法規用語（PL法、食品衛生法、JSA法など）を押さえましょう。その他、リサイクル法についての用語、IT関連用語（POSシステムなど）も要チェックです。

Final Step

合格！のための
予想模擬問題
&
解答と解説

【制限時間】90分（実際の試験時間も90分です）
・自分で時間を計ってチャレンジしてみましょう。

【問題数】55問（42問が選択問題、13問が記述問題）
・実際の試験問題数とほぼ同じ問題数にしてあります。
　また、実際の試験ではマークシート用紙への記入になり
　ます。

※実際の試験では、60%以上の得点を有することで合格となります。

合格！のための
予想模擬問題

(1) 食生活と健康に関する記述として、適当なものを選びなさい。該当するものがない場合は、6を選びなさい。

1. 健康を維持・増進するためには、なるべく1日の合計摂取カロリーを抑えることが望ましい

2. 解毒、浄化という意味を持ち、体内に溜まった毒素や老廃物などを排泄する健康法のことをアンチエイジングという

3. 成人の肥満の判定に用いるものにBMIというものがあり、BMIが30以上になると肥満と判定され、生活習慣病にかかるリスクが高くなるので注意が必要である

4. 健康増進のために必要なものとして、栄養・運動・休養があげられる。特に、沢山の栄養補給、長時間の運動が必要である

5. DHA、EPAなど血液をサラサラにする効果のあるとされる栄養成分を、サプリメントで毎日、摂取することが誰にとっても健康維持につながる

6. 該当なし

(2) つぎのビタミンの働きとそのビタミンを多く含む食品との組み合わせで、不適当なものを選びなさい。該当するものがない場合は、6を選びなさい。

1. ビタミンA — 皮膚や粘膜を正常に保つ（レバー、ウナギ）

2. ビタミンB₁ — 糖質の代謝促進（豚肉、胚芽）

3. ビタミンC — 抗酸化、コラーゲンの合成（みかん、ブロッコリー）

4. ビタミンK — 血液凝固（納豆、ほうれん草）

5. ビタミンE — 老化防止（しいたけ、コンニャク）

6. 該当なし

(3) つぎのミネラルに関する記述として、不適当なものを選びなさい。該当するものがない場合は、6を選びなさい。

1. マグネシウムには、体温や血圧の調節、心臓の筋肉の働きを良くする働きがあり、また、精神の安定にも関与する

2. カリウムには細胞内の余分なナトリウムを排出し、血圧を正常に保つ働きがある

3. ミネラルをサプリメントで摂取する場合、過剰症が起こる可能性があるので注意しなければならない

4. ナトリウムには神経や筋肉の興奮を弱める、体液のバランス（浸透圧）を調節する働きがある

5. 牡蠣に多く含まれる亜鉛には、味覚や嗅覚の正常に保ち、抜け毛予防、老化の防止などの働きがある

6. 該当なし

(4) 糖質に関する記述として、不適当なものを選びなさい。該当するものがない場合は、6を選びなさい。

1. 糖質は1日の総エネルギーの約60%をまかなうという体の主要なエネルギー源であり、1g当たり約4kcalのエネルギーになる

2. 糖質は、同じエネルギー源でも脂質やたんぱく質と比べると、分解・吸収が早く、即効性があるのが特徴である

3. 食べ物からとった糖質の多くは、消化・吸収されたあと、最終的にブドウ糖に分解される

4. 余ったブドウ糖は、肝臓や筋肉にグリコーゲンとして蓄えられ、必要に応じて消費される

5. 糖質が不足すると体たんぱく質や体脂肪が分解されエネルギーとして充当されるが、体たんぱく質が大量に分解されると、脂肪が減少する

6. 該当なし

(5) 食物繊維に関する記述として、不適当なものを選びなさい。該当するものがない場合は、6を選びなさい。

1. 食物繊維は消化液で消化されやすい成分であるため、過剰に摂取しても問題がない

2. 食物繊維は糖質の吸収を遅延させたり、コレステロールの排出を促進する

3. 食物繊維は便通をよくし、発ガン物質をやわらげる働きがあり、生活習慣病予防との関わりが注目されている栄養素である

4. コレステロールを下げる働きがある水溶性食物繊維は、熟した果実、植物の種子、葉、根などに多く含まれる

5. 便秘改善の働きがある不溶性食物繊維は、野菜や穀類、豆類などに多く含まれる

6. 該当なし

(6) 消化・吸収に関する記述として、不適当なものを選びなさい。該当するものがない場合は、6を選びなさい。

1. 5大栄養素のうち消化されるのは糖質、タンパク質、脂質で、ビタミンやミネラルはそのまま吸収される

2. 唾液にはアミラーゼという消化酵素が含まれ、穀物のデンプンや魚肉のグリコーゲンの消化を助ける働きがある

3. 胃液の主成分は塩酸、ペプシノーゲン、粘液である

4. 小腸では、たんぱく質はアミノ酸、糖質はブドウ糖、脂質は脂肪酸などに分解され、そのほとんどが小腸で吸収される

5. 胃では消化、小腸では消化と吸収、大腸では水を吸収し、残ったカスが便となる

6. 該当なし

(7) 生活習慣病予防の記述として、不適当なものを選びなさい。該当するものがない場合は、6を選びなさい。

1. 糖尿病：腹八分目を心掛け、塩分は控えめにし、食物繊維を多く摂取するような食事を意識する

2. 高血圧：塩分は控えめを心掛け、カリウムを積極的に摂るようにする

3. 心疾患：薄味を心掛け、喫煙、過労、睡眠不足を避けるようにする

4. 脳卒中：ストレス解消を心掛け、しっかりと休養をし、適度な運動を組み入れる

5. 肥満症：摂取エネルギーより消費エネルギーが小さくならないよう脂質の摂り過ぎに注意し、基礎代謝を下げないためにも適度な運動を心掛け、筋肉強化を図る

6. 該当なし

(8) 運動と休養による効果の記述として、不適当なものを選びなさい。 該当するものがない場合は、6を選びなさい。

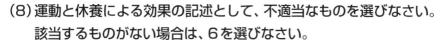

1. 運動の効果は約48時間しかもたないため、2日に1回以上は運動することが望ましい

2. 安静時の心拍数の減少や肺活量の向上など、心臓や肺の機能が向上する

3. 血圧を正常値に保ったり、毛細血管が活性化されるなど、血管が丈夫になることで、虚血性疾患や冷え性などの改善につながる

4. 消極的休養は、睡眠や休息をとることで肉体的な疲労を回復させ、積極的休養は、仲間とコミュニケーションを取ったり体を動かすなどして精神的な疲労を回復させるものである

5. 精神的疲労と肉体的疲労は、どちらも回復しないままにしておくと、慢性疲労の状態となるため、できるだけその日のうちに休養をとって回復させる

6. 該当なし

(9) 日本料理の特徴に関する記述として、不適当なものを選びなさい。 該当するものがない場合は、6を選びなさい。

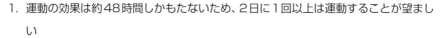

1. 1人ずつ繊細な感覚で盛りつけ、器も季節や料理によって使い分けるなど、見て楽しめる工夫をする

2. 素材の味を大切にし、調味料はあくまで素材の味を引き出すために使われることが多い

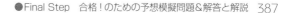

3. 「旬の名残り」となった季節外れの野菜や魚介類を無駄にしないための保存食が各地にある

4. 日本料理の献立の基本は「一汁三菜」であり、主食であるご飯に対して、汁、なます、煮物、焼き物によって構成されている

5. 「本膳料理」は、冠婚葬祭の儀礼の食事として現在に残っている日本料理の正式な膳立てである

6. 該当なし

(10) つぎの五節句に関連する組合せで、適当なものを選びなさい。該当するものがない場合は、6を選びなさい。

1. 1月7日　　上巳　　七草の節句　　七草がゆ

2. 3月3日　　重陽　　桃の節句　　　菱餅

3. 5月5日　　端午　　菖蒲の節句　　ちまき

4. 7月7日　　七夕　　七夕祭り　　　ハマグリの吸い物

5. 9月9日　　人日　　菊の節句　　　菊ずし

6. 該当なし

(11) 食事のマナーとエチケットに関する記述として、適当なものを選びなさい。該当するものがない場合は、6を選びなさい。

1. 西洋料理では食事中はナプキンを膝の上に広げ、中座するときはたたんで左手側のテーブルに置く

2. 立食パーティのときは会場入り口でまず飲み物をもらうが、そのときグラスについているナプキンで手を拭いておく

3. 中国料理の円卓ではまず主賓が先に料理を取り、時計周りに回転台を回して順次自分の分を取り分ける。全員が料理を取り分けてから箸をつける

4. 日本料理で器を持つときは左手でしっかりと持ち、料理をこぼさないようにやや顔を近づけていただく

5. 宴会で周りの人のグラスが空になりそうなときは、進んでお酌をしてコミュニケーションを計るようにする。お酌を受ける際、グラスに少し残っているときは飲み干してからついでもらう

6. 該当なし

(12) 箸使いのタブーに関する用語と内容に関して、適当な組み合わせのものを選びなさい。該当するものがない場合は、6を選びなさい。

1. かき箸 － 汁椀の中を箸でかき回して中身を探ること
2. 重ね箸 － 箸で口の中に次々と料理を押し込むこと
3. もぎ箸 － 箸で料理を刺してもぎとるように取ること
4. 持ち箸 － 片手で箸を持ちながら器を持つこと
5. 渡し箸 － 箸の先についた汁などを振って落とすこと
6. 該当なし

Final
Step

合格！のための予想模擬問題

(13) 調理に関する記述として、不適当なものを選びなさい。該当するものがない場合は、6を選びなさい。

1. 調理とは土や汚れを洗い流したり、食品に含まれる有害な部分を除いたり、殺菌のために加熱したり、硬い食品を煮てやわらかくしたりして、食品を食べることができるもの、または食べやすいものにすることである
2. 食材の加熱や切断、粉砕などによって調理することにより、その食材のもつ栄養性を向上させ、消化・吸収を助ける働きがある
3. 相乗効果、対比効果、抑制効果などは、うま味を引き出したり、甘みを強めたり、苦みや酸味を弱めたりといった味の相互作用であり、調理の工夫により味を楽しむことができる
4. 生まれ育った土地の郷土料理や、それぞれの家に伝わる家庭の味を守るといった食文化の継承も調理の目的の1つである

5. 調理では「加熱調理」と「生もの調理」を合わせ、切る、煮る、揚げる、蒸す、焼くの「調理の五法」がある

6. 該当なし

(14) 煮物の種類の説明として、不適当なものを選びなさい。該当するものがない場合は、6を選びなさい。

1. 落し蓋をし、煮汁が少量になるまで甘辛く煮ることを、煮上げという

2. ゼラチン質が多い魚の煮汁を冷やし、ゼリー状に固めるか、魚肉などをやわらかく煮て、ゼラチンで固めることを、煮こごりという

3. 焦げ付かないように、鍋の中で材料を転がしながら煮汁をからめて煮詰めることを、煮転がしという

4. みりんや酒を煮立たせ、アルコール分を蒸発させるか、煮汁がなくなるまで煮詰めることを、煮切りという

5. 野菜や乾物をくずさないように、煮汁が少しだけ残り、味と色が染み込むまで時間をかけて煮ることを、煮しめという

6. 該当なし

(15) ものの数え方や単位の記述として、不適当なものを選びなさい。該当するものがない場合は、6を選びなさい。

1. ようかんなどの細長い菓子を数えるときは、「棹」を使う

2. イカやタコを数えるときは、「杯」を使う

3. ブドウやバナナなどの果物の実全体を数えるときは、「房」を使う

4. タラや鮭などの卵の塊を数えるときは、「腹」を使う

5. 豆腐を数えるときは、「丁」を使う

6. 該当なし

(16) 国と料理の組み合わせとして、不適当なものを選びなさい。該当するものがない場合は、6を選びなさい。

1. イタリア ― パエリア、ガスパチョ
2. ロシア ― ボルシチ、ビーフストロガノフ
3. タイ ― トムヤムクン、バミー
4. ドイツ ― ソーセージ、ビール
5. インド ― タンドリーチキン、チャパティ
6. 該当なし

(17) 食品の分類について、適当なものを選びなさい。該当するものがない場合は、6を選びなさい。

1. 植物性食品と動物性食品による分類があり、植物性食品には、穀類、いも類、豆類、海藻類などがあり、動物性食品には、肉類、魚介類、きのこ類、乳製品などがある
2. 物販のカテゴリーによる分類には、生鮮食品、日配品、チルド食品、菓子、デザートなどがある
3. 3色食品群による分類には、黄色群（たんぱく質がとれるもの）、赤色群（炭水化物、脂質がとれるもの）、緑色群（ビタミン、ミネラルがとれるもの）がある
4. 生産形態による分類で、農産物、水産物、畜産物、林産物、加工食品という分類があり、農産物と水産物を生鮮食品と呼んでいる
5. 健康を維持、増進するための分類とは異なるが、食品を燃やして残った灰を水に溶かした溶液の性質で分類する、酸性食品（野菜、果物など）とアルカリ性食品（米、肉、魚など）とに分ける方法がある
6. 該当なし

（18） 畜産物の表示の記述として、不適当なものを選びなさい。該当するものがない場合は、6を選びなさい。

1. 牛と豚の合いびき肉は、生鮮食品に近いという理由から原料原産地表示が必要な加工食品である

2. 生体で輸入して、日本国内における飼養期間の方が長い場合は、国産と表示される

3. アメリカ産をUS、オーストラリア産をオージービーフなどというように表示をしても良い

4. 生鮮食品である畜産物の表示は、「漢字・カタカナ・ひらがな」のみを用いて日本語でわかりやすく表示しなければならない

5. 輸入品における原産地表示は、必ず原産国名を表示しなければならない

6. 該当なし

（19） 水産物の表示に関する記述として、不適当なものを選びなさい。該当するものがない場合は、6を選びなさい。

1. 養殖ものは「養殖」、天然ものは「天然」と表示しなければならない

2. 輸入品の場合は原則として原産国名を表示しなければならない

3. 冷凍された水産物を解凍して販売する場合は、「解凍」という表示が必要となる

4. 輸入した貝を国内で砂抜きして販売した場合でも、輸入もとの原産国名を表示する

5. イワシのたたきは生鮮食品の扱いになるが、カツオのたたきは加工食品扱いである

6. 該当なし

（20） 加工食品に関する記述として、適当なものを選びなさい。該当するものがない場合は、6を選びなさい。

1. 期限表示は「20××年××月××日」というように、必ず西暦で表示しなければならない

2. 限られたスペースであっても、ラベルには使用している原材料のすべてを表示しなければならない

3. 総菜などの表示において、遺伝子組み換えの対象となる食材がある場合に、全体に占める割合が上位3位以内に入らず、重量が5%未満であれば遺伝子組み換え表示の必要はない

4. 原材料が2種類以上からなる原材料を複合原材料といい、原材料に占める割合が10%未満のものは、原材料名を省略して、「その他」と記載してもかまわない

5. 総菜を店舗内のバックヤードで製造し対面販売する際でも、あらかじめ容器に入れ販売する場合は、原材料などの表示が必要である

6. 該当なし

（21）食品表示の記述として、不適当なものを選びなさい。該当するものがない場合は、6を選びなさい。

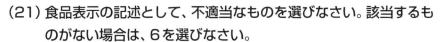

1. アナフィラキシーショックという重篤な状態を引き起こす可能性のある食品は特定原材料に指定されている。特定原材料7品目は、卵、牛乳、ソバ、エビ、小麦、カニ、ピーナッツである

2. 栄養成分表示は企業の任意表示であり義務ではないが、熱量、たんぱく質、炭水化物、脂質、食塩相当量の順で表示する必要がある

3. 食品添加物は、食品表示の原材料名の欄にすべて表示することが原則だが、加工助剤、キャリーオーバー、栄養強化剤については、表示が免除されている

4. 遺伝子組み換えの表示の問題として、原材料に占める重量の割合が上位3位までで、全体に占める重量の割合が5%以上のものに限定されていることが、問題の1つに上がっている

5. しょう油は、製造過程において組み換えられた遺伝子のDNAをもたないことから、遺伝子組み換え農産物である大豆を原料に使用しても表示は免除される

6. 該当なし

(22) 飲料に関する用語の組み合わせとして、適当なものを選びなさい。該当するものがない場合は、6を選びなさい。

1. 醸造酒 ― 焼酎、ブランデー

2. 混成酒 ― みりん、リキュール

3. アルカロイド飲料 ― 乳酸菌を含む飲料

4. 乳飲料 ― 牛乳

5. 蒸留酒 ― ビール、清酒

6. 該当なし

(23) 遺伝子組み換え技術によって引き起こされることが懸念されている問題点に関する記述として、不適当なものを選びなさい。該当するものがない場合は、6を選びなさい。

1. 食物アレルギー低減食品の開発が進められる反面、遺伝子組み換えされた食品によってアレルギーを引き起こす可能性も否定できない

2. 遺伝子組み換えされた品種が新たに生態系に入ることで、現存する有用な品種が絶滅する可能性が考えられる

3. 種子を開発した企業によって、特許化されることで、使用料が発生し、自由に採種できなくなる。さらには、特定の企業により食糧市場が独占されることが懸念されている

4. 遺伝子組み換えの表示は健康増進法（厚生労働省）に基づいて規制が行われているが、表示基準があいまいな部分があり、消費者から見直しが求められている

5. 抵抗性の対象害虫以外の生物にも影響し、結果的に生態系に害をもたらす可能性があるのではないかと心配されている

6. 該当なし

(24) 加工食品の食品表示に関する記述として、適当なものを選びなさい。該当するものがない場合は、6を選びなさい。

1. 総菜など、店舗内のバックヤードで製造されたものを、対面販売でその場で容器に詰めて販売する場合、食品表示が必要である
2. ファストフード店でテイクアウト商品を販売する場合、食品表示が必要である
3. 飲料品を別の場所で加工したものを仕入れて、その場での飲食をさせる販売形態においては、食品表示が必要である
4. 加工された食品については、包装されている、されていないに関係なく、食品表示が必要である
5. 宅配ピザや宅配寿司などによる販売形態においては、食品表示はしなくてもよい
6. 該当なし

(25) 食中毒に関する記述として、不適当なものを選びなさい。該当するものがない場合は、6を選びなさい。

1. 食中毒には細菌・自然毒・ウイルス・化学物質などが原因となるものがある
2. 11〜3月にもっとも多く発生するのは細菌性食中毒、2〜5月はフグや二枚貝などに付着するウイルス、6〜10月はキノコなどである
3. ジャガイモの芽にはソラニン、フグにはテトロドトキシンといった自然毒がある
4. カビ毒としては、マイコトキシンなどがあげられる
5. 30〜40℃の状態で、ほとんどの菌が増殖する
6. 該当なし

(26) つぎの食中毒の記述に関連するものとして、適当なものを選びなさい。該当するものがない場合は、6を選びなさい。

特徴：人の鼻や咽の粘膜、傷口に多く付着している

　　　菌自体は熱に弱いが増殖するときに発生する毒素は熱に強い

症状：激しい嘔吐・下痢・腹痛など

1. 黄色ブドウ球菌

2. カンピロバクター

3. 腸炎ビブリオ菌

4. サルモネラ菌

5. ウエルシュ菌

6. 該当なし

(27) 食中毒の予防に直結する5Sの実行ポイントに関する記述として、不適当なものを選びなさい。該当するものがない場合は、6を選びなさい。

1. 定期的な健診などで体の状態をチェックする

2. 手に傷などがある場合は、傷口にある菌が食品に触れることを防ぐために、調理を避ける

3. 衛生管理の一環として、身だしなみを整える

4. 作業がスムーズに行えるように、調理場に余計なものは置かない

5. 食品が不衛生にならないよう、調理場のゴミやほこりを取り除く

6. 該当なし

(28) つぎの用語の中から、微生物の増殖を抑制させる関連用語として、適当なものを選びなさい。該当するものがない場合は、6を選びなさい。

1. 抗菌

2. 滅菌

3. 殺菌

4. 除菌

5. 消毒

6. 該当なし

(29) 食品の変質の記述として、不適当なものを選びなさい。該当する
ものがない場合は、6を選びなさい。

1. 食品の変質を防ぐには、食品は丁寧に扱い、物理的損傷をなくすように注意すること
   も必要である

2. 変質の種類の1つに変敗があり、油脂の劣化現象を指す。変敗には、微生物により食
   品中の糖質や脂質が酵素分解されて食用として適さなくなるものと、空気中の酸素
   による酸化型変敗などがある

3. 食品成分が分解されることで、色・味・香りなどを失い、食用として適さなくなる現
   象のこと

4. 乾燥によっても外観や内容に変化が生じることがあるため、包装を工夫することも
   必要である

5. 食品が変質する原因には、化学作用によるもの、物理作用によるもの、微生物の繁殖
   によるものなどがある

6. 該当なし

(30) 微生物の作用により人間に有用な食品が作られています。つぎの
記述のうち、食品とその微生物の組み合わせとして不適当なもの
を選びなさい。該当するものがない場合は、6を選びなさい。

1. 鰹節 (酵母)

2. チーズ (カビと乳酸菌)

3. 納豆 (細菌)

4. 清酒 (酵母とカビ)

5. しょう油 (酵母とカビと細菌)

6. 該当なし

(31) HACCPは、食品製造においても家庭内調理においても重要である。つぎのHACCPに関する記述として、不適当なものを選びなさい。該当するものがない場合は、6を選びなさい。

1. 食品管理システムとして常に監視、記録をされている
2. 一度解凍したものを再冷凍する場合は、中までしっかり火を通した後に冷凍する
3. 肉や魚の汁（ドリップ）や水分が漏れる可能性がある食品は、購入時にビニール袋に入れるようにするようにする
4. 危害分析重要管理点という意味を持った略称である
5. 従来の管理手法では抜き取り検査だったため、すべての製品を検査できなかったが、HACCP方式ではすべての工程で管理されている
6. 該当なし

(32) 食事形態についての記述として、不適当なものを選びなさい。該当するものがない場合は、6を選びなさい。

1. スーパーマーケットで販売している総菜などは、本来家庭で作られる食事を、代わりに作って提供しているもので、ホームミールリプレースメントに位置づけられ、これはミールソリューションの手法の1つである
2. 1960年代まで主流であった内食に、1970年代以降、外食産業の発展による外食や飲食店のテイクアウトやコンビニエンスストアの増加によって定着した中食が加わり、現在の食事形態となっている
3. 外食や中食が増えた社会的要因として、単身世帯の増加や女性の社会進出の増加が考えられる
4. これから高齢化社会が進んでいくにつれて、高齢者の単身世帯が増えていき、外食に依存することもできないので、内食が増えていくと考えられている
5. 内食が減って、食の外部化が進むことで、栄養バランスの偏りや個食、伝統的な食文化の消失など様々な問題が出てきている
6. 該当なし

(33) 物流に関する記述として、不適当なものを選びなさい。該当する
ものがない場合は、6を選びなさい。

1. 「ムリ・ムダ・ムラ」を排除するために、自動車会社が確立した独特の生産管理システムはジャストインタイム方式とも呼ばれ、コンビニエンスストアやスーパーマーケットなどの物流で取り入れられている

2. 取引先の受発注、資材の調達から在庫管理、商品の配送までの事業活動全般を情報ネットワークで結合することによってコストを削減し、利益分配を実現化していこうという新しい形態がでてきた

3. CO_2排出量や渋滞など、環境に問題を起こす可能性に配慮したうえで原材料の調達、輸配送、廃棄・リサイクルまでをトータルに考えていこうというシステムのことをグリーンロジスティックスという

4. 物流コストとは、包装費・輸配送費・保管費・荷役費・流通加工費などをいう

5. 物流においては輸配送時の温度管理も重要で、常温管理だけではなく、総菜類やデザート類などを運ぶためのチルドや冷蔵といった物流もある

6. 該当なし

(34) つぎの記述のうち、内容とその名称の組み合わせとして不適当な
ものを選びなさい。該当するものがない場合は、6を選びなさい。

1. 店頭で商品の日付が古いものを手前に陳列したり、一番上に置く陳列のこと ➡ 先入れ先出し

2. 販売計画が予定通りいかず、販売停止として判断する商品 ➡ 死に筋商品

3. 商品の価格が、その品質や機能などに照らし合わせて妥当であると多くの支持を受けること ➡ 値ごろ感

4. 連続する陳列棚の両端に位置し、お客様にもっとも目につきやすい場所のこと ➡ エンド

5. 総菜を売り切ってしまったあともお客様が総菜を買いに来ていた。もう少し多めに用意しておけばもっと売れたかもしれない ➡ 欠品

6. 該当なし

(35) 店舗内で商品や食べ方などの紹介が、その商品の近接した所に表示されている場合があるが、このように販売時点における広告のことを何というか、適当なものを選びなさい。該当するものがない場合は、6を選びなさい。

1. マーチャンダイジング
2. フェイス
3. POP
4. ファサード
5. ゴールデンゾーン
6. 該当なし

(36) 小売業に関する記述として、適当なものを選びなさい。該当するものがない場合は、6を選びなさい。

1. 「何を売るか」といった取扱商品で分類するのが小売の業態である
2. 各種のディスカウントストアを1カ所に集めた大型の商業施設をハイパーマーケットといい、資本が独立した中小の小売店が集まってチェーン組織したものを、パワーセンターという
3. 近年、百貨店の売上げの下降により小売業界の再編成が進んでおり、三越と伊勢丹は、三越伊勢丹ホールディングス⇒三越伊勢丹の順で、再編成をしている
4. 屋内外に設置して無人で商品を販売する自動販売機は、無店舗小売業の1つである
5. 「値入れ」とは、商品に値札をつけることである
6. 該当なし

(37) 経営の中でどれだけ利益をあげるかは大切なことですが、この「利益」の算出として適当なものを選びなさい。該当するものがない場合は、6を選びなさい。

1. 粗利益額（円）÷販売価格（円）×100

2. 売上－売上原価－必要経費

3. 粗利益－間接原価

4. 客数×客単価

5. 売上高－売上原価

6. 該当なし

（38）景気の状態に関する記述として、不適当なものを選びなさい。該当するものがない場合は、6を選びなさい。

1. 景気が後退し物価が下がると産業の空洞化となる

2. 景気の谷は、景気が一番落ち込んでいるときである

3. 景気が拡大してくると、企業投資が伸びてくる

4. 景気がよく、物やサービスの価格が継続的に上昇するとデフレーションになる

5. 景気の山は、景気がよくピークのときである

6. 該当なし

（39）つぎの税金に関する記述について、適当なものを選びなさい。該当するものがない場合は、6を選びなさい。

1. 直接税には所得税、相続税などがあり、間接税には消費税、酒税、贈与税などがある

2. 源泉徴収とは、企業が従業員に給与や報酬を支払う際に、所得税などを差し引いて税金として納付することをいう

3. 2004年4月から商品の価格を表示する場合は、消費税を含まない支払額表示である総額表示方式が義務づけられた

4. 非課税取引には、埋葬料や火葬料、大学の入学金や授業料、助産などがあるが、社会保険医療の給付は非課税取引からは除外される

5. 納め過ぎた税金を戻してもらうために行う申告のことを、確定申告という

6. 該当なし

(40) つぎのクーリングオフ制度や悪質商法に関するそれぞれの言葉の組み合わせについて、不適当なものを選びなさい。該当するものがない場合は、6を選びなさい。

1. かたり商法 — 消火器、実験商法

2. 振り込め詐欺 — 暗証番号、金融機関の偽装Webサイト

3. クーリングオフ制度 — 8日以内、乗用車は不可

4. ネガティブオプション — 送りつけ商法

5. 内職商法 — 材料費、講習料

6. 該当なし

(41) PL法に関する記述として、適当なものを選びなさい。該当するものがない場合は、6を選びなさい。

1. 飲食に起因する衛生上の危害の発生を防止し、国民の健康の保護を図ることを目的とする法律。食品添加物、残留農薬、容器包装などもチェックし、より安全な食品の確保や提供を目指している

2. 不当表示の規制を目的とし、加工食品、食肉、乳飲料、はちみつなどの公正マーク商品が対象となる

3. 製造物の欠陥により人の生命、身体または財産に被害が生じた場合、被害者は、食品メーカーなどに対して損害賠償を求めることができる

4. この法律には基本理念が3つあり、その1つに「国民の健康の保護が最も重要であるという基本的認識の下に、食品の安全性の確保のために必要な措置が講じられること」というのがある

5. 農林物資の規格化および品質表示の適性化に関する法律として施行された。「消費者への情報開示」を目的とし、違反した業者には、指示・公表・命令の段階を経て、命令に従わない場合は罰金が処せられる

6. 該当なし

(42) それぞれのリサイクルに関する用語の組み合わせとして、不適当なものを選びなさい。該当するものがない場合は、6を選びなさい。

1. 家電リサイクル法 (テレビ)
2. 容器包装リサイクル法 (対象：紙パック)
3. リデュース (レジ袋、割り箸)
4. デポジット (牛乳びん、ビールびん)
5. 再資源化 (トイレットペーパー、合成繊維)
6. 該当なし

(A) 摂取した食べ物を消化・吸収し、その吸収された栄養素をエネルギーや体にとって必要な物質に生成することを何というか、漢字で答えなさい。

(B) 酒宴に向けてもてなす会合の席の料理を会席料理というが、またの呼び方を何というか、漢字4文字で答えなさい。

(C) 長寿の祝いのうち88歳のお祝いを何というか、答えなさい。

(D) 加工食品の容器包装にエネルギー、たんぱく質などの栄養成分が含有量とともに記載されているが、この「栄養成分表示」を施行している法律とは何か、法律名を答えなさい。

(E) ジュース類で、しぼった果汁を薄めずにそのまま使用したものを何というか、答えなさい。

(F) 食品中のたんぱく質が、微生物により分解されることによって食用に適さなくなることを何というか、漢字2文字で答えなさい。

(G) 食品製造において添加物を使用していなくても、原材料などに含まれていた食品添加物が最終の食品にごく微量に残ってしまい検出されることがある。しかし食品添加物としては効果をもたないため表示を免除される食品添加物のことを何というか、カタカナで答えなさい。

(H) マーケティング手法の1つとして位置づけられており、本来家庭で作られている食事を、盛り付けるだけ、簡単な調理だけで食卓に出せる商品を指し、「家庭の食事に代わる商品」という意味を持つ言葉を何というか、アルファベット3文字で答えなさい。

（I）メーカーは卸値だけを提示して、流通段階の業者が自らの判断で自由に価格決定を行う方式はオープンプライスというが、メーカーが標準卸売価格（希望卸価格）や標準小売価格（希望小売価格）を設定する場合の制度は何というか、漢字4文字で答えなさい。

(J) つぎの条件にもとづいて算出した粗利益率（%）として、適当なものを選びなさい。該当するものがない場合は、6を選びなさい。

【条件】売上：100,000円　売上原価：62,000円　間接原価：15,000円

1. 23　　　　2. 38　　　　3. 42
4. 53　　　　5. 85　　　　6. 該当なし

（K）企業における環境問題の取り組みや、取引関係や雇用などの経済的側面、従業員や社会貢献活動などの社会的側面を含めたものを、企業活動のCSRの取り組みとして報告するなど、「持続可能性」といわれる制度のことを何というか、カタカナで答えなさい。

（L）食べ残しの問題は、世界的に飢餓となっている国を考えると削減していかなければならない重要なことである。その中で、食べ残しなどの生ゴミや落ち葉などを発酵させて堆肥にする技術を何というか、カタカナ5文字で答えなさい。

（M）日本語では国際標準化機構と訳され、工業標準の策定を目的とする各国の標準化機関の連合体のことを何というか、アルファベット3文字で答えなさい。

(1) 正解 6

問題解説

1. 極端なカロリー制限は、食事内容が乏しくなり、ミネラルやビタミンなどの栄養素が十分に取れなくなるなど、体の不調を招くことがありますから注意が必要です。

2. アンチエイジングではなく、デトックスのことです。

3. 日本人の場合、BMI値25以上が肥満となります。

4. 栄養も運動も、それぞれ必要な量が各自によって異なります。栄養の摂り過ぎは肥満に繋がり、運動も多すぎるとかえって関節や筋肉を痛める原因になります。

5. サプリメントについても、過剰摂取は害になる場合があります。

(2) 正解 5

問題解説

ビタミンEは、アーモンド、かぼちゃなどに多く含まれます。各ビタミンの欠乏症との組み合わせにも要注意です。（ビタミンB_1（脚気）、ビタミンA（夜盲症）、ビタミンC（壊血病）など）

(3) 正解 6

問題解説

すべて大切なミネラルの働きです。覚えておきましょう。他に、カルシウム、リン、鉄、ヨウ素についても確認しておいてください。

(4) 正解 5

問題解説

2. 糖質は分解・吸収が早いため、短距離走のように短い時間で激しい運動を行う場合、糖質からのエネルギーが使われます。

3. ブドウ糖に分解されると、血液を通して各細胞に運ばれ、エネルギーとして利用されます。ブドウ糖は脳のエネルギー源にもなっています。

4. 消費されずにさらに余ると、脂肪に合成され脂肪組織に運ばれ、体脂肪として蓄えられ、肥満の原因になります。

5. 人体を構成する体たんぱく質が大量に分解されると、筋肉量が減少します。

(5) 正解 1

問題解説

1. 食物繊維は人間の消化液では消化されない難消化性の成分です。胃腸の調子によって、また高齢者など人によって、摂取を控えた方が良い場合もあります。食物繊維は近年は6番目の栄養素として重視され、日本人の食事摂取基準（2015年版）では、食物繊維の目標量は18歳以上では1日あたり男性20g以上、女性18g以上とされています。

2.3. 食物繊維には血中のコレステロール値を下げたり、発ガン物質をやわらげる働きがあり、近年は生活習慣病との関わりが注目されています。

(6) 正解 6

問題解説

1. 消化されるのは糖質、たんぱく質、脂質で、分子の小さいビタミンやミネラルはそのまま吸収されます。

3. 胃液の塩酸はpH1.0〜2.5と強い酸性で、ペプシノーゲンは塩酸によって活性化されると、ペプシンという消化酵素に変わります。

4.5. 各消化管の役割と、何に分解されるかは覚えておきましょう。

(7) 正解 6

問題解説

食事をバランスよく食べるというのは、生活習慣病の予防としては必須ですが、それぞれの状況に合わせて、注意すべきことが何かを把握しておきましょう。

(8) 正解 1

問題解説

運動の効果は、約72時間しかもたないといわれています。

運動の効果が消えると、それまでにやっていたことがゼロになってしまうため、定期的に運動を行うことが大切です。しかし、ストレスを感じるような運動ではなく、楽しみながらやることで、心と体が共に健康になり、より運動の効果が発揮されます。

(9) 正解 3

問題解説

旬の名残りとは、旬の最盛期を過ぎた時期のことを指し、季節の移り変わりを感じさせてくれるものです。出始めのころの初物を「旬の走り」、出回りのころの最盛期は「旬の盛り」、季節に関係なく一年中食べられることを「時知らず」といいます。

(10) 正解 3

問題解説

1. 1月7日の節句名は、上巳ではなく人日です。
2. 3月3日の節句名は上巳です。
4. ハマグリの吸い物は桃の節句の食べ物例で、七夕はそうめんが代表的です。
5. 9月9日の節句名は重陽です。

(11) 正解 3

問題解説

1. 中座するときは、ナプキンを椅子の上に軽くたたんで置きます。

2. グラスについているナプキンは、水滴をカバーするのが目的です。はずさずにそのまま使い、濡れたら新しいものと取り替えましょう。

4. 日本料理の器は繊細なものが多いので、持ち上げるときはまず箸を置き、両手で持ち、その後そっと利き手を離して箸を持つようにしましょう。また、顔を近づけて食べる、いわゆる「犬食い」にならないよう気をつけましょう。

5. お酌をするときは「いかがですか？」など声を掛けてからにしましょう。お酌を受ける際、グラスに残っているお酒を飲み干したり、お代わりに無理に応える必要はありません。

(12) 正解 4

問題解説

1. 「かき箸」は、食器に口をつけて箸で食べ物をかき込むことです。汁腕の中を箸でかき回して中身を探ることは「探り箸」です。

2. 「重ね箸」は、同じ料理ばかりを食べ続けることです。箸で口の中に食べ物を押し込むことを、「込み箸」といいます。

3. 「もぎ箸」は、箸についた米粒などを口でもぎとることです。料理を箸で突き刺すことを、「刺し箸」といいます。

5. 「渡し箸」は、食器の上に箸を乗せることです。箸の先についた汁などを振って落とすことを、「振り箸」といいます。

(13) 正解 6

問題解説

調理の目的には、つぎのようなものがあります。

・食材を飲食物として衛生上安全なものにする

・消化・吸収効率をよくして、栄養価を高める

　　・食材を食べやすくする

　　・食材をおいしくする

　　・食卓を演出する

　　・食文化の継承

5.「調理の五法」とは一般的に「煮物・蒸し物・焼き物・揚げ物」、そして「生もの」の
　　ことを指します。

（14）正解 6

問題解説

煮てできる料理はいろいろありますので、煮物の種類はしっかり覚えておきましょう。
これら以外にも、「煮しめ」より短時間で煮る「煮付け」もあります。

（15）正解 6

問題解説

他に、膳（ぜん）、把（たば）、柵（さく）なども、食品の例とともに覚えておきましょう。

（16）正解 1

問題解説

パエリア、ガスパチョはスペインの料理です。イタリアの代表的な料理は、ピザやリゾットなどです。

（17）正解 2

問題解説

1.　きのこ類は、植物性食品です。

3. たんぱく質がとれるものは赤色群で、炭水化物と脂質がとれるのが黄色群です。

4. 生鮮食品は、農産物、水産物、畜産物、林産物です。林産物を農産物に含め、農産物、水産物、畜産物を生鮮食品とすることがあります。

5. 酸性食品が米、肉、魚、アルカリ性食品が野菜や果物です。

(18) 正解 3

問題解説

3. 畜産物の輸入品における原産地表示は、必ず原産国名を日本語（漢字・ひらがな・カタカナ）で表示しなければいけません。

(19) 正解 1

問題解説

1. 「天然」の表示は、法律上ではありません。

5. アジのたたきも生鮮食品扱いです。調理の際に火を使用するかがポイントです。

(20) 正解 3

問題解説

1. 期限表示は西暦でなくても構いません、つぎのような表記が可能です。
   平成22年12月1日／2010年12月1日／10.12.1／101201

2. 記載できるスペースがない場合（容器包装の面積が30cm^{2}以下の小さなもの）には、表示を一部省略することができます。

4. 省略して「その他」の記載が可能なのは、5%未満のものです。

5. 店舗内のバックヤードで製造されたものを対面販売する際は、食品表示は必要ありません。

(21) 正解 2

問題解説

栄養成分表示は、食品表示法により義務化されています。栄養成分表示の表示順は、熱量、たんぱく質、脂質、炭水化物、食塩相当量の順です。

(22) 正解 2

問題解説

1. 醸造酒（清酒、ビール、ワインなど）
3. アルカロイド飲料（コーヒー、ココア、ウーロン茶など）（P.185参照）
4. 乳飲料は、コーヒー乳飲料、フルーツ乳飲料などで牛乳とは違います。
5. 蒸留酒（焼酎、ブランデー、ウイスキーなど）

(23) 正解 4

問題解説

遺伝子組み換えの表示は、JAS法（農林水産省）および、食品衛生法（厚生労働省）に基づき、遺伝子組み換え農産物とその加工食品についての表示基準、規則が定められ、義務化されました（現在は食品表示法に基づいています）。

(24) 正解 5

問題解説

1. 加工食品の食品表示は、容器に入っているか包装されたものに対して適用されるため、対面販売で客の注文に応じて総菜をその場で容器に詰めて販売している場合は、表示は必要ありません。
3. 別の場所で製造された加工食品であっても、その場での飲食をさせる場合は、食品表示は不要です。
5. 宅配ピザなどのデリバリーの場合は、食品表示は不要です。

(25) 正解 2

問題解説

1. 細菌性は感染型と毒素型、自然毒は植物性と動物性など、さらに分けられています。
2. 高温多湿の6月〜10月に細菌性食中毒が、11〜3月にフグや二枚貝などに付着するウイルスが、9〜10月にキノコなどが原因の食中毒の発生が多くあります。
3. 生えているキノコをむやみに食べず、ジャガイモの芽は取り除いて食べましょう。また、フグについては適切な処置ができるお店で食事するようにしましょう。
5. それ以外の温度でも、安心しきらずに注意をしましょう。

(26) 正解 1

問題解説

予防としては、手に傷がある状態での調理は避け、やむを得ない場合はビニール手袋をするなどして、食材に直接手を触れずに調理するようにしましょう。絆創膏を貼っていても大丈夫だと安心しないことです。

(27) 正解 6

問題解説

すべて5Sに関する説明です。整理・整頓・清掃・清潔・躾 (習慣づけ) の実行ポイントをもとに、日頃から調理場環境に目を配り、自分自身の衛生状態をチェックすることも大切です。

(28) 正解 1

問題解説

2. 微生物をほとんど死滅させ、ほぼ無菌状態にすることです。
3. 微生物を死滅させることです。
4. 物理的に微生物を除去することです。

5. 有毒な微生物を死滅させることです。

(29) 正解 6

問題解説

変質には、変敗をはじめ、腐敗や発酵などのいろんな種類があります。人間にとって不利益なものもあれば、有益なものもあります。それぞれの特徴を、しっかり学んでおきましょう。

(30) 正解 1

問題解説

鰹節はコウジカビによる発酵食品です。
酵母による発酵食品には、ビールやワイン、パンなどがあります。

(31) 正解 2

問題解説

一度解凍した食品は、再冷凍を避けるようにしましょう。細胞が壊れたり、一度解凍することで眠っていた細菌が繁殖する可能性もあります。

(32) 正解 4

問題解説

高齢化社会が進むことで、高齢者の単身世帯は増加し、外食に依存することができないことは考えられますが、それによって内食よりも中食の増加が考えられます。重たい食料の買出しや、調理をする負担が大きくなるため、お弁当やお総菜が便利なものとなります。
また、病気による食事制限のなかでの食事や、介護用の食事を毎日作るのは負担が大きい

ため、配食サービスや介護食品の需要は今後ますます増えていくと考えられています。

(33) 正解 2

問題解説

1. 在庫を最小限に減らし、欲しいものを、欲しいときに、欲しい数だけ納品してもらうという物流のしくみが、コンビニエンスストアやスーパーマーケットなどで取り入れられています。トヨタ自動車が生産管理システムとして確立した、かんばん方式といわれるやり方からきた物流システムが、ジャストインタイム方式です。
2. SCM（サプライ・チェーン・マネジメント）の説明で、企業活動の管理手法の1つで物流そのものに関する記述ではありません。製造、販売、在庫などに関する情報を共有することで、全体を効率よく管理していこうというものです。
3. グリーンロジスティックスは、静脈物流ともいわれます。
4. 大量生産・大量販売時代の保管業務から、輸配送活動への比重が高くなりつつありこれにかかるコストをいかに抑えるかが課題となってきています。
5. アイスクリームや鮮魚などを運ぶための冷凍物流もあります。

(34) 正解 5

問題解説

1. 先入れとは、前に仕入れたもののことで、つまり古い日付の商品となります。
2. 売上状況から、売れていないものは陳列棚からはずして商品を入れ替えます。死に筋商品の対語として、「売れ筋商品」があります。
3. 商品の値段は、安すぎると何か問題があるのではないかと考えさせますし、高すぎるものには特別な製造方法があるのかなど、説明がない限り買う気が起こりません。消費者が納得する価格（値ごろ感）は、値段が高い安いということだけで決まるものではありません。
4. 目玉商品や新商品など、重点販売商品を陳列する場所として使われます。
5. 欠品ではなく、機会損失またはチャンスロスといわれ、需要があるのに販売チャンス

を逃してしまうことです。目に見えるロスである、レジの打ちまちがいや釣銭まちがい、廃棄ロスなどとちがい、ロスの軽減法を導き出すのはむずかしいといえます。

(35) 正解 3

【問題解説】

1. 商品の品揃えである、商品化計画のことです。
2. 陳列されている商品パッケージの正面のことです。
4. 店舗正面の入り口付近のことです。
5. 陳列棚の中でも消費者が一番見やすく、手に取りやすい場所のことです。

(36) 正解 4

【問題解説】

1. 何を売るかの分類は、業種です。
2. 各種のディスカウントストアを1カ所に集めた大型の商業施設はパワーセンター、資本が独立した中小の小売店が集まってチェーン組織したものは、ボランタリーチェーンです。
3. 三越と伊勢丹の再編成は、三越＋伊勢丹 ➡ 三越伊勢丹 ➡ 三越伊勢丹ホールディングの順です。
5. 値札をつけることは「値付け」といいます。値入れとは、販売価格を設定することです。

(37) 正解 2

【問題解説】

1. 粗利益率、3. 純利益、4. 売上高、5. 粗利益等の算出式です。

粗利益率を求める問題が過去に出題されていますから、1の計算もできるようにしておきましょう。

(38) 正解 4

問題解説

4. 景気がよく、物価が上がるときはインフレーションになります。

景気の状態とデフレーション、インフレーションとの関係は、よく覚えておきましょう。

(39) 正解 2

問題解説

1. 贈与税は間接税ではなく、直接税です。

3. 商品価格の表示の際は、"消費税を含む"総額表示方式が義務づけられています。

4. 社会保険医療の給付も非課税取引であり、他に賃貸住宅の家賃なども含まれます。

5. 確定申告ではなく還付申告のことです。

(40) 正解 2

問題解説

2. 金融機関の偽装Webサイトにより暗証番号などを入れさせるものは、フィッシング詐欺です。

(41) 正解 3

問題解説

1. 食品衛生法の説明です。

2. 景品表示の説明で、不当景品類及び不当表示防止法ともいわれます。

3. PL法は、製造物責任法ともいわれます。

4. 食品安全基本法の説明です。

5. JAS法の説明です。

(42) 　正解　2

問題解説

1. 家電リサイクル法はテレビの他に、冷蔵庫、エアコン、洗濯機が対象です。
2. 紙パックは、容器包装リサイクル法の対象外のものです。

(A) 　正解　代謝

解説＆記述対策ポイント

代謝に関する問題は頻出傾向にありますから、代謝の定義をしっかり覚えておきましょう。他に、基礎代謝量、活動代謝量、安静時代謝量という用語なども確認しておいてください。

(B) 　正解　饗応料理

解説＆記述対策ポイント

会席料理は饗応（きょうおう）料理とも呼ばれ、結婚披露宴などを含め、お酒を楽しむための宴席で出される料理です。

(C) 　正解　米寿

解説＆記述対策ポイント

米の文字を分解すると八十八になることから、米寿といいます。その他の賀寿についても覚えておきましょう。

(D) 　正解　食品表示法

解説＆記述対策ポイント

栄養成分表示は、以前は健康増進法に基づき定められていましたが、2015年4月1日より食品表示法により新たな食品表示基準が定められました。義務化されたことも必ず覚えましょう。

(E) 正解 ストレート（ストレート果汁でも可）

解説＆記述対策ポイント

果汁100％のジュースのうち、しぼった果汁の水分を飛ばして濃縮保存し、製品にするときに水を足してもとの濃度に戻したものは、濃縮還元ジュースといいます。合わせて覚えておきましょう。

(F) 正解 腐敗

解説＆記述対策ポイント

たんぱく質を主成分とする食品は、微生物の酵素作用により分解され、悪臭を放ち、刺激の強い味に変化するなど食用に適さなくなることがあります。腐敗はいわゆる腐った状態のことで、肉類や魚介類の保存状態が悪いもの、消費期限や賞味期限を過ぎたものなどに見られます。悪臭の原因は、たんぱく質が細菌で分解して生じるアミン類やアンモニアなどです。食品の変質に関連する問題はよく出題されていますから、関連用語を覚えておきましょう。

(G) 正解 キャリーオーバー

解説＆記述対策ポイント

例をあげれば、せんべいを作る際にしょう油に浸して焼いた場合、せんべいそのものには添加物を使ってはいないが、そのしょう油に入っていた添加物がごく微量に残る場合があります。このことを、キャリーオーバーといいます。

(H) 正解 HMR

解説＆記述対策ポイント

（Home Meal Replacement）の略です。

ミールソリューションの関連問題です。頻出傾向にありますからその内容と関連用語は確認しておきましょう。エキナカ、ホテイチ、デリカテッセン、デパチカ、エチカなども要チェックです。

(I) 正解 建値制度

解説&記述対策ポイント

メーカーが商品の販売価格を決める建値制度では、卸売業者と小売業者の仕入価格の格差をなくすことで、店頭での安売りを防ぐことができます。しかし、現在では小売店側が販売価格を決め、メーカー側がそれに従うしくみのオープンプライス方式が多くなってきています。オープンプライスの場合は、消費者は比較するものがないので価格が分かりにくいという面がありますが、小売段階で公正な価格競争が促され、結果として価格が安くなるというメリットもあります。その他の日本の商慣行関連の用語も確認しておいてください。

(J) 正解 2

解説&記述対策ポイント

粗利益率は「粗利益÷売上高×100」で求めます。

（粗利益＝売上高－売上原価）ですので、

「(100,000－62,000)÷100,000×100＝38%」となります。

(K) 正解 サステナビリティ

解説&記述対策ポイント

サステナビリティは、ISOの普及と共に、企業活動の評価として大きなウエイトを占めるようになりました。その他、企業における環境問題への取り組み、社会的な関わりに関した用語も合わせて確認しておきましょう。

(L) 正解 コンポスト

解説&記述対策ポイント

食品廃棄物に関する問題は、今後も出題されやすいところです。食品リサイクル法と合わせて確認しておきましょう。

(M)　正解　ISO

解説&記述対策ポイント

ISOには、ISO 9001、ISO 14001、ISO 22000などがあります（P.348、P.349参照）。逆に「国際標準化機構」の方を答えさせることもありますので両方覚えておきましょう。

索引

索引

索

引

さ行

索引

索引

索引

索引

索引

無料特典のダウンロードについて

　読者の皆さまへの無料特典として、「直前対策のための用語集」と「食生活に関する資料」のPDFファイルをご用意いたしました。下記のURLからダウンロードしてご活用ください。

　食生活アドバイザー®検定試験は、どれだけ用語をきちんと覚えているかが勝負です。この用語集には、過去に出題された特に頻度の高い用語を100近く厳選し掲載しているので、直前対策に最適です。さらに今回「食にまつわることわざ、四文字熟語」も追加して掲載しています。

　記述対策として、過去に出題されたものや今後、出題されると思われる用語にはマークを付けてあります。さらに、スマホやタブレットでも見やすいシンプルな構成にしてありますので、移動中にもぜひお使いください。

　また「食生活に関する資料」には、今後試験に出る可能性のある農林水産省と厚生労働省が策定した食事バランスガイドや、食生活指針の情報を掲載しています。

> ●ダウンロードURL
> https://www.shuwasystem.co.jp/support/7980html/6178.html

pass：shoku0024

著者紹介

【執筆】

村井 美月（むらい みづき）

株式会社ワークスプランニング代表取締役　http://www.works-p.com/

一般社団法人 日本栄養睡眠改善協会 代表理事

http://eiyo-suimin.jp（主な業務：栄養睡眠改善トレーナー資格を認定）

一般社団法人 FLA ネットワーク協会　食生活アドバイザー®公認講師

食生活（栄養・健康・食材）に関する企画・執筆、講師育成などに従事している。

食生活における講師としても大学や専門学校、また全国各地で講演活動をする。

女子栄養大学卒。同大学院にて修士（栄養学）取得。

NPO法人　岡山コーチ協会 理事（食育指導コーチ）

NPO法人　睡眠時無呼吸症候群ネットワーク理事

著書：「3ステップで最短合格！食生活アドバイザー®検定3級テキスト＆模擬問題」(秀和システム）、「管理栄養士 最短合格のためのテキスト＆模擬問題」(秀和システム）、「朝ごはんで人生を成功に導く方法」(電子書籍　アドレナライズ）、「快眠は作れる」(角川新書）、他多数。

株式会社ワークスプランニング編集チーム

市野 由美（改訂版・企画・執筆協力）

食生活アドバイザー®公認講師／介護食士／調理師／栄養睡眠改善トレーナー®／スーパーフードアドバイザー／企画・ライター／システムエンジニア

「栄養・睡眠・運動で心身が蘇るセルフメンテナンス！」をモットーに、調理実習や食セミナーをはじめ、健康に導くために「今の生活にひと工夫できることは何か？」「改善すべき習慣は何か？」という問いの答えをご自身で見つけられる講座を企画・開催。お弁当事業においてのレシピ開発も行っている。

樹 奈緒美（いつき なおみ）

栄養睡眠改善トレーナー®／書籍・CD制作プロデューサー

健康寿命を延ばす人や犬の食事を研究する傍ら、観光列車の食事や地元の特産品を活かしたおみやげを提案中。

横山 明貴子

食生活アドバイザー®／訪問介護員2級養成研修課程修了／栄養睡眠改善トレーナー®

特別養護老人ホームで勤務した経験を持つ。現在はライターとして多数の健康コラムや医療コラムを執筆。

楠川 真代

食生活アドバイザー®／管理栄養士／栄養睡眠改善トレーナー®

医療従事者として、臨床栄養学の視点から、人々のQOL向上につながる食と健康について探求中。

■校正：オフィスバンズ

3ステップで最短合格！
食生活アドバイザー®検定2級
テキスト&模擬問題[第4版]

発行日	2020年 5月20日	第1版第1刷

著　者　一般社団法人FLAネットワーク協会
　　　　食生活アドバイザー®公認講師　村井　美月

発行者　斉藤　和邦
発行所　株式会社　秀和システム
　　　　〒135-0016
　　　　東京都江東区東陽2-4-2　新宮ビル2F
　　　　Tel 03-6264-3105（販売）　　Fax 03-6264-3094
印刷所　三松堂印刷株式会社　　　　Printed in Japan

ISBN978-4-7980-6178-8 C2034